中华人民共和国科技部评定意见：
此课题研究成果为提升中国生物医药产业创新能力提供了研究支撑。

中美产业创新能力比较分析

——以生物医药产业为例

王晓珍 ■ 著

COMPARATIVE ANALYSIS
OF INDUSTRIAL INNOVATION CAPABILITY
BETWEEN CHINA AND THE UNITED STATES

中国经济出版社
CHINA ECONOMIC PUBLISHING HOUSE
·北京·

图书在版编目（CIP）数据

中美产业创新能力比较分析：以生物医药产业为例/王晓珍著．
—北京：中国经济出版社，2018.11
ISBN 978－7－5136－5428－9

Ⅰ.①中… Ⅱ.①王… Ⅲ.①生物医学工程—技术革新—对比研究—中国、美国
Ⅳ.①F426.7 ②F471.267

中国版本图书馆CIP数据核字（2018）第252145号

责任编辑　葛　晶
责任印制　马小宾
封面设计　任燕飞装帧设计工作室

出版发行　中国经济出版社
印 刷 者　北京科信印刷有限公司
经 销 者　各地新华书店
开　　本　710mm×1000mm　1/16
印　　张　17.75
字　　数　282千字
版　　次　2018年11月第1版
印　　次　2019年1月第2次
定　　价　68.00元
广告经营许可证　京西工商广字第8179号

中国经济出版社　**网址** www.economyph.com　**社址** 北京市西城区百万庄北街3号　**邮编** 100037
本版图书如存在印装质量问题，请与本社发行中心联系调换（联系电话：010－68330607）

前　言

习近平（2018）主席指出，中国如果不能走创新驱动发展道路，新旧动能不能转换，就不能真正强大起来。科技创新能力是国家力量的核心支撑，是实现中华民族伟大复兴的坚实基础。“创新引领发展”已成为广泛共识。对此，习近平主席多次强调，当前，发展是中国的第一要务，创新是第一动力。技术创新作为颠覆性、前沿性原始技术突破的前奏，被认为是获得竞争优势、保持竞争力和增长的首要因素，也是当前中国战略性新兴产业突破产能过剩、核心技术缺乏等发展瓶颈，实现产业升级和跨越式发展的重要途径。在当前中国人口红利褪去，要素投入驱动增长能力削弱的背景下，通过重大颠覆性、前沿性技术突破重构经济增长动力机制，是促进中国经济增长方式转变的根本途径。

创新驱动成为许多国家谋求竞争优势的核心战略，是未来国际经济竞争的基础，特别是中国经济发展进入新常态，以原始创新为核心的科技创新驱动成为未来经济发展新引擎。习近平主席在两院大会上着重强调，关键核心技术是国之重器，对推动我国经济高质量发展、保障国家安全都具有十分重要的意义。提升我国经济发展质量和效益，培育新的经济增长点必须依赖创新驱动。必须切实提高我国关键核心技术创新能力，加强基础研究，着力增强原始创新能力，提升产业技术实力，激发创新主体活力，努力取得重大原创性突破。以原始创新研发为代表的创新驱动是实现我国2020年进入创新型国家行列、到2030年跻身创新型国家前列战略目标的唯一路径。

战略性新兴产业是国家创新发展战略的重要支撑和技术创新的首要承载者，对国家经济发展、社会进步更是具有全局和长远的引领带动作用，因此，战略性新兴产业是国家科技创新政策的首要和重点倾斜对象，战略性新兴创新能力培养是我国未来实现创新蓝图的重中之重。生物产业是中国政府确定的七大战略性新兴产业之一，而生物医药产业居生物产业之首，生物医药作为知识最密集和研发密度最高的高新技术产业之一，被公认为是21世纪最有前途的主导产业之一，其产生的高效益使人们看到了现代生物技术对经济和社会发展的巨大作用。很多国家都把生物医药产业作为本国经济新的增长点，我国在《国家中长期科学和技术发展规划纲要(2006—2020年)》中把生物医药产业确定为前沿和重点发展的产业之一。同时，《国家创新驱动发展战略纲要》明确提出要全力提升生物医药产业等重点领域的创新能力。作为我国战略性新兴产业，生物医药产业已逐渐发展成为当代最具潜力和活力的科技领域之一。

伴随着依赖生物医药治疗的疾病发病率的快速上升，中国对生物药品的潜在需求也与日俱增。生物医药产业的发展将有助于中国在各类疾病治疗领域实现突破创新，弥补大量尚未满足的医疗需求，尤其是在肝癌、血友病及免疫系统缺陷等疾病领域。由此，中国生物医药产业发展的当务之急是要制定切实有效的激励政策，充分发掘中国医疗市场和科研领域的巨大潜力，为实现突破性原始创新并带来经济效益创造良好的条件。

生命科学和生物技术被誉为21世纪的主导产业，一个国家生命科学与生物技术能力与水平的高低能够直接反映一个国家的科技实力。而生命科学与生物技术自身所创造出的一个又一个新亮点，也让其成为科技发展的新地标。在各国的产业竞争中，生物科技与产业已成为衡量世界经济整体水平和国家安全的指标之一，生命科学与生物技术的迅猛发展也为我国经济可持续发展提供了难得的机遇。自20世纪70年代，我国的生物医药研究和开发也被政策和竞争环境激活，并渐渐起步和发展，但研发资源缺乏整合、共享程度低，在资金严重不足的同时又存在着大量的资源浪费。为了加快研发速度、充分利用资源、降低研发成本与投资风险、提升产业创新能力，有必要对生物医药产业研发资源和研发体系进行有效配置和整合创新，进而提高国家整体研发效能。

然而，生物医药产业具有高投入、高风险、高收益的特征，传统的银行贷款和股票市场对于生物医药产业要么不适应，要么门槛太高。同时，资金投入的严重不足，使得我国生物医药企业的发展水平和层次与发达国家相比，呈现出小而多、利润低、规模不经济、产品竞争力差的局面。特别是在研发创新方面不尽人意，生物创新药品研发质量和速度都难以与欧美国家抗衡。

本研究最初来自于科技部国际合作司“中外创新对话专项”2014美大

地区全球公开招标研究课题，该创新对话机制是由中美两国最高领导人直接促成、两国政府高层联合推动的。生物医药产业创新合作是2014年第五次中美创新对话的重要议题之一，受到高度重视。近年来，虽然我国生物医药产业发展较快，产业创新能力有所提升，但是与发达国家相比差距依然很大，发展中仍然存在众多问题，如与欧美发达国家更加注重产业研发、技术创新、政策保护及创新网络建设相比，我国生物医药产业的创新发展大多通过政策限制获取市场垄断权、通过药品审批寻租获取产品不当定价的高额利润、通过简单模仿或抄袭获取新技术来实现，存在研发主体错位、创新产品转化效率较低、国际市场竞争力低下、知识产权等相关法律体系不完善等问题。

基于此，我们必须清醒地认识到我们的不足以及与欧美发达国家之间的差距，只有在充分了解我国生物医药产业发展现状、发展特征和存在问题的基础上，虚心学习发达国家生物医药产业创新发展的经验，去除现有生物医药产业发展弊病，创造良好的产业环境和基础，我国生物医药产业才能实现良性、高速发展，生物医药产业创新能力才能得到持续提升。

为此，笔者基于中美生物医药产业对比的视角，探索了中国生物医药产业发展现状、发展特征和存在问题，深刻剖析了中国生物医药产业与世界生物医药产业强国，特别是美国的差距及成因；并以美国为镜，总结其生物医药产业创新发展的经验，去除中国现有生物医药产业发展弊病，为提升生物医药产业创新能力，缩小同美国等生物医药产业发达国家创新能力差距创造良好的产业环境和基础。这也是提升中国生物医药产业研发创新与发展的重要内容，具体如下：

（1）理论研究方面。笔者基于“特征—内涵—维度—指标”的逻辑思路，深入挖掘生物医药产业内涵，从宏观国家层、中观区域层及产业层和微观企业层这一全景视角构建的评价指标体系，突破了现有研究局限，为中国产业创新能力指标体系的构建及评价提供了理论依据。

（2）问题分析方面。在现场调研考察和深入访谈基础上，从国家整体层、产业集群层和微观企业层三个层面详细对比分析了中美两国生物医药产业创新发展现状、差距及成因。对比分析结果发现，中美两国生物医药产业规模、创新投入、创新能力产出等方面均存在巨大差距，具体表现如下：①中美两国生物医药产业创新能力差距巨大。中国生物创新药数量和专利数量均低于美国。其中新药研发方面，中国多仿制药且仿制药等级不高，美国除2015年批准首例仿制药外，其余均为生物创新药；专利产出方面，中国生物医药PCT专利数量不足美国的20%。②中美生物医药产业集聚程度不同。美国生物医药产业集群在美国生物医药产业创新发展中具有重要地位，其生物医药销售收入占全球市场销售额的50%左右且产业集聚度较高，加州和麻省两州集聚了美国50%以上的生物医药企业，加州、麻省、华盛顿和北卡则集聚了美国76%的生物医药企业；而中国生物医药产业集群尚未真正建立，企业分布集中度相对较低；广东、北京、浙江、江苏、上海、山东6个最发达的省市，外加吉林共7个省市仅集聚了中国生物医药企业的52%，并且产业集群产值和销售额均不高。③中美两国R&D投入差距巨大。美国生物医药产业研发资金来源广泛，资金投入充裕，是中国的近60倍；不论国家层整体还是企业层个体，中国生物医药产业研发投入均严重不足。④中国生物医药企业盈利水平和美国相比差距巨大。通过对中美排行前四的八家企业2011—2015年的平均利润对比发现，中国生物医药企业的平均利润仅占美国四大生物医药企业平均利润的2.2%～3.3%。

（3）解决问题方面。中美生物医药产业深入对比分析结果及现有资料显示，企业创新意愿严重不足表面上看是由于仿制利润过高、研发风险集中、研发周期过长、新药入医保慢等因素导致，但随着笔者后续深入研究发现，企业创新意愿严重不足仅仅是中国生物医药产业创新存在的表象问题。究其根本，造成中国生物医药产业创新同美国产生巨大差距的本质问题涉及政策法律环境、产业集群环境、研发基础条件等诸多方面。由此，笔者从政策法律环境、产业集群环境和研发基础条件三个方面提出了中国生物医药产业创新能力提升的对策建议：从扩大资金投入总量、优化政府资金配置、吸引海外优秀人才、共享公共基础设备、构建生物医药产业创新数据支持系统等方面夯实产业创新环境；从协调产业链分工、科学规划与引导产业布局等方面培育产业创新集聚环境；从优化知识产权保护、建立企业信用体系、细化产业相关标准、落实政策监管激励等方面完善产业创新政策环境。

同时，针对企业创新动力不足的现象，基于产业发展特征，围绕多主体开放创新网络，从生物医药产业创新的推动力、驱动力和基础力三个方面提出建议；并结合美国生物医药产业创新发展经验，针对当前形势和细节提出中国生物医药产业创新能力提升的重点建议对策。

目 录

第一章
chapter 1

绪　论

一、研究背景及意义

（一）研究背景

1. 创新研发是经济新常态下国家经济发展的基石

中共中央、国务院印发的《国家创新驱动发展战略纲要》明确指出：创新驱动就是创新成为引领发展的第一动力，推动发展方式向依靠持续的知识积累、技术进步和劳动力素质提升转变，促进经济向形态更高级、分工更精细、结构更合理的阶段演进。科技创新能力是国家力量的核心支撑，是实现中华民族伟大复兴的坚实基础。“创新引领发展”已成为广泛共识。对此，习近平主席多次强调：当前中国发展是第一要务，创新是第一动力。中国如果不能走创新驱动发展道路，新旧动能不能转换，就不能真正强大起来（习近平，2018）。技术创新作为颠覆性、前沿性原始技术突破的前奏，被大多数学术界和工业界人士认为是获得竞争优势、保持竞争力和促进增长的首要因素，也是目前中国战略性新兴产业突破产能过剩、核心技术缺乏等发展瓶颈，进而实现产业升级和跨越式发展的重要途径。在当前中国人口红利褪去、要素投入驱动增长能力削弱的背景下，通过重大颠覆性、前沿性技术突破重构经济增长动力机制，是促进中国经济增长方式转变的根本途径（Pradhan，2018）。

同时，创新驱动成为许多国家谋求竞争优势的核心战略，是未来国际经济竞争的基础。尤其是我国经济发展进入新常态，以原始创新为核心的科技创新驱动成为未来经济发展新引擎。习近平主席在两院大会上着重强调：关键核心技术是国之重器，对推动我国经济高质量发展、保障国家安全都具有十分重要的意义。提升我国经济发展质量和效益，培育新的经济增长点必须依赖创新驱动。以原始创新研发为代表的创新驱动是实现我国2020年进入创新型国家行列，到2030年跻身创新型国家前列战略目标的唯一路径。

2. 生物医药产业创新是推动我国产业技术体系创新的重要内容

战略性新兴产业是新兴技术与新兴产业深度融合并通过新兴技术重大变革驱动的产业，是国家创新发展战略的重要支撑和技术创新的首要承载者，对国家经济发展、社会进步更具有全局和长远的引领带动作用（霍国庆，2017）。因此，战略性新兴产业是国家科技创新政策的首要和重点倾斜对象，战略型新兴创新能力培养是我国未来实现创新蓝图的重中之重。

生物产业是中国政府确定的七大战略性新兴产业之一，而生物医药产业居生物产业之首。伴随着依赖生物医药治疗的疾病发病率的快速上升，中国对生物药品的潜在需求也与日俱增。生物医药产业的发展将有助于中国在各类疾病治疗领域实现突破创新，弥补大量尚未满足的医疗需求，尤其是在肝癌、血友病及免疫系统缺陷等疾病领域。由此，中国生物医药产业发展的当务之急是要制定切实有效的激励政策，充分发掘中国医疗市场和科研领域的巨大潜力，为实现突破性原始创新并带来经济效益创造良好的条件。生物医药作为知识最密集和研发密度最高的高新技术产业之一，被公认为21世纪最有前途的主导产业之一，其所产生的高效益使人们看到了现代生物技术对经济和社会发展的巨大作用。世界上很多国家都把生物医药产业作为本国经济新的增长点，我国在《国家中长期科学和技术发展规划纲要（2006—2020年）》中把生物医药产业确定为前沿和重点发展的产业之一。同时，《国家创新驱动发展战略纲要》明确提出要全力提升生物医药产业等重点领域的创新能力。作为我国战略性新兴产业，生物医药产业已逐渐发展成为当代最具潜力和活力的科技领域之一。

3. 我国生物医药产业虽有较大发展，但研发创新能力依然较弱

生命科学和生物技术被誉为新世纪的主导产业，一个国家生命科学与生物技术能力与水平的高低直接反映一个国家的科技实力。而生命科学与生物技术自身所创造出的一个又一个新亮点，也让其成为科技发展的新指标。在各国间的焦点竞争中，生物科技与产业已成为衡量世界经济整体水平和国家安全的重要指标之一，生命科学与生物技术的迅猛发展也为我国经济可持续发展提供了难得的机遇。20 世纪 70 年代初，我国的生物医药研究和开发也被政策和竞争环境激活，并渐渐起步和发展，但研发资源缺乏整合、共享程度低、在资金严重不足的同时又存在着大量的资源浪费。为了加快研发速度、充分利用资源、降低研发成本与投资风险、提升产业创新能力，有必要对生物医药产业研发资源和研发体系进行有效配置和整合创新，进而提高国家的整体研发效能。

综上，生物医药产业具有高投入、高风险、高收益的特征，传统的银行贷款和股票市场对于生物医药产业要么不适应，要么门槛太高。因而，由于资金投入的严重不足，我国生物医药企业发展水平和层次上与发达国家比较呈现出较小而多、利润低、规模不经济、产品竞争力差的局面。特别是在研发创新方面不尽人意，生物创新药品研发质量和速度都难以与欧美国家抗衡。

4. 本研究是中美创新对话专项重要内容，由两国最高领导人直接促成

本研究由中美两国政府高层联合推动，生物医药产业创新合作是 2014 年第五次中美创新对话的重要议题之一，受到高度重视。但我们也必须正视：近年来，虽然我国生物医药产业发展较快，产业创新能力有所提升，但是与发达国家相比差距依然很大，发展过程中仍然存在众多问题。如与欧美发达国家更加注重产业研发、技术创新、政策保护及创新网络建设相比，我国生物医药产业的创新发展大多通过政策限制获取市场垄断权；通过药品审批寻租获取产品不当定价的高额利润；通过简单模仿或抄袭获取新技术来实现。同时，还存在研发主体错位、创新产品转化效率较低、国际市场竞争力低下、知识产权等相关法律体系不完善等问题。

基于此，我们必须清醒地认识到不足和差距。只有在充分了解我国生物医药产业发展现状、发展特征和存在问题的基础上虚心学习发达国家生物医药产业创新发展的经验，去除现有生物医药产业发展的弊病，创造良好的产业环境和基础，我国生物医药产业才能实现良性、高速发展，生物医药产业创新能力才能得到持续提升。

（二）研究意义

1. 理论意义

本研究基于“特征—内涵—维度—指标”逻辑思路，从生物医药产业内涵深入挖掘，从宏观国家层、中观区域层及产业层和微观企业层这一全景视角构建的评价指标体系，突破了现有研究局限，为我国产业创新能力指标体系的构建及评价提供了理论依据。

2. 实践意义

笔者在现场调研和访谈的基础上，从国家整体层、产业集群层和微观企业层三个层面详细对比，分析了中美两国生物医药产业创新发展现状、差距成因。同时，在梳理我国生物医药产业创新研发存在问题的基础上，从政策法律环境、产业集群环境、研发基础条件三个方面提出了提升中国生物医药产业创新能力的对策建议；针对企业创新动力不足的现象，针对产业发展特征，围绕多主体开放创新网络构建，从生物医药产业创新的基础力、驱动力和推动力三个方面提出建议；并结合美国生物医药产业创新发展经验，针对当前形势和细节提出我国生物医药产业创新能力提升的重点建议对策。

（1）以上研究结果，有助于国家全面把握中国生物医药产业发展现状、存在关键问题以及中美生物医药产业创新能力的差距，所提对策及建议为国家规范、扶持我国生物医药产业创新发展政策和制度的出台提供参考和借鉴；

（2）本研究所提对策建议如被国家采用，不但有利于我国生物医药产业创新能力的提升，也有利于推动我国产业技术体系创新，进而推动国家创新战略驱动目标的实现；

（3）本研究所提对策建议如被国家采用，不但在宏观上有利于国家生物医药产业创新能力的提升，同时在微观上有助于企业突破创新各类疾病治疗领域，弥补大量尚未满足的医疗需求，提升企业国际竞争力和市场盈利能力。

二、研究目标及内容

在深入中美两国生物医药产业集群及代表企业现场调研和访谈的基础上，搜集相关资料，分析中美两国生物医药产业创新的发展现状和创新能力的差距；分析我国生物医药产业存在的问题，梳理我国生物医药产业创新能力落后的影响因素及主要原因；在此基础上提出我国生物医药产业创新能力提升的对策建议。具体研究内容如下：

1. 中美两国生物医药产业创新现状调查

中美两国生物医药产业创新现状调查分为案头调研和实地调研两部分，其中案头调研主要解决文献综述、理论基础分析和历史数据搜集三个任务。为深入挖掘我国生物医药产业创新现状，获取我国生物医药产业创新能力的相关资料，笔者利用访谈法，深入中美两国生物医药产业集群及代表企业现场，对其产业创新投入、创新技术研发、创新产出、创新环境建设及相关政策等问题进行实地调研，获取相关一手资料，为我国生物医药产业创新能力指标体系的构建及后期相关政策的制定奠定基础。

2. 建立生物医药产业创新能力评价指标体系

因为目前我国生物医药产业创新能力测度方面尚未形成科学和普遍认可的评价指标体系，所以笔者深入中美两国重点集群、企业进行专家访谈和实地调研，如中国的北京、深圳、上海等地；美国的加州旧金山湾、波士顿、圣迭戈生物医药产业集群、北卡三角园以及新泽西药谷、马萨诸塞州生物医药研发中心等地，结合访谈结果和理论研究，构建我国生物医药产业创新能力评价指标体系。

3. 中美两国生物医药产业创新能力对比分析

根据前期指标体系构建情况，在中美生物医药产业实地调研的基础上，基于指标数据的可获得性、可对比性，笔者从国家层、集群层和企业层三个维度对中美生物医药产业创新能力进行对比分析和评价。

4. 我国生物医药产业创新存在问题分析

笔者围绕生物医药产业创新的主体特征，结合中美实地调研访谈及中美生物医药产业对比分析结果，从创新基础能力、创新驱动力、创新推动力三个角度探讨我国生物医药产业创新存在的问题，并根据中美两国实地调研对比情况，在深入分析基础上从政策法律环境、产业集群环境、研发基础条件三个方面进行了总结。

5. 提出我国生物医药产业创新能力提升的相关对策及建议

笔者基于我国生物医药产业创新存在问题的分析结果，以及“问题—成因—对策”和“主体特征—能力维度”两个思路提出了相关对策；并根据我国生物医药产业发展现状特征，借鉴美国经验，提出了当前我国生物医药产业创新能力提升的重点对策。

三、相关概念的界定

（一）生物医药产业的概念及特征

生物医药产业是指将现代生物技术与新药研究、开发、生产以及各种疾病的诊断、防治和治疗相结合的产业，主要包括以下三大领域：①制药产业，包括基因重组药物、化学制药、植物药物、中医成药及其他生物制品；②医疗器械及医学生物工程材料产业，包括医疗器械、医学诊断仪器设备、医学治疗仪器设备及医学生物工程材料；③医疗诊断试剂产业，包括生化试剂（酶试剂）、免疫试剂及聚合酶链反应制剂。

生物医药产业由技术性和社会性高度结合，整个过程涉及药品原材料的供给、药品研究开发、药品制造、药品销售和流通、药品监督管理、医药人才培养和管理等一系列活动；此外，临床实验也是生物医药产业独有的一个环节。因此，医药研发中心、生产制造企业以及医院的相互协作就尤为重要，产业集群创新便是直观的表现。另外，依赖于政府政策支持作为生物医药产业又一重要特征，这也是生物医药产业创新能力评价指标体系构建的重要支撑点。

1. 对集群环境的依赖性是生物医药产业的重要特征

产业集群是在某一特定领域中，由产业内诸多联系密切的企业及相关支持机构在地理空间上集聚形成。首先，现阶段生物医药产业大多通过明显的地理空间集聚而形成集群。目前，我国生物医药产业已形成资源禀赋型、生产制造型、科研驱动型三大类产业集群模式；美国北卡罗来纳州的生物技术产业三角地带也是产业集群的直观表现。其次，生物医药产业集群有利于产业创新的发展和产业竞争力的提升。Rosenthal 发现，相似的小企业在区域内集聚将会促使新的大企业产生。这表明，区域集聚对产业集群成长和实现关键创新能力有十分重要的作用。

2. 对政府政策导向的依赖性

对政府政策导向的依赖性是生物医药产业的另一个重要特征。一方面，生物医药产业的创新发展离不开政府政策的引导。Chung 以我国台湾生物医药产业政策为例探讨了政府产业政策和创新系统的发展；丰志培等也指出政府因素和国际环境构成的医药产业创新系统都制约着产业的发展。另外，生物医药产业高投入的特点意味着产业的发展创新离不开大量的资金，而政府投资又是其资金来源的重要部分。另一方面，生物医药产业依赖于政府政策扶持。美国生物医药产业集群在全球的领先发展，便主要得益于政府及大型制药公司直接向生物技术公司投资来促进创新。以色列生物医药产业没有发展壮大的经验告诉我们，即使生物医药企业建立在大学和科研机构已有研究成果的基础上，若得不到政府财政支撑，也会因资金缺乏而难以促成生物技术知识向生物技术产品的转化。

（二）生物医药产业创新能力的内涵

现有研究对产业创新能力内涵的定义，主要围绕技术创新、产品创新、市场创新和国家创新来体现。产业创新是相互关联的企业、大学、政府、研究机构和金融机构等相关主体的协同行为，强调运用产业创新政策诱导、协调和保障产业内企业的创新行为。在沿用以上对产业创新能力的权威定义的基础上，学者们又从产业创新过程及其各环节能力、产业创新主体及各主体协作创新两个视角展开了研究，具体如表 1.1 所示。

表 1.1　产业创新能力内涵的研究

视角	作者	主要观点及内涵关键词
产业创新过程及其各环节的能力	Lawless 等	学习能力、研发能力、资源配置能力、制造能力、市场化能力、战略规划能力
	Christensen	上下游链条、科学研究资产、工艺创新资产、产品创新资产
	夏维力	技术推动、自主创新、技术引进基础上的二次创新、扩散和合作创新、产业融合
产业创新主体及各主体协作创新	Castellacci 等	产品创新能力、吸收能力、研发能力、基础设施是创新能力和吸收能力的核心
	任中保等	价值创造、各要素投入和协同整合、各创新主体协同发展、特定时期路径的选择

对产业创新能力内涵的挖掘，现有研究突出了产业创新的主体作用和各主体之间相互协作的重要性，但作为特征鲜明的生物医药产业，除了具备通用产业创新能力内涵以外，更要结合生物医药产业自身的特征挖掘出特有的产业创新能力内涵。结合对集群环境的依赖性和对政府政策导向的依赖性这两大突出特征，本书将生物医药产业创新能力的内涵界定为：生物医药产业在创新发展过程中，运用政府主导的产业创新政策，依据生物医药产业自身对产业集群环境依赖的特点，产业内各相关主体间共同协作形成产业网络，在整个网络中发生的一系列创新活动和创新行为，从而实现生物医药技术、产品、市场、区域和政策的创新产出，进而体现生物医药产业竞争力的能力。

四、研究技术路线

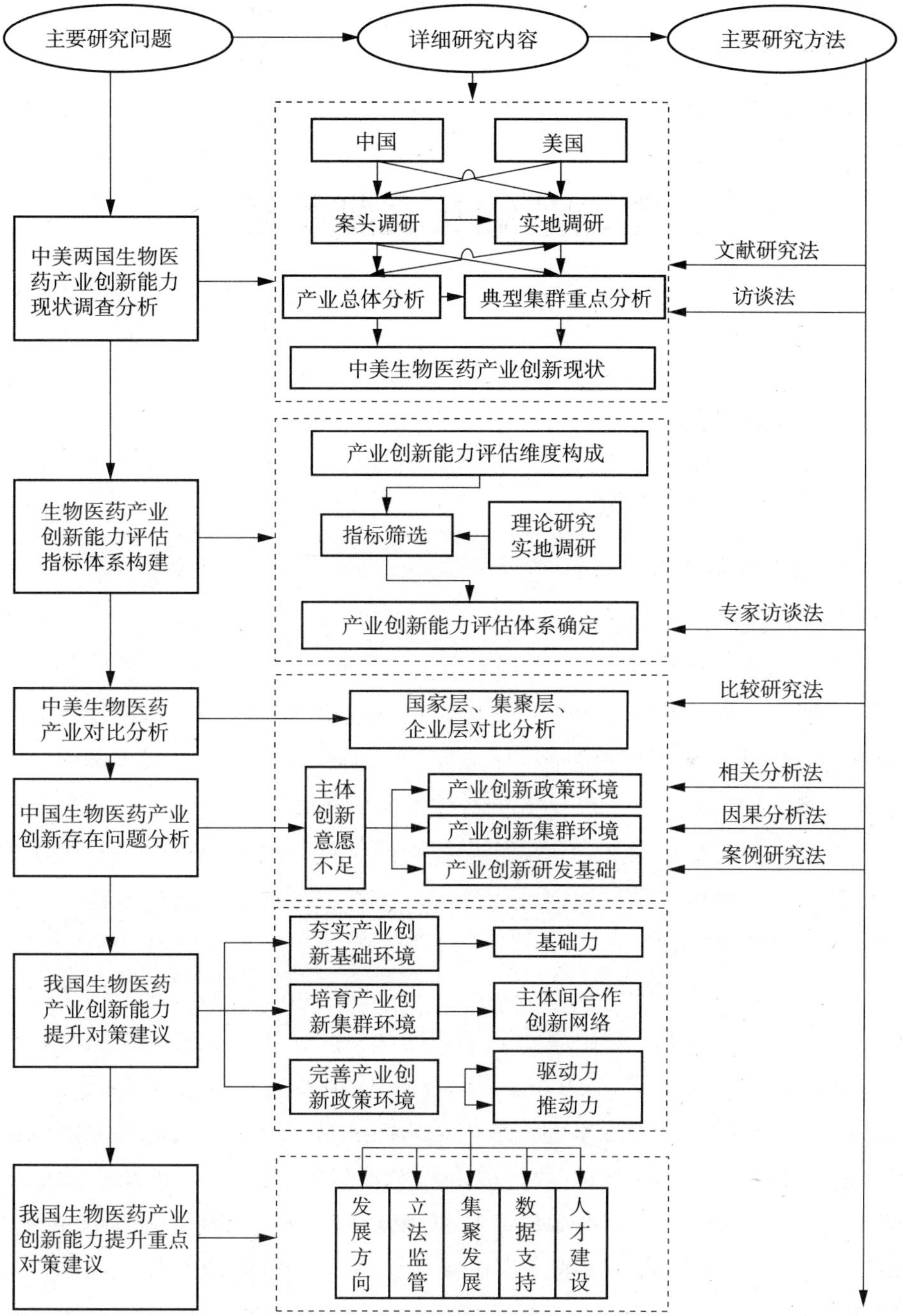

图 1.1 研究技术路线图

第二章

chapter 2

理论基础及文献综述

一、相关理论

（一）创新系统理论

1. 国家创新系统

创新系统理论起源于 20 世纪 80 年代末 90 年代初，具体可分为国家创新系统、区域创新系统和产业创新系统。Freeman 最先提出“国家创新系统”的概念，他认为国家创新系统的发展和演变对该国的技术进步起到至关重要的作用。一个国家完全利用纯粹的市场经济体系来发展本国的经济是不够的，政府必须提供某种支持并建立完善的国家创新系统。这种系统联系着公共部门和私人部门，从而形成网络结构，通过网络中各种因素的互动使社会资源特别是科技资源达到优化配置，促进全社会技术的变革与扩散（邱建华，2013）。

随后 Lundvall、Nelson、Metcalfe 等对 Freeman 的国家创新系统理论进行了完善补充，他们开始注重研究知识的产生和积累以及对知识传播和人力资本的研究（周青等，2012）。OECD 在 1996 年对国家创新系统进行了明确定义，该组织认为国家创新系统是一组独特的机构，它们独立地或联合地推进新技术的发展和扩散，提供政府形成和执行关于创新政策的框架，是创造、储存和转移知识、技能和新技术的机构系统（周青等，2012）。这是目前普遍认同的国家创新系统理论，他强调各种正式的机构和制度，如大学、科研机构、金融机构、法律制度和社会性管理体制等在区域创新系统方面的重要性。

2. 区域创新系统

区域创新理论是从国家创新理论发展而来的，由 Philip Cooke 教授于 1992 年正式提出，他认为区域创新系统是一种区域性的组织系统，由地理上相互分工且有关联性的企业、高校、研究机构组成，该创新系统的功能就是促进区域创新。其中各创新主体间充分的互动交流、资源共享是创新活动的关键。在 Cooke 教授研究的基础上，其他学者如 Asheim 和 Isaksen、David Do loreux 等。Buesa 等也对区域创新系统做出了定义，普遍认为区域创新系统由主体要素、功能要素和环境要素构成。

3. 产业创新系统

20 世纪 90 年代，Malerba 和 Breschi 等在国家创新系统和技术系统研究的基础上，结合演化经济学理论和动态学习理论，提出了产业创新系统概念。他们认为，一系列部门在某种产品的创造、生产和销售中，产生了大量的市场和非市场的互动，这种互动就是产业创新系统。产业创新系统中参与者的交互作用，即在创新和生产过程中，各参与者的知识溢出和互相学习是产业创新系统的关键所在。

4. 创新系统理论

国家和区域创新体系是一个国家或区域促进创新的网状结构，是众多创新行为主体及其互动构成的网络体系。行为主体是政府、企业、高等院校、科研机构及中介机构，并强调各行为主体间的相互关联、协同共生。在这个体系中，企业是技术创新的主体，高等院校和科研机构是知识创新的主体及科技知识的供应者和创新源，政府是协调机构及政策支持者和导向，中介机构为技术转移和扩散提供方便。创新体系的主要任务是启发、引进、改造、传播、应用新知识和新技术，配置创新资源，优化产业和组织结构，促进创新活动和经济发展（徐晓雯，2010）。

科技创新活动可以由不同创新主体不同环节的创新活动组成创新链。从资金来源环节看，由于基础研究的公共产品属性，私人不愿对其进行投入，但是基础研究是整个创新活动的基础，因此政府承担了绝大部分基础研究的投资责任。在应用研究中，共性技术是跨行业、跨产业的交叉技术，能够为多项产品和相关技术的发展提供支持，其高度的效益外溢性也决定了政府必须介入共性技术的研发。而试验、应用和产品市场环节，由于具有私人产品的特性，可进入市场由企业和其他机构进行投资。从创新过程看，在创新链前端，高等院校和科研院所等形成的公共科研机构，主要从事基础性科学理论与技术理论的研究，以及应用性的技术研究，很少进行技术和商业化活动；在创新链末端，企业负责将创新链前端的技术知识进行产业应用，从而通过利润实现企业为研发投入的回收和价值增值，通过对政府的税收贡献实现前期高等院校、科研机构等公共科研机构基础研发投入的回收和国家层面的价值增值；在创新链中，公共科研机构和企业、中介等通过合作研发共性技术或者技术转移，实现科技知识由理论向产业的转换。

由基础性的科技理论研究——理论的产业应用——产业应用产生利润财富——获取利润和税收——投入到新基础性科技理论创新和技术创新的活动中，这样就形成了国家、区域层面的由科技创新产生财富，再由财富产生技术创新的价值增值的良性循环。

要建立这种良性循环，就必须建立由政府、企业、大学、科研机构、中介机构等通过建设性的相互作用构成网络结构，这种网络结构就是国家和区域创新体系。创新各主体之间相互作用越频繁，且联系的网络结构越完善，知识存量和流动速度在创新链上的流动速度就越快，由技术到财富的周期就越短，创新资源的配置效率就越高，整个国家和区域创新体系的绩效也就越高（田军伟，2012）。

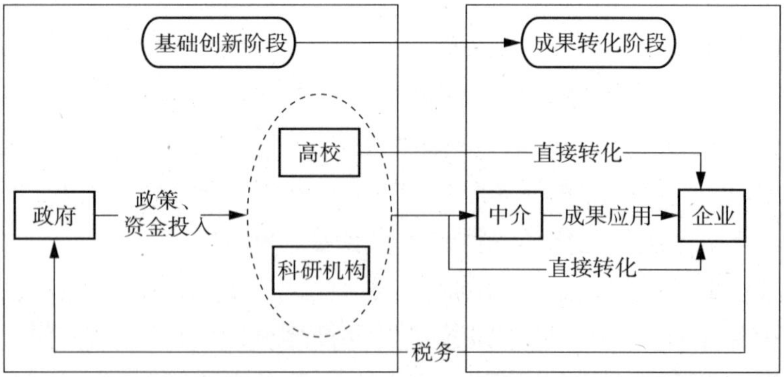

图 2.1　创新系统理论图

综上所述，根据创新系统理论，政府、高校、科研机构、中介机构和企业在创新活动中扮演着不同的角色，共同构成了科技创新系统网络。在前期基础理论创新阶段，主要依靠政府 R&D 投入来刺激高校和科研机构进行基础理论创新，然后通过中介服务机构，在企业中实现科技成果的转化。而企业通过创新活动所获得的利润又通过税收的形式反馈给政府，以此形成良性循环。在整个创新系统中，R&D 资源在各个主体之间流动、转化，合理的资源配置能够提升整个国家和区域的创新绩效。

（二）资源配置效率理论

在经济活动中，效率可以被描述为在一定技术水平下，通过有限投入来尽可能满足人们需要的程度。因此，强调效率的前提在于资源的稀缺性。资源的稀缺性的广泛存在使资源配置问题成为经济学研究的核心；而效率作为对资源配置状态的描述自然也就成为经济学关注的焦点，并且随着经济学理论的不断发展对效率的认识与理解也处于不断深化和完善的过程之中。

1. 古典经济学与资源配置效率理论

古典经济学认为市场作为资源配置的动力机制，通过利益诱导实现对社会资源的配置，从而有利于资源配置效率的提高。其重点强调了市场对稀缺资源的配置，认为在公平竞争的条件下，通过市场利益的诱导，能够实现对社会资源的优化配置（孙绪华，2011）。

古典经济学派对资源配置问题的经典性论述，可追溯到 1776 年亚当·斯密的《国民财富的性质和原因的研究》，其中对“看不见的手”——市场对稀缺资源配置的机理与作用进行了论述。亚当·斯密认为：在经济自由的条件下，自然存在着一种调节机制引导资源的优化配置。他认为人们所处的这种经济自由的条件是指“每一个人，在他们不违反正义的法律时，都应任其完全自由，让他采取自己的方法，追求自己的利益，以其劳动及资本和其他人或其他阶级相竞争”。同时，这种自然存在的调节机制源于“个人的利益与情欲，自然会使他们把资本投放在通常最有利于社会的用途。但若由于这种自然的倾向，他们把更多的资本投放在这些用途。那么这些用途的利润的下降，和其他用途的利润的提高，立即会使他们改变这种错误分配，用不着法律的干涉。个人的利害关系与情欲，自然会引导人们把社会资本，尽可能按照最适合于全社会利害关系的比例，分配国内的一切不同用途”。上述理论揭示出市场作为资源配置的动力机制，通过利益诱导实现对社会资源的配置，从而有利于资源配置效率的提高。

2. 新古典经济学与资源配置效率理论

新古典经济学家认为，只有在完全竞争性的市场环境下才能实现社会资源的最优配置。由于资源稀缺性的存在，使人类面临着“资源有限而欲望无限”的矛盾境地，从而优化资源配置成为新古典经济学研究的核心议题。

新古典经济学做了一系列假设：“经济人”的人格假设、“理性选择”的行为假设和“市场完全性”的环境假设。同时假定消费者偏好、生产技术、生产函数、经济体制等为外生既定变量，封闭地分析市场内变量之间的关系，力图证明“市场是一家精巧的机构，通过一系列价格和市场，它无意识地协调着人们的经济活动”，从而实现对稀缺资源的有效配置。

意大利边际学派的帕累托（Pareto）首先提出了衡量资源配置是否处于最优状态的标准，这一标准在经济学中称为“帕累托最优”。他认为，任何一种状态的改变，只有使社会成员的福利增加，而不使任何一个人的福利减少的时候，社会福利才算真正增加；当经济已经处于这样一种状态，其中任何人福利的增加都不可避免地造成他人福利的减少时，经济就达到了资源的最佳配置，社会福利就达到了最大。帕累托最优状态理论可以说是新古典经济学中关于资源配置的综合性理论分析，其主要意义在于理论上的指导性，但其严格的假设、缺乏实际分析的测度方法，使其像“完全竞争市场”模型一样只是一个远离现实的抽象的理论，并没有真正出现过（刘玲利，2007）。帕累托最优状态回避了两个问题：其一，没有谈及福利在社会成员中的分配问题；其二，其状态不是唯一的，甚至不一定是最好的。

帕累托最优状态要求社会成员中任何个人利益的增加都不能以牺牲其他人的利益为代价，从而这种状态虽具有理论上的可行性，但在现时经济中很难实现。因为变革往往会使一部分人受益，同时就不可避免地会使另一部分人遭受损失。因而，卡尔多、希克斯根据现实中一部分人福利增加而另一部分人福利减少的状态，提出了“补偿原理”，又称“潜在帕累托最优状态”。这种状态的实现需要同时满足以下两个条件：其一，通过改变，得者可以补偿失者的损失，并仍觉有所改善；其二，不出现这种情况，即失者可以补偿得者，使其不愿做这种改变，而且做出补偿的失者不觉得比改变后更坏。从而政府可以通过对受益者征收特别税而对受损者支付补偿金的办法，使受损者保持原来的福利地位。如果补偿后还有剩余则说明整个社会的福利状况有所改善。但是，补偿性原理自身存在着不可克服的内在矛盾，即补偿金大小的确定及其对双方的效用。

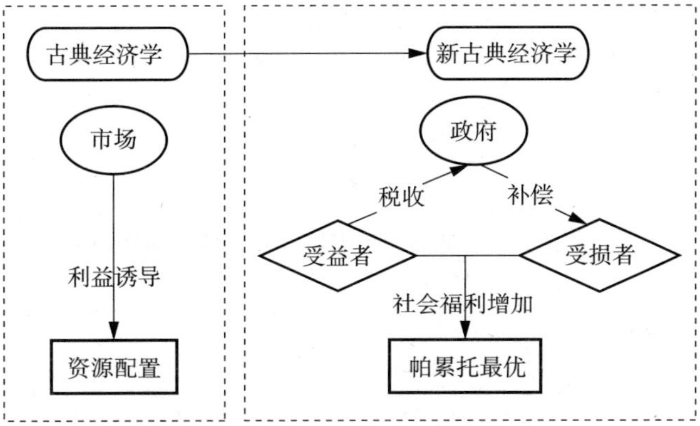

图 2.2　资源配置效率理论演化图

（三）不平衡增长理论

1. 赫希曼的不平衡增长理论

不平衡增长理论由德国发展经济学家赫希曼（Hirschman）提出，该理论认为发展是一种不平衡的连锁演变过程。在资源有限的情况下，由于地区的经济发展基础存在差异、区位优势不同，社会经济发展应当依据不平衡发展规律，有重点、有差异地选择具有优势条件的地区先行发展，形成“发展极”，周边和其他地区则可通过区域发展极的扩散效应逐步发展。

经济学家 Williamson 在此基础上提出一种倒“U”字型理论，进一步论述了不平衡发展的预期结果：区域经济成长是一个从不平衡到相对平衡的演变过程；在区域发展初期，区域经济差异呈拉大趋势，这种不平衡表现在生产要素首先集中在少数点或地区（发展极）上，可以获得较好的效益和发展。在区域成长后期，聚集经济向周边地区扩散渗透，并导致区域经济差异的进一步缩小（王世豪，2005）。

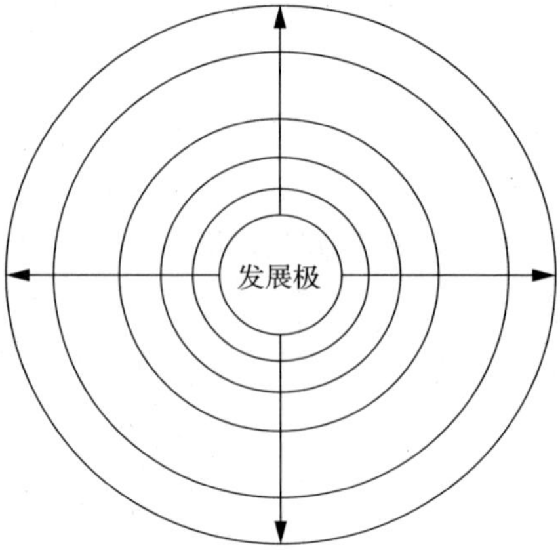

图 2.3　不平衡增长理论：发展极扩散图

2. 主导产业论

罗斯托指出，各国近代以来的经济增长，是在各产业增长速度差距很大的情况下取得的，整个经济的增长率常常取决于一些关键的产业和部门，这些产业和部门发展的直接、间接效果导致了整个经济的增长，这些产业被罗斯托称为主导产业。罗斯托把经济成长阶段划分为传统社会、为起飞创造前提、起飞、成熟、高额群众消费、追求生活质量六个阶段。罗斯托认为，经济成长阶段的更替表现为主导产业部门的次序变化，现代经济成长过程实际上是主导产业部门的成长过程。经济成长总是由某一部门采用新技术开始，这个部门降低了成本，扩大了市场，增加利润积累，扩大了对其他一系列部门的产品需求，由此推动各个部门成长，带动整个国民经济的持续发展。而当这种持续作用一旦完成，原先的主导部门就让位给新的主导部门，新的主导部门又带动其他部门，进而带动国民经济的持续增长（夏锦文和王波，2005）。

从产业部门体系对国民经济的主要作用来说，罗斯托关于主导产业理论，实际上是一种不平衡增长战略。他主张以主导产业带动经济社会发展，与赫希曼的不平衡增长理论所主张的优势区域带动其他地区经济发展的主张不谋而合。

3. 循环累积因果论

1944 年，诺贝尔经济学奖得主冈纳·缪尔达尔（Gunnar Myrdal）在

《美国的困境：黑人问题和现代民主》中，第一次提出了循环累积因果论，并运用这一理论说明了“黑人歧视问题的恶性循环”，认为“黑人较低的生活水平”与“白人对黑人歧视的意识”密不可分。白人的歧视导致黑人更低的生活水平，而黑人较低的生活和教育水平又引来白人更严重的歧视意识，两者互相强化，恶性循环。

循环累积因果论把社会经济作为一个整体，动态分析各相关因素的因果联系，并在分析经济因素时考虑到非经济因素的影响。当某一因素（A）发生变化时，引发另一因素（B）的变化，而B因素的变化又反过来影响A因素，两者互为因果，不断循环，使得经济社会最终朝着某一方向不断发展。这种互相影响并非简单的循环运动，而是一种累积性循环，A因素通过影响B因素来加强自身变化程度，形成一种螺旋上升形态，也即循环累积效应。

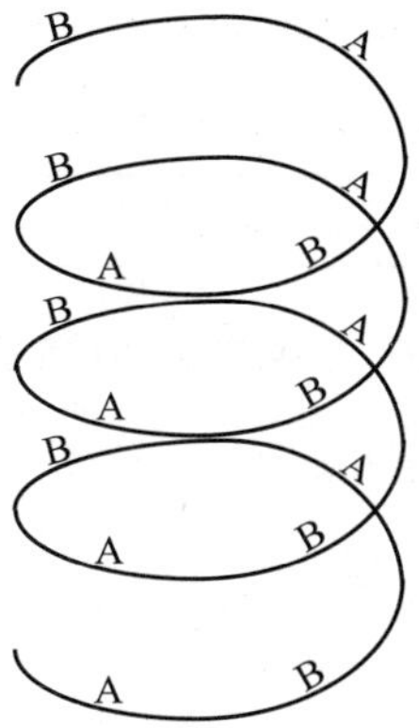

图2.4　循环累积因果论

在此基础上，1957年，缪尔达尔在《经济理论和不发达地区》的著作中，提出了“回波效应”（backwash effects）和“扩散效应”（spread effects）这一对概念，对国民经济发展中的循环累积因果关系进行了说明。“回波效应”是指受收益差异的影响，经济活动扩张地区会吸引周边地区的劳动力、资本、技术等生产要素流入，从而加快该地区的发展，降低周边地区的发展速度，导致地区间的差距扩大。“扩散效应”是指当经济活动扩张地区发展到一定程度后，由于人口稠密、交通拥堵、资本过剩等原因使其生产成本上升、发展速度放缓，导致资本、劳动力、技术等生产要素向周边地区扩散，具有缩小地区之间差距的效果。

尽管这两种效应会同时起作用，但缪尔达尔认为，由于市场机制的作用，回波效应总是先于和大于扩散效应，在连续累积的作用下会带来恶性循环，使经济在空间上出现“二元经济”结构：经济发达地区和经济不发达地区。为此，他指出，政府应该采取可以提高扩散效应的政策，例如实施土地制度改革、建设社会保障制度、推行平等主义的社会政策等，推动落后地区的经济发展，缩小地区间的经济差距，使恶性循环发生逆转（杨龙岗，2014）。

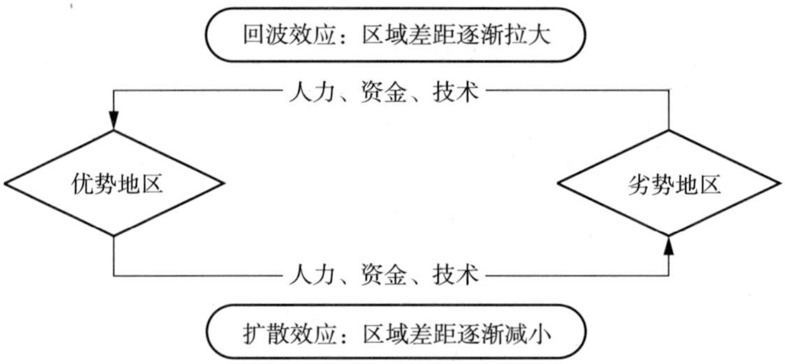

图 2.5　回波效应和扩散效应

根据赫希曼的不平衡增长理论和罗斯托的主导产业论思想，由于不同区域和产业的经济水平和研发基础存在较大差异，因此应当有重点发展优势区域和优势产业，R&D 资源也应当向重点区域和产业倾斜，通过创新的知识溢出和创新成果的社会收益来带动欠发达地区的发展。而缪尔达尔的循环累积因果论不仅认同“扩散效应”的存在，而且认为“回波效应”也存在，即优先发展优势区域和产业可能会带来两种完全不同的后果：第一种是由于扩散效应大于回波效应，使得优势区域和产业的创新成果得以扩散，进而带动劣势区域和产业发展，形成一种累积性的良性循环；第二种是由于回波效应大于扩散效应，优势区域和产业通过吸收劣势区域和产业的资源快速发展，而劣势区域和产业发展面临严重的资源限制，使得两者之间的差距逐渐扩大，形成一种累积性的恶性循环。

由此可见，单纯的集中 R&D 资源支持优势区域和产业是不可取的。因此，如何在各区域和产业间进行合理的 R&D 经费配置，充分发挥优势区域和产业的带动作用的同时又能避免或减少回波效应的发生，成为提高

R&D 经费使用效率，进而提高我国整体创新水平的关键所在。

（四）创新驱动理论

1. 产业创新驱动理论

二战以后，各国的产业和经济都有所起色并开始复苏。哈佛商学院教授迈克尔·波特（1990）通过对美、英、德、日和韩等 8 个国家的特定产业的形态和参与国际竞争的过程进行跟踪研究，将各国产业参与竞争的时期依次分为四个阶段，即生产要素驱动阶段、投资驱动阶段、创新驱动阶段以及财富驱动阶段。生产要素驱动阶段是指一国产业参与国际竞争的优势，主要是通过依靠某些产量富余且价格低廉的生产要素，例如得天独厚的资源禀赋或低廉的劳动力；投资驱动阶段需要国家和企业有积极的投资意愿和能力，国家或企业往往投资于能够适应全球市场的先进技术、设备或者吸引国外企业进行投资；创新驱动阶段则要把科学技术和知识作为重要资源，实现科技与经济的一体化发展，从而提高行业竞争力，取得竞争优势；财富驱动阶段通过之前已经获得的财富来驱动从而继续发展，发展到这一时期实际上已经失去了竞争优势，国家主要依靠前期积累的物质财富来维持经济运行。由此可见，前三个阶段是一国经济发展的上升阶段，最后一个阶段则是经济衰退的阶段。迈克尔·波特指出，在创新驱动阶段，企业依靠不断创新来实现技术升级，在激烈的市场竞争中取得成功，并且在相关领域中形成具有竞争力的新兴产业。在此阶段，企业的创新意识和能力较强，并且已经具备自主研发能力，能够将科技成果进行产业化，有效增加了参与市场竞争的能力并占据一定的优势。

波特的国家竞争优势理论强调了产业创新驱动在一国竞争优势的发展历程中的重要作用。国家竞争优势由生产要素驱动到投资驱动进而发展到产业创新驱动，反映了国家的竞争优势由依靠关键资源到依靠核心竞争力的演变过程。美国学者 J. S. Nye（1996）指出，当今投资驱动型经济已经逐渐走到尽头，取而代之的是产业创新驱动型经济。此时，资本、原料和土地都不一定是财富，而科学技术和知识才是推动经济发展的关键所在，创新是引领经济发展的根本动力。产业创新驱动是指企业利用先进的知识、科学技术、管理方法等一系列创新要素对原有的资源进行重组，并以创新的技术、管理来提高要素的使用效率以及对人才的合理利用（李琭球，2013）。简而言之，产业创新驱动就是企业以技术、制度和管理创新等一系列创新活动推动资源高效合理配置的一种方式。内生增长理论是创新驱动的理论基础。内生增长理论的核心观点是经济的增长并不是完全依靠外界力量的作用，内在因素（如科技的进步）也是决定经济增长与否的关键。从这个意义上来看，创新驱动就是在知识经济快速发展的趋势下，以创新为内部驱动力的一种内生型经济增长模式。总之，先进的科学技术和知识、优秀的企业管理模式、健全的组织制度和文化等都是在实现创新驱动发展过程中的主要内部驱动力。

政府的政策文件和重要领导人讲话中对创新驱动的概述以《国家创新驱动发展战略纲要》为代表，其指出创新驱动发展是“使创新成为经济发展的第一动力，包括科技、制度、管理、商业模式、业态和文化等多方面创新的结合，推动经济发展方式转向依靠知识、技术与劳动力素质提升，使经济形态更高级、分工更精细、结构更合理”。由此可以看出，我国创新驱动发展的目标是推动经济发展和社会整体福利水平的提高，不再依靠过去旧有的粗放型的耗费资源的经济发展模式，而是从提高经济发展质量和效益出发，推行集约型经济发展模式，促进创新生产效率的提高，实现包容性增长和全面协调可持续发展。在这一过程中，经济发展过程要由资本、劳动力和资源为主导的传统模式向以知识、人才和信息为主导的创新发展模式转变。创新驱动经济，是以“科学技术作为第一生产力”的知识经济，即科技创新在创新驱动发展中居于核心地位。

2. 技术创新驱动理论

在经济学的历史发展过程中，著名经济学家亚当·斯密、大卫·李嘉图、卡尔·马克思、约瑟夫·熊彼特、凯恩斯和罗伯特·索洛等均对技术创新理论（Technical Innovation Theory）的提出做出了巨大的贡献。但一般认为，首次系统地提出这一理论的是约瑟夫·熊彼特，他研究了创新与技术变革对经济非均衡增长的影响并提出，创新就是生产要素和生产条件的一种新的结合。熊彼特认为，这种新结合可以是生产新产品，可以是采用新方法，也可以是开辟新市场或者获得新材料，还可以是实行新的企业组织形式。因此，在他看来，创新不仅仅指的是某项技术或发明，而是一种机制，只要能达成生产要素的重新组合，改变经济的停滞不前，并对原有生产体系产生震荡效应的发现与发明都是创新。

熊彼特的创新理论提出之时，正是西方“凯恩斯革命”的理论广为流传之时，因此没有多少人认识到其创新理论的重要性。但到了 20 世纪六七十年代，西方资本主义世界很多国家经济快速发展，一度出现了长达 20 年的持续增长，这一成就显然并非单纯依靠资本和劳动力等要素投入而取得的。传统的经济学理论对解释这一现象显得苍白而又无力，这就迫切需要一种新理论来加以解释与说明。技术创新理论将技术创新与经济发展联系起来，研究技术创新对于经济发展的贡献，引起了学者们的广泛兴趣。诸多研究者围绕这一问题进行了深入的研究，创立了各种学派，不断将技术创新理论引向深入。目前，西方技术创新理论主要包括以下四个学派，即技术创新的新古典学派、新熊彼特学派、制度创新学派和国家创新系统学派（李锐，2008）：

（1）技术创新的新古典学派

技术创新的新古典学派的一个重要特点就是将技术与资本和劳动力一样都视为经济增长的要素，并运用新古典生产函数的基本原理来研究经济增长。其研究结果表明，技术创新与资本和劳动的增长率、资本和劳动的产出弹性一样，均决定着经济增长率。技术创新的新古典学派以索洛（Robert M. Solow）为代表，索洛在其 1957 年发表的《技术进步与总生产函数》一文中通过估算出总量生产函数，采用产出增长率扣除各投入要素增长率后的残差来测算全要素生产率增长，以此推算出美国制造业在 1909—1949 年的总产出中约有近 88% 应归功于技术进步。

（2）技术创新的新熊彼特学派

新熊彼特学派坚持传统的熊彼特创新理论，但又打开技术创新这个“black box”，将技术创新视为一个复杂过程，揭示其内部运作机制。着重研究市场结构、企业规模、企业组织行为与技术创新之间的关系以及技术创新与扩散等问题。曼斯菲尔德深入研究了技术创新与技术模仿之间的关系，这在一定程度上有助于对新技术的推广进行解释，但由于其理论假设与实际情况相差太大，其解释力极为有限。卡曼、施瓦茨等认为介于完全竞争与垄断之间即寡头垄断和垄断竞争的市场结构最有利于技术创新。因为，竞争激烈，企业创新的动力虽然很强，但激烈的竞争使得企业难以做大规模，也就缺少持久创新的控制力；垄断程度高，企业对市场的控制力虽然很强，但由于缺少对手的竞争，其创新的动力也就天然不足。可见，完全竞争与完全垄断的市场结构均不利于技术创新。只有当市场结构处于二者之间，既有垄断，又有竞争时的市场结构最有利于技术创新。

（3）技术创新理论的制度创新学派

制度创新学派以道格拉斯·诺斯和兰斯·戴维斯等美国经济学家为代表，他们对技术创新所需的外部制度环境进行分析后认为，正是由于技术创新活动的存在，才使得创新者个人收益与社会收益二者之间存在巨大的差距，为了能持续地激发人们技术创新的动力，就必须对现有的创新制度进行变革以提高创新者个人的收益。由此可见，虽然技术创新本身对促进经济发展有重要作用，但能促进技术创新的制度安排才起到了关键作用。好的制度安排能促进技术创新，反之则阻碍技术创新。在诸多能够为个人创新提供有效刺激的制度安排中，产权的作用最为有效。因此，提高创新活动的私人收益率，使其与社会收益率大致相当，促使发明者的活动得到最大的个人收益，是促进技术创新的关键。制度创新促进一国经济发展主要表现在宏观和微观两个层面：从宏观层面来看，通过制度创新大大减少了一国制度环境及制度安排中的不确定性，为人们的经济行为提供了一个稳定的预期，节约了整个社会经济活动的交易成本。从微观层面来看，有效的制度设计包含着激励与约束的双重功能，能有效解决激励和约束两大市场经济中的基本问题。

（4）技术创新理论的国家创新系统学派

该学派以英国学者克里斯托夫·弗里曼和美国学者理查德·纳尔逊等人为代表，他们认为技术创新主要是由国家创新系统推动的，而不是企业的孤立行为，也不仅仅是企业家的功劳。弗里曼就认为，推动技术创新的国家创新系统主要由行为主体、运行机制和关系网络构成，它们直接影响到对创新资源的配置和有效利用。正是在国家创新机制的引导下，创新主体的创新活动才使得整个国家的技术创新取得良好的效果。他还以日本为例，认为要谋求一国经济的跨越式发展，在国家的干预下建立一国的国家创新系统非常重要。纳尔逊认为，由于科技创新的过程充满了不确定性，应对这种不确定性的唯一有效方法就是实行技术创新的多元化，同时保持国家创新系统制度安排的相应弹性和适当的灵活性。但由于各个国家的具体情况不同，再加上创新系统内在地包含了各种制度因素及技术行为因素，参与国家创新系统的主体也各异，这就决定了国家创新系统的构建没有统一的模式可言。但不管采用何种模式，该学派所突出强调的国家创新系统的内核都是相同的，就是通过一组制度安排，将企业、大学、科研机构、政府部门及市场中介等所有参与创新的主体链接起来，使其在创新中相互协作，形成一个整体，从而以此来提高创新效率。熊彼特及其后续的各个学派提出并不断拓展了技术创新理论，深入研究了技术创新与经济增长之间的关系、技术创新中政府的干预作用、创新的内部运作机制、国家创新系统的制度安排对创新绩效提升的重要作用等问题。同时，还揭示了现代经济的一般特征及其发展的推动力，这一理论分析体系和方法，对处于不同体制框架和不同发展阶段的国家，均具有重大的理论指导意义。

3. 制度创新驱动理论

最早提出企业创新理论的是著名经济学家熊彼特在 20 世纪初提出的，熊彼特认为创新是经济发展的“主发动机”，人们之所以创新是因为看到获取超额利润的机会，创新结果又为其他企业提供了学习和模仿的榜样，导致其他企业的相继模仿。在创新普遍化后，创新所获得的超额利润也就逐渐消失了，为追求新的超额利润，又开始了新一轮的创新。

D. C. 诺斯和 LE · 戴维斯在《制度变迁与美国经济增长》一文中提出了具有代表性和典型性的制度创新理论模型，诺斯认为制度是决定人们相互关系而人为设定的一个社会的游戏规则，有效率的经济组织是经济增长的关键，而经济增长的决定因素是制度及其创新。诺斯认为有效率的组织的产生需要在制度上做出明确产权安排并形成一种激励以确保经济组织对效率的要求；V. W. 拉坦、H. 登穆塞茨、T. W. 舒尔茨等著名学者提出了一种关于制度变迁的诱致性创新理论模型，把技术创新和制度创新整合在一个逻辑框架中，应用对技术变迁的研究方法考察制度创新，尤其是制度创新的供给和需求。

制度可以理解为社会公认遵循的一套行为规则，人之所以需要制度，是因为一个理性的人能力有限，他在做决策时要支付信息费用，以及人生活环境与生产中的不确定性。企业制度创新是通过调整和优化企业所有者、经营者、劳动者之间的关系，使各方面的权利和利益得到充分的体现：不断调整企业的组织结构和修正完善企业内部的各项规章制度，使企业内部各种要素合理配置，并发挥最大的效用。

（五）创新环境理论

创新环境理论（Innovation Milieu）是 1985 年欧洲创新环境研究小组（Groupe de Recherche Europen sur les Milieus Innovateurs）在研究欧洲高新技术产业园区创新行为和进行比较研究的过程中，发现并提出的。欧洲创新环境研究小组的研究认为，创新环境是技术创新活动所必需的、不可脱离的外部因素，是创新性企业孕育的场所，区域内的企业都可以被看作是区域创新环境的产物。企业成功与否，取决于其能否从所处环境中获取高素质的人才、低成本的资金，以及当地的市场需求和制度环境等因素。良好的创新环境对企业，特别是对高技术企业具有重要的意义。

1998 年，Maillat 从创新环境的三个基本特征出发，定义了创新环境：①创新环境是一种区域化的由资本、人力资源等物质生产要素和制度、文化等非物质要素所构成的特殊网络结构，并且创新环境是当地的要素禀赋、政府、教育机构、企业等各种组织所共同营造并共同享有的，这种创新环境的营造，可以有效地进行区域资源共享，降低各个组织、团体运作经营不确定的外部性；②创新环境是组织、团体进行内部创新和外部协作相结合的结果，是处于其中的组织与团体必须加以重视的重要因素；③创新环境是处于动态变化的，组织、团体的运作与经营，不仅会促进自身的发展与壮大，也会影响和改善环境的变化，然后反过来，又作用于组织与团体。这种反馈机制，促进了创新活动的发生、区域内的合作以及创新环境的改善。Wig & Wood（1997）明确了创新环境中的五个主要创新主体和辅助创新的主体。创新的主体是进行创新活动，并将其转化为产品销售的生产企业，辅助创新的主体是政策法规的制定者政府机构、培养人才的教育机构、技术研发和创新知识的研究机构、为创新活动提供商业等服务的机构。

经济合作与发展组织（OECD）印发的《国家创新系统报告》，进一步重点定义和阐述了创新环境，从国家创新体系的构建为着眼点，认为国家创新体系主要由创新机制、创新机构、创新资源、创新环境四个相辅相成的部分组成。创新环境是指那些能够为创新活动提供要素资源和政策支持的国家相关配套体系，包括基础设施、国民教育、金融发展和产业政策等。其创新环境的概念是从国家体系的角度出发，并不是从企业角度出发。

创新环境是组织与团体技术创新的约束条件，组织与团体不只是创新环境的简单适应者，也是创新环境的改造者，并与环境一起相互促进、协同发展，成为创新活动新的创新动力。

1. 区域创新环境理论

作为区域创新系统起源的区域发展理论受到“结构主义”及“新制度主义”的影响，认为地区制度及文化是影响区域发展的重要因素；应设置以市场为基础、创造良好的政策环境的间接区域管制。而目前作为国际经济地理学界研究重点的新产业区域理论也认为集聚区位的选择必须依据完备的基础设施、成熟的创新生产互动等必备要素；而地理空间作为经济发展的依托和基础，企业在很大程度上会受到当地社会文化的影响，企业文化只有与当地消费文化融为一体时才能获得效益。

随着区域创新系统研究的深入，区域创新环境作为一个重要因素逐渐受到关注。三螺旋理论认为，在一个特定区域内的生产组织、政府机构、高等学校等是在市场机制的基础上，相互作用进而呈螺旋发展的，象征了这三者之间的内部转化。新创新经济学理论采用创新系统的演化分析方法，研究经济发展的源泉以及技术变化的过程，主要从结构的概念来理解和分析创新行为，以此论证技术创新系统中创新环境的重要性。创新系统分析方法认为技术创新是生产新知识、新方法，在现有知识的基础上，集成并将知识转化为具备经济利益的产品的过程。创新系统中有众多扮演不同角色的参与者，除企业外还包括高校、研发机构、政府机构等，经济因素是其创新活动的重要影响因子。此外，企业组织机构、地区制度、社会文化因素都对创新行为产生不同程度的影响。

在这些理论研究成果的基础上，欧洲区域创新环境研究组（GREMI）将区域创新环境理解为：在有限的区域内，创新过程中的主要行为主体建立的非正式的复杂社会关系，而这社会关系主要是通过主体之间的协同作用和集体学习过程形成的。之后，以 Camagni 等为代表的创新环境学派则侧重于研究区域的学习过程以及网络化对创新的影响作用，认为地方生产系统、各种技术创新活动参与者是区域创新环境的核心组成部分，并通过市场、权力、合作等关系或网络统一起来。Maillat 认为创新环境是企业外部的非物质的社会文化因子，而文化、技术、技能、劳动力市场等组成了这个非物质的社会文化因子。

王缉慈是国内最早对区域创新环境进行定义的学者，他认为区域创新环境是地方行为主体在长期正式或非正式的合作与交流的基础上所形成的相对稳定的系统。贾亚男认为区域创新环境主要包括物质、文化、社会环境，有两方面的含义：静态的环境和动态的环境。易成栋认为区域创新环境是区域内以企业为中心，与企业存在相互作用的复杂的动态系统，它影响了区域内的技术创新扩散行为及技术创新产出。可以说，区域创新环境就是一个稳定的大系统，它由众多因素组成。一般来说，将区域创新环境分为区域创新硬环境和软环境：区域创新硬环境包括交通、通信基础设施及资源状况等；软环境指的是有利于实现技术的创新、扩散和知识积累的社会文化、市场状况及教育情况等。区域创新环境以技术创新主体为中心，并通过区域内的硬环境和软环境所包含的各种媒介与其发生物质、信息等的交换。

2. 产业创新环境理论

在早期，产业创新环境这一说法并不多见，最初关于产业创新环境这一概念实际上来源于产业创新系统，并且在早期学者的研究中，产业创新环境往往被视为产业创新系统的一部分。Breschi 和 Malerba 在 1997 年提出了产业创新系统概念，他们认为产业创新系统包括“一组特定产品构成的系统，其中的一系列部门为这些产品的创造、生产和销售提供了大量的市场和非市场的互动”。实际上，产业创新环境是相对于产业创新的产业内部环境，这种环境是一个优秀的产业创新系统不可缺少的，它的建设是产业创新系统的重要依托。产业创新系统主要由产业创新政策系统、产业创新技术系统、产业创新环境系统和产业创新评价系统组成，而产业创新环境主要包括贸易和研发活动所需的经济、政治和法律环境以及创新主体的生产、生活所需的物质、文化环境，具体可分为硬环境和软环境。硬环境是指系统运行必需的基础设施，如交通、通讯、教育机构及在各系统间起媒介作用的机构或组织等，而软环境是指系统运行所必需的文化氛围。

随着国家创新战略的推进与实施，产业创新环境已经成为我国经济发展的热点问题之一。各地建立的经济技术开发区、高新技术园区的主要目的，归根到底，就是要形成产业集群，创造良好的创新环境。产业创新环境不应仅仅“将单个产业作为一个独立的市场主体”进行研究，而应该包含政府、企业群、上游企业群、下游企业群、科研机构、金融机构等产业集群的范畴。通过产业竞争情报对产业创新环境的实时监测，分析把握影响产业技术创新的各类环境要素，有助于提升企业技术合作与技术创新、实现资源要素的合理配置以及产业的合作布局，并达到最终提升产业整体竞争力的目的。

（六）创新网络理论

1. 区域经济差异理论

在各个国家或地区发展中，区域经济差异普遍存在。适度差异对局部区域经济社会发展可起到促进作用，通过辐射带动和扩散效应给经济发展带来更大空间，但如果差异过大则会阻碍地区经济发展，并对社会稳定产生一系列的负面作用（李小菊和李豫新，2006）。目前，学术界对区域经济差异较一致的看法是：一定时期内各区域间人均意义上的经济发展总体水平非均等化现象。世界上经济较好的国家大致经历了一个从不平衡到平衡、由新的不平衡再到新的平衡的循环往复发展历程（聂秀萍，2007）。学者们对区域经济差异进行了研究，提出的理论包括早期的古典区位理论、近现代的均衡发展理论和非均衡发展理论等。

近年来，西方区域经济差异理论在理论体系和研究方法等方面取得了突破性的进展，如一些学者以新经济地理理论为基础，从产业集聚、外部经济、规模经济等视角对区域经济差异的形成原因进行分析；还有运用 Theil 指数、Geni 系数和 Williamson 系数等方法对地区差异进行分解、测度和评价；此外，有研究者还借鉴了新古典增长模型，从区域内生增长以及递增收益的视角来分析地区经济趋同或者趋异发展的问题。这些理论方法虽然还需在实践中不断地丰富和改进，但它们无疑给我们提供了一些极具借鉴意义的研究区域差异的理论路径和方法体系（张怀英和蒋辉，2007）。

2. 知识基础理论

创新体系是关于知识的获取和技术的产生、扩散、利用的过程，即知识或技术的配置过程。在创新体系中，不同参与者之间流动的知识基础，被称为配置的知识基础。知识基础包括公司知识基础、产业知识基础、经济知识基础三种类型。这三类知识基础中，产业知识基础是从创新角度提出的，与创新的联系最紧密，是影响产业创新最关键的因素（李美桂，2016）。产业知识基础与经济知识基础、公司知识基础之间具备内在关联性。区域知识基础对于产业知识基础产生了决定性的作用，产业知识基础是在公司知识基础上产生的。

创新是一个复杂的过程，企业或组织需要大量的知识来源。知识的产生和利用过程中，需要隐性和显性知识动态交互和转换。虽然显性知识可以在空间上便捷地传递，可其依然依赖于嵌入在个人的隐性知识进行理解和应用。为克服知识二分法的不足，更深入分析知识互动和生产过程的多样性和关联性。Asheim（2007）建立了产业知识基础的概念框架，被应用于研究产业的创新地理差异（Aslesen et al.，2012）。知识基础可以作为一种行业类型学，替代传统的国际标准的产业分类方法。标准的行业分类方法有局限性，特别是涉及新兴和转型产业时，以及跨越传统产品类型的行业。知识基础的三分类法涵盖了普遍的知识类别，适用研究范围更广的部门和地区的创新公司。在产业层面的研究表明，不同知识基础的产业创新的空间分布差异很大，解析型产业经常与大学和研究机构交流，作为基础科学的创新依赖于抽象和普遍有效编码知识，解析型知识的交流不太局限于空间邻近性。在合成型行业中，知识交换占主导地位的是沿着供应链以及用户和生产者之间，创新是干中学，这意味着相对较少的主体交互是发生在远距离的。知识基础是研究广泛的产业创新地理学差异的有效工具，而且，知识基础理论对研究不同类型的知识如何在创新过程中相结合具有重要价值。鉴于知识的强烈的异质性，企业可以通过组合知识进行创新，这需要更细致地分析企业层面的知识的交互过程。

Zukauskaite et al.（2016）发现食品工业是以合成创新方法为主，然而一些食品企业通过组合和解析知识来开发新产品。这说明组合的知识动态可以在创新的道路上发挥重要的作用，从而减少锁定效应的负面影响。尽管 Zukauskaite 采用企业一个创新项目的经验数据来说明这一问题，但他认为部门和地区层面也遵循类似的规律。这与 Strambach 等（2013）对汽车行业的研究结论一致。这些研究指出，尽管解析、合成型知识的理论范畴不同，但创新的过程可以是不同知识的组合。可以看出，国外学者们从关注强调知识基础是解释行业、区域创新差异的重要因素，到开始关注不同知识的组合对企业创新的影响。但关于知识组合的研究更多是以单个企业为案例，研究某一创新项目进行过程中，不同类型知识的互动。对于产业创新过程中知识组合的研究涉及较少。

国内学者对解析型、合成型产业的知识互动和创造过程进行了简单的描述与分析，主要是借鉴国外的研究结论，基于中国产业的实证研究较少。牛盼强（2011）将产业知识基础定义为联系在产业中相同类型的知识，组织之间可以共享、共用的基础性信息或知识，并分析和总结了合成型知识基础与解析型知识基础的区别。国外学者将知识基础与创新网络联系起来，并进行了定量分析。例如，Martin（2013）采用欧洲合作研究项目“构建区域优势（CRA）”收集的实证材料，通过社会网络分析法，研究行业中的公司及其合作伙伴间先前的和正在进行的知识交流关系。

二、文献综述

（一）产业创新能力的内涵及解构

创新，在我国是十分流行的词汇。党的十八大明确提出把创新摆在国家发展全局的核心位置，高度重视科技创新，实施创新驱动发展战略，强调科技创新是提高社会生产力和综合国力的战略支撑。实施创新驱动发展战略，是我国当前和未来加快转变经济发展方式的重大战略需求，是我国形成国际竞争新优势、增强发展的长期动力，是降低资源能源消耗、改善生态环境、建设美丽中国的必然要求（常星星，2016）。产业创新是指产业在成长过程中的合作创新（严潮斌，1999），是相互关联的企业、大学、研究机构、政府和金融机构等投资、技术研发、创新活动实施、风险和利益等主体的协同行为，强调运用产业创新政策诱导、协调和保障产业内企业的创新行为。产业创新能力是产业在创新过程中综合实力的体现，也是比较产业间发展趋势的指标之一，Yan et al.（2018）将其分解为资源投入能力、技术研发能力、创新制造能力和创新转化能力。产业创新能力外在表现是一国特定产业以其相对于他国的更高生产力，直观表现就是国际市场的份额或所占有的比率；内在表现是产业内部以分工创新为主要模式的创新活动深化，包括特定产业的知识本质、扩散机制、企业的技术吸收能力、产业网络连接性、产业层面的多元化创新机制，政治、经济、法律文化、项目相容度等。Tavani et al.（2018）也认为产业创新能力是实现创新战略，由产品创新能力和工艺创新能力决定的系统整体功能，是产业发展的根本动力。

随着学术界对产业创新能力研究的兴起，衍生出了不同视角下的产业创新能力的诸多定义及构成，归纳起来可以分别从宏观、中观、微观三个层面加以阐述。

在宏观层面上，Porter & Stern（2002）提出创新能力是指在较长的一段时期中，生产产品和商业化技术创新流的能力。张治河等（2015）认为，产业创新能力包括了产业内的自主创新能力及在相关产业中的创新扩散能力两大部分。其中，产业内的自主创新能力是指某个特定的产业利用产业内的创新资源，通过合作创新等方式实现某个关键技术的突破，并实现商业化应用的能力；相关产业的创新扩散能力是指某个特定产业的创新会对相关产业形成创新成果的知识溢出，促进相关产业进行创新的能力，产业间的创新扩散会使得全部产业的创新能力得到提高，并最终对国家的创新能力产生正面影响。纪国涛和吕富彪（2017）以发展中国家为研究对象，将产业创新的过程分为三个环节，即引进、吸收、提高。由此，产业创新能力可以分为技术引进能力、创新模仿能力、自主创新能力三个方面。其中，技术引进能力是指积极引进来自于创新领先国家的优质技术，并进行自我吸收的过程；创新模仿能力是指在联合开展创新活动的基础上，通过模仿创新领先主体而学习到先进的技术和市场理念，再进行自主创新的能力；自主创新能力是指依靠自己的技术、人才等创新资源的储备进行创新投入，开展技术和产品研发活动，取得创新成果的能力。

在中观层面上，Hu（2008）以台湾液晶产业作为研究对象，研究了知识流动和创新能力间的关系，并对产业创新能力界定如下，即产业创新能力是该产业能够产出新产品和新流程，并不断对现存的产品和流程进行改进的能力。Akman & Yllmaz（2008）以软件行业为例，对创新能力、创新战略和市场方向间的关系进行了研究，并对产业创新能力的内涵进行了如下阐述，即产业创新能力是指具有促进创新文化、推进创新活动、正确理解和应对创新环境的能力。吴丰华和刘瑞明（2013）将产业创新能力划分为自主创新能力和创新生产能力，其中，自主创新能力反映的是产业的科学研发能力，创新生产能力反映的是产业的新产品生产的能力。王珊珊等（2014）认为产业创新能力是多种能力的复合，产业创新活动涵盖了整合创新资源、投入资源要素、收获产出成果、扩散创新成果等环节，据此，将产业创新能力划分为创新投入能力、创新资源整合能力、创新产出能力和创新扩散能力四个子能力。其中，创新投入能力反映了该产业对储备的创新资源投入的情况；创新资源整合能力反映的是该产业对不同属性、不同品质的创新资源进行分类、组合和运用的能力；创新产出能力反映的是该产业将创新资源转化为诸如新产品、专利等创新成果的情况；创新扩散能力反映的是技术创新成果在产业内溢出的能力及市场化的创新成果的推广情况。

在微观层面上，Ionescu & Dumitru（2015）认为，产业创新能力是制造商为了达成特定的目标而将固定资本、财务资源、人力资源、技术知识、组织声誉和社会资源六类资源进行组合所实施或采用的流程或手段。李宇等（2014）立足于网络视角，分析了企业内部的微观运行机制、产业链的运行机制、产业创新能力的提升机制，并为产业创新能力做出了如下的界定，即产业创新能力是指产业中的企业通过优化自己所处的网络关系质量，提高网络运行的质量，最终实现产业创新升级的能力。孙晓华和周玲玲（2010）以不同特性的企业为研究对象，认为产业创新能力会因企业的特性而有所差异，从创新成果产出的角度对产业创新能力进行界定，并以专利申请数量作为衡量指标。Wang & Zhang（2018）以企业为主体，认为产业创新能力涵盖了产业自主创新的直接能力、间接能力、内生能力、外生能力四个方面。其中，直接能力是企业进行创新投入，开展研发和制造活动，并获得创新成果的能力；间接能力是指创新资源储备、创新科技扩散、创新成果市场化的能力；内生能力是指企业治理、决策、盈利、产学研合作的能力；外生能力是指政府通过财政、政策两方面对产业进行支持及知识产权环境对企业的创新活动促进的能力。

（二）产业创新能力测度

1. 产业创新能力评价指标体系构建

产业创新能力只有通过对数据量化表征才能得以体现，然而，由于当前我国高新技术产业中统计数据的权威性和统一性相对薄弱，难以达到深入研究的要求。

此外，产业创新系统本身的综合性与复杂性决定了指标选取要多元和广泛。产业创新能力评价体系构建遵循了以下原则：

第一，全面性与代表性相结合。产业创新能力由多种要素构成，评价体系构建需要注重指标的全面性。本研究在维度和指标选取时充分搜寻、广泛评估，从而保证了指标体系的全面性。此外，根据要素指标与上层维度的相关性大小，选取具有代表性的核心指标，以保证维度间的独立性和维度内的相关性。

第二，科学性与可操作性相结合。创新能力评价体系的指标选取不仅应遵循科学性原则，力求所选指标能反映出各要素在不同发展时期的变化特点，还应注重评价体系的实操性，从而为空间差异分析奠定基础。

第三，系统性与层次性相结合。产业创新能力评价体系是一个复杂而综合的系统，内容涉及政治、社会、经济、科技、环境、资源等多个领域，评价过程中应结合高科技产业技术创新活动的内容、过程及其特征而设计，同时参考国际上和我国关于产业技术创新能力的评价指标来构建，以保证实证分析的系统性。

产业创新能力评价研究是目前学术界研究的热点，国内很多学者和实际工作者做了大量研究工作，建立了多个评价指标体系，现将主要的几个进行分析，加以比较，见表 2. 1。

通过表 2. 1 的分析和比较，我们可以对企业创新能力发展历程有个总体的把握，表中总结了发展过程中有代表性的创新能力评价指标体系所取得的成果，也指出了这些研究成果中不足之处。

表 2. 1　产业创新能力评价指标体系比较

代表学者	主要观点	主要贡献	不足之处
魏江和许庆瑞（1995）	创新决策能力、R&D 能力、生产能力、市场营销能力、组织能力五个方面	从创新过程来表现的企业创新能力结构	仅采用了 9 个具体指标来评价，评价太过简单
魏江和黄学（2015）	一级指标 3 个，二级指标 9 个。一级指标有创新投入、创新过程、创新产出	指标体系完整衡量服务创新能力的要素，评价指标简明扼要，不重复评价，并考虑到了行业的差异性	限于服务业创新能力评价的固有困难和调查数据的局限性，未能实时完善指标体系并且未能采用滚动数据
冯银虎等（2017）	5 个一级指标，34 个二级指标。一级指标有技术创新投入、技术创新水平及效益、创新管理能力、技术创新环境	有针对性地结合了煤炭行业的特点，能够较全面地考量煤炭企业技术创新能力的效果	未说明因素选取标准和依据，某些因素的评价难度较大，如：技术创新环境

续表

代表学者	主要观点	主要贡献	不足之处
Wang & Zhang (2018)	4 个一级指标研发能力，包括资源开发能力、组织管理能力和财务能力，13 个二级指标	在分析技术创新过程的行业特征的基础上，提出了一种评估煤矿技术创新能力的方法，从而可以帮助煤矿加强创新管理，促进与生产的关系	未考虑创新中的管理因素，整个指标体系过于简单
Khedhaouria & Thurik (2005)	5 个一级指标，包括建立国家机构、开发人力资本和研究系统、改善基础设施、促进商业和市场条件。24 个二级指标	为弥合理论与方法之间的差距做出了贡献，提出了一个整合框架，将国家创新系统视角和定性比较分析方法结合起来	数据不完全且分析时间短
刘耀和黄新建 (2008)	三级评价指标体系，一级 4 个（创新投入能力、创新实施能力、创新实现能力和管理制度创新能力），二级 8 个，三级 28 个	用 AHP 法构建评价指标体系，运用模糊综合评价法进行实证分析，验证指标体系的可行性	未能消除 AHP 法构建指标体系所带来的人为影响，某些指标设定值得商榷，如：员工创新理念
寇耀丹 (2015)	6 个一级指标（顾客知识获取共享能力、创新管理能力、研发能力、制造能力、营销能力），21 个二级指标	构建了基于顾客知识的企业技术创新能力评价指标体系，并结合了规范研究方法与实证研究方法	基于顾客知识的企业技术创新能力评价体系能否推广运用的问题
张玉娟和汤湘希 (2017)	3 个一级指标（科研创新能力、合作创新能力、绩效创新能力），9 个二级指标和 22 个三级指标	全面、系统地反映企业创新能力的本质及指标要素的特点，具有一定的合理性和实际应用价值	创新类数据的获取难度较大，仅仅选取创业板上市公司作为研究对象，缺乏说服力
冯海昱 (2007)	7 个一级指标（创新投入能力、研究开发能力、创新生产能力、创新产出能力、创新营销能力、制度创新能力、管理创新能力），并细分为 20 个二级指标，36 个三级指标	兼顾定性和定量研究，向专家发放问卷，用层次分析法确定评价体系各层指标的权重	一级指标分类过细且过于烦琐，难以避免出现重复的地方
李存斌等 (2017)	4 个一级指标（技术创新支撑基础、技术创新支出及投入、技术创新环境利用），14 个二级指标	构建了我国电力企业技术创新能力的综合评价体系，首次应用云模型理论对我国电力企业技术创新能力进行了案例分析	定性指标占比较大，主观性较强

2. 产业创新能力测度评价的方法

评价是人类社会中一项经常性的、极为重要的认识活动。在前述产业创新能力评价体系构建的基础上，选用什么样的综合性方法能更有效、更客观地评价产业创新能力是本研究的重要内容。围绕创新能力评价，国内外众多学者和实践工作者做了大量研究，提出了很多思路与方法，归纳起来，主要有以下几种方法：

（1）无量纲化方法

无量纲化的主要目的是为了消除计量单位的影响，以方便数据处理。通过梳理有关文献，现被广泛应用的无量纲化方法主要有：

表 2.2　主要无量纲化方法

方法名称	代表学者及作品	方法特点
标准化法	孙红卫等（2015）综合评价中数据标准化的原理研究	要求原始数据符合正态分布；可以消除各指标变异差异，也会导致数据信息的部分丢失；要求结果必须落在 0～1 区间
极值法	宋明顺等（2014）多指标正交试验设计去量纲准则及方法研究	可以保证结果在 0～1 区间；所需原始数据量小；处理后相对数据性质明显，计算方便简单；不满足总量恒定性特点
均值法	刘妍江和智敏（2016）基于码本和运行期均值法的双层背景建模方法	保留各指标变异程度信息；所需原始数据量小；不能满足平移无关性和区间稳定性，不便于继续对数据进一步加工和分析
归一化处理	滕明鑫（2014）回归神经网络预测模型归一化方法分析	数据的区间为（0，1），无固定最值，不能保证区间稳定性和平移无关性

（2）评价指标权重法

国内外学者及现有文献关于评价指标权重赋予方法有不同的分类标准，因所占权重不同可分为三类，如表 2.2 所示。一是主观赋权法，该方法最明显的特征是“主观”，受人为因素尤其是感情因素影响指标权重，进而影响所做出的结论、决策和行为，使得评价结果的客观性受到质疑，这种方法更多的是作为一种辅助方法，提供一种参考，以使得评价结果更加全面。二是客观赋权法，该方法最明显的特征是“客观”，按评价对象的本质特征进行反映与考察，与感情、偏见、意志等无关，评价结果具有明显的对象性特征，依据所反映的特征重要程度分配相应的权数，匹配程度较高，信息量涵盖适中，是被广泛采用的评价方法。三是主客观相结合的定权方法，这种方法是上述两种方法的折中与融合，通过主观赋权法进行初步判断，再结合客观赋权法进行分析，更加全面。

表 2.3　主要权重确定方法

分类	代表学者及作品	方法名称
主观赋权法	樊治平和赵萱（1997）多属性决策中权重确定的主客观赋权法	专家调查法、对比排序法、头脑风暴法、二项系数法、AHP 等
客观赋权法		变异系数法、熵值法、CRITIC 法、TOPSIS 法、PCA 等
主客观相结合定权方法	宋光兴和杨德礼（2004）基于决策者偏好及赋权法一致性的组合赋权法	模糊综合评价法

（3）综合评价法

多指标综合评价方法是一种通过对于评价对象本质特征表现的多个方面进行归类并对指标数据进行无量纲化处理，使得指标可以进行统一核算，计算出所需的相对评价值或结果，从而对被评价对象进行排序或优选等的综合的、整体的评价方法。当前，创新能力综合评价法主要有信息量权法，常用的有主成分分析法和因子分析法（李荣平和李剑玲，2003；凌和良，2016）、层次分析法（刘耀等，2008；刘凤虎等，2016）、模糊综合评判法（董岗和傅铅生，2004）、数据包络分析法（杜栋，2001；马贤娣等，2007），以及灰色综合评价法（苏越良和罗剑宏，2002；王青云和饶扬德，2004）等，详见表 2.4。

（4）效率评价法

MBA 智库百科将创新效率定义为创新行为的投入产出比。评价投入产出效率的计量方法主要有三种：一是参数法，通过预先设定生产函数，估算参数，得出效率，这种方法一般不适用于复杂生产关系的效率评价。二是非参数法，广泛采用的是 DEA 法，不需要预先设定生产函数，但这种方法无法保证求解的有效性和有效的效率排序，对决策提供的数据支撑有限。三是效率评价法，该方法将多种投入与产出建立模型，通过无量纲化与权重赋予确定效率值。

（5）聚类分析法

聚类分析是基于评价对象的本质特征，将性质相近的评价对象归为一类的一种广泛采用的分类技术。该方法的明显特征是保证同类对象的同质性，不同类对象的异质性。其主要包括层次聚类法和迭代聚类法。

聚类分析主要依据目标间的距离和关联系数两种方法进行分类。

两目标间的距离公式：

$$d_{ij}^2 = \sum_{v=1}^{m}(X_{iv} - X_{jv})^2$$

其中：d_{ij}表示目标 i 与 j 的距离，X_{iv}，X_{jv}表示 i 与 j 的对应值，m 表示变量个数。

两目标的关系系数用相关系数 γ_{ij}表示：

$$\gamma_{ij} = \frac{\sum_{v=1}^{m}(X_{iv}-\overline{X_i})(X_{jv}-\overline{X_j})}{\sqrt{\sum_{v=1}^{m}(X_{iv}-\overline{X_i})^2(X_{jv}-\overline{X_j})^2}}$$

其中，X_i，X_j分别表示 i 与 j 在各变量上取值的算术平均值。

以上 5 种数学方法是现有指标体系评价方法中最常用的分析方法，90% 以上的中外文献都采用这些方法来评价事物，建立评价指标体系。通过对其中主要方法的优势和不足之处做分析比较，我们看到这 5 种分析方法都或多或少地存在一些不足之处，尤其是在消除人为因素干扰方面有较大的问题。

表 2.4　典型综合评价方法

方法名称	方法特点	优势	不足
主成分分析法	该方法指标间相关程度越高，分析效果越好；可消除指标间相关影响，不需要进行多次相关性检验，减少指标选取工作量；评价结果一般用于排名或者择优，而不用于评价对象实际的重要性程度	所确定的权重是基于数据分析而得出的指标之间内在结构关系不受主观因素的影响，有较好的客观性	依赖于原始变量，当原始变量都本质上独立，难以用少数综合的变量进行概括
层次分析法（AHP）	先分层确定权重再加权，难点在于构造合适的判断矩阵，主要用于总目标不确定但各目标层次适中	由于影响技术创新能力的因素很多，使用 AHP 法很容易根据过程能力模型将诸多因素分出层次，逐层进行评价分析，处理上直观简便	需要通过专家打分的方式逐层确定相关要素的影响权重，主观因素对目标的评价影响很大

续表

方法名称	方法特点	优势	不足
模糊评价法（PCE）	根据模糊概念定量化结果进行评价，主要用于不能准确度量的对象评价	可以依据各类评价因素的特征，确定评价值与评价因素值之间的函数关系	需要通过专家打分的方式构成评判组，主观因素对评判有较大影响
灰色关联法	对于一个系统发展变化态势提供了量化的度量，非常适合动态历程分析	对样本含量要求不高（4～5对数据也可计算），数据分布类型不限，因素之间变化关系是否呈直线关系均可	分辨系数的选取主观性较大，比较序列曲线空间位置不同以及因素权重归一化而影响关联度，取平均值求关联度又影响评价的准确性
数据包络分析	利用原数据对评价对象进行优劣排序，不能分档管理，可能无法得出准确结果，适用于各效用函数具有单调性	解决多输出类问题的能力强，且直观、客观和可比性强	要求被评价单元的数目应尽量地多，投入和产出指标尽可能地少，以避免有效单元数目过多的局面

3. 产业创新能力相关研究述评

关于产业创新能力评价及其指标体系设计，现有研究主要取得了以下成果：第一，企业层面的技术创新水平是产业创新的关键。宋河发等（2009）、Dolata（2015）都关注了企业技术创新能力的重要性，以知识和技术体系为核心提出新技术的变革和创新能力是产业创新的关键。这些研究都是从企业微观层面来评价技术创新能力的，将技术扩散效率等同于技术创新，从而用技术创新能力来替代产业创新能力。第二，创新网络等环境因素对产业创新至关重要。Wen－Hsiang（2015）等着重关注了创新主体及其相互之间的联系网络和创新环境，这两大因素再加上公司的知识技术体系共同进化，从而引致产业创新。第三，认识到产业集群和区域集聚对于产业创新的重要作用。刘光东等（2011）认为产业集群可实现生物医药产业价值链整体提升的目标并引发创新。第四，政府政策扶持对于产业创新的影响不容忽视。李培楠等通过制度创新能力来评价产业创新能力，其制度创新能力主要涉及产业政策对创新能力的影响（李培楠等，2014）。在研究思路方面，以上研究集中通过文献回顾和产业创新要素的剖析来对产业创新能力进行评价，但目前尚未形成一个完整的理论体系。

国外最新研究聚焦到了产业区域集群特征和产业政策对产业创新能力发展的影响作用（Yoon & Nadvi，2018）。Gerasimova（2014）等指出创新集群区域和集群政策二者结合实施对创新的必要性；Soogwan（2014）、Bouet（2014）强调了政府的创新支持政策有助于企业实现创新行为和经济的增长。最新研究表明，产业政策主导和集群区域网络已成为影响产业创新能力的重要因素，现有研究在评价产业创新能力时依赖这两大因素，而在评价指标设计时并没有突出产业政策主导指标和区域集群指标的重要性。

（三）产业创新能力的影响因素

现有研究关于产业创新能力影响因素主要涉及创新基础、市场及产业发育程度、外部政治环境等方面，本研究将以上影响因素归纳为基础力、驱动力和推动力三类，具体如下：

1. 研发基础方面

产业创新能力研发基础主要包含研发人员、研发设备和研发经费三个方面。

在研发人员方面，人才是社会创新的基础，科技创新人才被认为是创新型国家建设的重要因素（Chandra & Dong，2017；Hong et al.，2018），因此创新驱动的实质是人才驱动（Kianto et al.，2017；He，2018）。赖德胜和纪雯雯（2015）认为在产业创新能力提升的过程中，人力资本发挥了技能存量的生产要素作用和知识存量的创新作用。叶英平（2013）通过对我国大中型工业企业的研究发现：企业在研发人力投入的指引下，能够完成更多的知识创新项目，并将科研成果转化为企业产值，提高创新能力。Bogers et al.（2018）指出拥有一定量知识、技术与能力的人力资本对基础科学的进步、新技术的发明和应用的促进作用，将导致要素投入的改变及产业创新能力的提高。

在研发设备方面，硬件设施的投入为产业创新提供物质保障和研发平台，提高了社会经济在各个产业、各个区域的联通性，有利于推动产业创新向智能化、精准化、个性化转变（蒋震，2018）。张莹和张宗益（2009）在构建 panel - data 模型的基础上，从宏观层面上对重庆市区域创新环境的五个分量进行经验讨论，实证研究发现基础设施的投入对区域创新绩效有显著影响。李平和黎艳（2013）将科技基础设施细分为科技物力基础设施和科技知识基础设施，扩展知识生产函数建立计量回归模型验证相关效应，结果显示科技基础设施对中国技术创新的作用十分显著。Cass et al.（2018）强调基础设施在社会变革中的作用，认为提升基础设施水平对改善产业创新能力起基础性的推动作用。

研发经费是影响产业创新能力的决定性因素（Ritala et al.，2015；邹国平等，2015；Wen et al.，2018），是创新活动的重要驱动力（Bronwyn et al.，2013）。但已有研究指出，企业研发经费投入对产业创新能力的作用受经费投入数量影响而存在差异。韩先锋和董明放（2017）研究发现，研发经费投入与产业创新能力发展呈倒“U”型关系，企业不能一味地增加研发投入，当研发投入超过拐点时，不会带来同等比例的创新绩效的提升，反而占用过多资源，对其他潜在投资产生影响，同时降低研发经费投入对利润的弹性，只有适度的研发经费投入强度才能推动技术进步。这一结论也得到了 Wang（2011）和 Plank & Doblinger（2018）的支持。此外，我国研发投入和创新产出受区域经济发展水平、高技术产业发展状况、教育水平等外部环境影响而具有明显的差异性。综上所述，研发投入的增加并不一定意味着同等水平的创新能力提升和创新产出增加，而应对研发投入强度和外部环境进行综合考量（朱俊杰和徐承红，2017）。

2. 市场及产业方面

根据对已有文献的梳理，产业创新能力主要受市场需求、产业集中度及竞争程度等内部驱动力驱动。

在市场需求方面，现有研究主要强调需求对企业进行技术创新的贡献。Schmookler（1966）最早提出“需求驱动”（demand pull）假说，认为技术创新是一种追求利润的经济行为，需求导向、需求规模与盈利能力的变化是促进微观企业研发投入和创新活动的最有效的内在激励机制。随后大量学者基于西方发达国家样本的实证研究说明市场需求是产业创新能力发展的重要原因。Lee（1991）研究发现应用研究的技术交流、产品类的技术交流和发达国家之间的技术交流在很大程度上依赖于市场需求。Mariacristina 和 Marco（2007）对意大利 216 家制造企业 1995—2000 年的数据进行了检验，证明不同类型企业受需求因素影响有所差别，出口型企业研发投入对销售额更加敏感。Ghisetti（2017）以欧盟、瑞士和美国等的企业为研究对象，构建非参数匹配模型，探索政府需求在鼓励产业创新能力发展方面的贡献。Armand & Mendi（2018）对2004—2013年西班牙制造业企业的创新投资变动数据进行实证分析，研究需求减少对研发投入的负面影响机制。Ma et al.（2018）则对中国能源行业267份样本进行实证分析，研究表明绿色管理创新对企业经济绩效有积极影响，需求在提升内部研发效率过程中起调节作用，进一步丰富了现有研究成果。此外，Mowery和Rosenberg（2006）在Schmookler（1966）提出的“需求驱动”（demand pull）假说的基础上，结合Rosenberg（1974）和Dosi（1988）等提出的“供给推动”（supply push）假说，提出“双因素”说，指出供给和需求都是创新成功的重要因素，技术和市场是创新成功的决定性力量，科技推动与需求拉动既相对独立又相互补充，只是在不同产业中以及创新不同阶段上，二者的重要性可能会有所区别。赵馨智等（2014）基于能力观的视角，提出了基于能力需求、供给匹配的集成创新策略框架，阐述了创新策略的“需求供给匹配，两条路径循环”的基本机制。Petersen et al.（2016）和Kalcheva（2018）分别对医疗行业进行实证研究，均得出相似的结论，即产业创新能力提升不仅需要需求拉动，更需要技术推动和需求拉动的协同作用。

产业集聚是促进产业创新能力发展的另一个重要因素（Porter，2000；Liu et al.，2017），对企业的行为和绩效有着显著的影响（陆毅，2010；刘军等，2017），能够有效提高企业的生产率（Ciccone & Hall，1996；Zheng & Lin，2018），影响企业的创新行为（Carlino et al.，2007；Zhang，2015）。这些年来我国高技术产业发展的历程，其中一条重要经验就是走集聚式发展道路（杨浩昌等，2016）。基于集聚经济理论，学者们提出了两种不同的产业集聚方式。一方面，以Marshall、Arrow和Romer为代表的学者提出了专业化集聚的概念（Arrow，1962；Romer，1986），并且由Glaeser（1992）将其整合为Marshall - Arrow - Romer（MAR）模型。该模型认为在特定区域内，提高一个产业的集聚化程度能够促进企业之间的知识溢出效应，从而有利于提高该产业的创新绩效（Castaldi et al.，2015；Yoon & Nadvi，2018）。专业化集聚强调了一个产业内部企业之间所产生的知识溢出，并且认为这种知识溢出效应只能由相同或相似产业的集聚化所产生（Billings & Johnson，2016；Jang et al.，2017）。另一方面，Jacobs（1969）所提出的多样化集聚认为，知识溢出效应最重要的源头在企业所处的产业之外，其理论强调在特定区域内，不同产业之间的集聚能够促进异质性的知识溢出，有利于产业创新和经济增长（Li et al.，2012；Hamidi et al.，2018）。

行业竞争程度是指某一特定市场中参与竞争的企业数量和企业参与竞争的总体投入和强度，它反映了特定行业的垄断、竞争程度，是衡量市场结构的重要指标（杨慧军和杨建君，2015；黎文靖和郑曼妮，2018）。学者们关于行业竞争程度与企业创新绩效间关系的研究十分丰富，形成了三种主要的观点：第一种观点是以 Schumpeter（1942）为代表的“熊彼特假说”。该观点认为行业竞争程度与创新绩效负相关，以“创造性破坏”理论为基础，提出产业的垄断程度越高，技术创新的密度越大，同时强大的竞争压力会降低企业获得稀缺资源的可能性（Tabacco，2015），从而抑制企业的研发创新活动。第二种观点是以 Arrow（1962）为代表的“竞争利好假说”，认为完全竞争市场比垄断市场更有利于技术创新。该研究表明当行业内竞争强度较大时，激烈的竞争会导致企业间信息传递的速度加快，这在一定程度上会促进合作创新的绩效提升（Lefouili，2015）。另外，企业为了获取新的竞争优势会产生更强大的动力参与合作创新，合作创新成为企业获取新能力和新资源的有效途径（Yao et al.，2018）。第三种观点是以 Mansfield（1968）为代表的“倒 U 型假说”，认为中等竞争程度的市场结构最有利于创新（Cai et al.，2017）。

3. 政策制度方面

产业创新受到来自外部产业政策或制度推动，主要涉及知识产权保护、政策激励、创新平台推动。

知识产权保护制度是企业技术创新的动力，是企业在一定时期内获得熊彼特租金或转让该技术获得商业利益的保障（Whalen，2018；Nordensvard et al.，2018）。产业创新能力提升的动机在于技术创新行为带来的商业利益，而知识产权保护和风险投资等机制促进了技术市场在创新行为中的调节和资源配置作用（洪银兴，2010）。因此，若知识产权保护制度不完善，产业创新能力可能因面临外部性或信息性问题而导致增长乏力（Lerner，2010；张峰，2012；Falcone et al.，2017）。

政府作为国家创新体系中制度创新的主体，为企业提供财政、税收、金融和产业方面的政策支持，促进创新企业进行技术创新资源的优化配置（Zhang，2013；Liao，2018）。产业创新产出离不开政府。一方面，政府通过完善法律规范、保障市场秩序、促进创新人才培养等方式间接影响创新产出（朱建新和冯志军，2009；樊琦和韩民春，2011）；另一方面，由于产业创新投入的外部经济性有利于产业整体创新研发能力的提升和社会的长远发展（郭迎锋等，2016）。目前，学者在探讨政府产业创新政策对产业创新能力的影响方面并未形成一致的结论，主要集中分为三个方面：促进效果、挤出效果和混合效果。“促进”流派的学者认为产业创新政策能够增加企业自身的 R&D 支出，进而有利于开展研发活动，目前学术界已从不同角度阐述了促进效果的理论基础（Edquist & Borrás，2013；Costantini et al.，2017；Andriosopoulos et al.，2017）。根据研究内容和研究结论的不同，本研究将“促进”流派的实证研究分为四个阶段。第一阶段研究重点在于产业创新政策是否存在促进效应；第二阶段的研究结论明确指出产业创新政策会促进企业提升创新能力，并且进一步探究了补贴促进程度；第三阶段的学者们研究了不同因素影响下的产业创新政策效果问题，如企业规模、行业、政府补贴方式等；第四阶段的学者尝试划分技术创新系统内部各阶段或政策实际作用阶段，并进一步探究最佳政策组合方式及影响政策效果的内外部因素。图 2.6 为促进作用实质研究。

与“促进”流派学者不同，“挤出”流派的学者认为，产业创新政策不仅不利于产业创新能力的提升，反而会产生替代或减少作用，目前学术界也已从不同角度阐述了挤出效果的理论基础。大量学者使用面板数据，通过实证研究证实了挤出效应的存在（Montmartin & Herrera，2015；Fisch et al.，2017；Rahman et al.，2018）。以上两种看似不同的结论，主要因为样本数据、研究对象、变量选择等存在差异。近年来，越来越多的学者们研究表明，产业创新政策对产业创新能力的影响不是单方面的促进效应或挤出效应，而是二者同时存在，且在不同情况下呈现出不同的效果（Zhao et al.，2018；Pani & Perroni，2018）。由此可见，产业创新政策对产业创新能力的影响，已经不单单是促进效应和挤出效应，而是随着政府补贴时机、区域等因素的不同产生不同的作用。为了使产业创新政策效用最大化，学者们需要继续深入挖掘产业创新政策作用效果的影响因素。

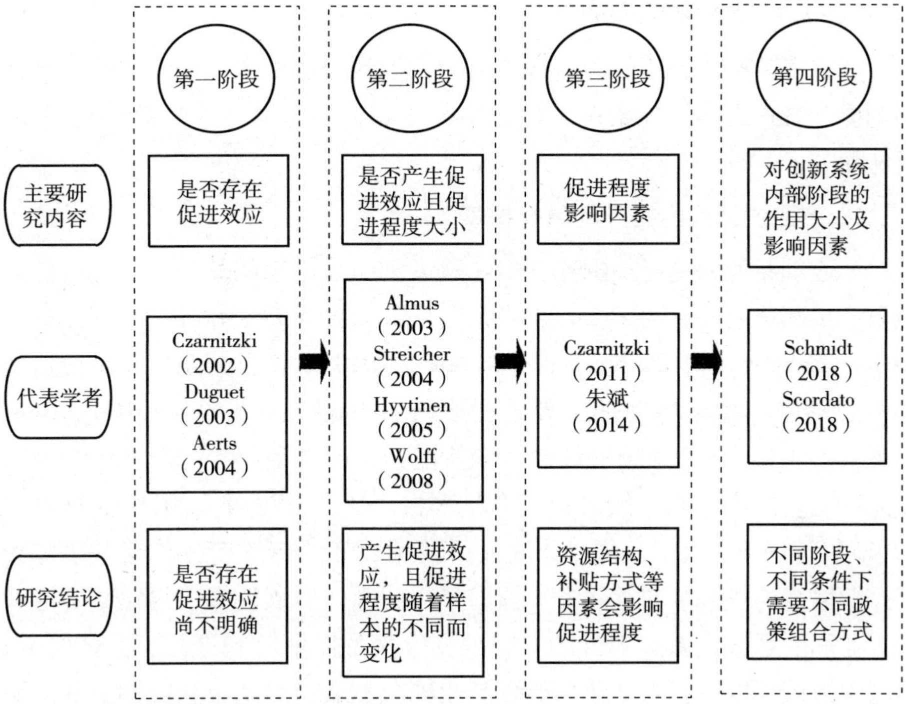

图 2.6　促进作用实质研究

Nederlof et al.（2011）认为创新平台由一系列具有不同背景的角色组成，其主要功能是针对特定领域或问题实现公司或企业在管理、知识、技术等方面创新，对提高产业创新能力起到重要作用（Gawer，2014）。美国竞争力委员会（1999），将创新平台定义为创新基础设施、创新人才、前沿研究成果等要素的可获得性，指出其在促进科技成果转化的法规、会计、资本等条件的形成的贡献，使创新主体能收回其投资的市场准入和获得知识产权保护，并通过其形成机制和保护体系为产业创新提供良好的环境基础。国内学者许正中等（2010）首次明确提出产业创新平台可以催生先导产业集群，服务区域经济发展，通过集成创新要素引起产业变革，引起创新成果外溢及产业化的系统性形态，并直接作用于产业创新效果。王宇露等（2016）运用资源基础理论、权力理论、创新网络与结构洞等理论，揭示了影响产业创新能力的三大要素。Davies et al.（2018）主要关注了创新平台对促进中非和西非地区农业科研创新活动开展和提升科研效率的贡献。

（四）产业创新能力培育

现有有关产业创新能力培育的文献可大致分成两类：一是产业创新能力的提升方式或路径探索；二是影响产业创新能力提升的关键因素识别。具体如下：

1. 产业创新能力提升的路径探索

产业创新能力是保障国际竞争和建设创新型国家的基础，然而目前我国只有少部分新兴产业技术水平处于国际一流或领先水平（兰筱琳等，2018；Zhang et al.，2018；Hayashi et al.，2018），因此探索培育产业创新能力的最佳路径是当前理论界的重要研究课题。朱瑞博（2010）、Reischauer（2018）认为中国培育产业创新能力，关键是要实施产业组织模式和体制机制创新战略，使之形成有机耦合系统。熊勇清（2011）、陈建军（2013）等进一步针对我国产业发展目前所面临的传统产业改造升级和新兴产业培育与发展的双重任务，提出了产业耦合发展的解决思路，并对多类产业间的耦合关系、耦合内容、主要阶段及作用机制进行了具体研究，同时也深入挖掘了新兴产业与传统产业耦合发展在时间上和空间上的逻辑结构，并构建了新兴产业与传统产业耦合发展的评价指标体系、耦合关联度模型和持续发展模型。Bossink（2018）深入研究了建筑、影视、游戏、咨询和 IT 等行业，实证分析了知识流动机制对产业创新能力可持续发展的贡献。杨晓娜等（2018）尝试划分开放式创新类型，提出了通过隐性知识获取实现产业创新能力提升的方式。Xu et al.（2018）和 Szücs（2018）则基于知识链构建了大学—产业—研究中心的协同创新知识管理模型，依托现代管理思想和信息技术的 UIR 协同创新管理理念，强调进一步加快知识获取、知识共享、知识整合和知识应用是产业创新能力提升的重要路径。

2. 产业创新能力培育的具体手段

（1）积极引导研发资金流动

Hansen（1999）、刘晓欣等（2016）、Loon（2016）认为虚拟经济是市场经济高度发达的产物，目前已经成为产业创新能力提升的重要源泉。适度发展的虚拟经济能够促进实体经济的发展和创新效率的提高，但过度泡沫化的虚拟经济则会损害实体经济的发展（王鹏和林晓燕，2018）。2000年互联网技术泡沫的破灭，已经表明过去引导变革的金融资本因其过度追求短期利润的投机行为已经成为产业创新能力增长的障碍（Miao，2014；Shahzad et al.，2018）。Perez（2013）进一步分析了2007年国际金融危机与2000年互联网技术泡沫的本质差异，指出面对双重泡沫，第五次技术经济范式的关键转折点上的制度变革不能再被延迟，必须迅速有效地把投资和创新从金融赌博中拯救出来，使其进入生产和实体经济，以使全球进入第五次技术革命的拓展期。在这一特定背景下，王永钦等（2016）、Chang et al.（2016）、Wang et al.（2018）指出，政府必须严密监测资本市场的走势，坚持"以实体经济发展为基础"和"以监管可控为前提"的渐进式发展原则，严格控制虚拟经济的膨胀规模和膨胀速度，防止虚拟经济出现过度泡沫化。有关部门要进一步制定适合产业创新形成和发展的创新机制及相关政策的激励体系，着力引导社会资金真正投向产业创新，真正进行自主创新（Rhee & Park，2018；Tarlie et al.，2018）。

（2）加快整合创新激励机制

研究表明，激励机制尚未完善是制约产业创新能力发展的重要因素（廖中举和程华，2014）。Schmidt 和 Sewerin（2018）、胡艳等和马连福（2015）分别对针对创新主体的监督管理者激励机制的有效性进行实证研究，经验数据表明完善创新激励机制主要由企业和政府两个层面承担。从政府层面来看，目前已经出台了大量鼓励创新的政策，但具体到特定产业还没有形成一个完整的激励体系，必须对相关的激励政策进行整合（Pani & Perroni，2018）。因此，需要以《国家中长期科技发展规划纲要》及相关的一系列配套政策，结合区域实际情况，制定推进产业创新发展的激励机制（王珏辉，2014），把各项政策落到实处，加快完善有利于自主创新的政策环境、工作环境、学术环境、人际环境和生活环境，真正起到推动和促进作用。从企业层面来看，方阳春（2013）通过与发达国家进行横向对比，认为产业创新应当建立并进一步完善创新人才培养、使用、评价、激励机制，鼓励科技人员投身研发第一线，鼓励科技企业和实施科技项目的企业以期股、期权等分红形式，奖励科技人员和经营管理人员。

（3）探索构建创新资源协同创新机制

王秋玉等（2018）通过中国工程机械企业合作专利数据和实地调研，采取社会网络分析、核密度分析等方法，探讨并购前后全球—地方创新网络的演化及实现机制。实证结果表明，培育产业创新能力一方面要在全球范围内积极探索整合跨国研发力量的渠道与机制，另一方面要充分发挥部分城市在人才、科研、地理、教育、国际化程度等方面的优势，抓住国际产业技术转移的契机，开展科技招商活动，鼓励跨国公司建立研发机构和技术中心，促进外资企业研发活动的本地化。而针对目前我国自主创新资源整合能力较弱的问题，田立法等（2015）、Subramanian & Soh（2017）、Bouncken et al.（2018）、杨东和朱旭（2018）认为尽快完善科技创新资源的组织动员机制，促进产业研发联盟建设，加强相关企业及科研院所之间的协同设计、协同研发、协同制造及产业价值链的协同管理，完善企业、高校和科研院所科技创新资源的合作机制，结合企业在市场、产业化方面的信息优势，完善科技资源间相互促进、协调发展，最大限度地集聚创新资源，充分发挥各类创新资源的作用，最终实现我国产业创新能力的跨越式发展。

（4）优化产业创新氛围

自 Litwin 提出组织创新气氛的概念后，众多学者在社会文化环境对高技术产业发展和产业创新能力提升的影响方面进行了大量研究，如 Jacobs（1969）、Lin（2015）、冉爱晶（2017）等。已有研究指出，培育产业创新能力需要积极营造有益于交流的氛围和环境，探索基于相似知识基础、文化背景或便利的交流条件而建立旨在交互式学习的各种非正式组织，如各种技术协会、社团、联盟、会所等松散的企业或个人团体，这些非正式组织既是创新的主要源泉，又是创新扩散的主要渠道，主要通过吸引高水平人才聚集和增加怠惰的道德成本两个方面提升产业创新能力（Blind & Grupp，1999；Fritsch & Franke，2004；张德茗和谢葆生，2014；Guo & Sun，2017）。

第三章

chapter 3

生物医药产业创新能力评价指标构建

一、产业创新能力的内涵及影响因素

（一）产业创新能力的内涵

产业创新是指产业在成长过程中的合作创新（严潮斌，1999），是相互关联的企业、大学、研究机构、政府和金融机构等投资、技术研发、创新活动实施、风险和利益等主体的协同行为，强调运用产业创新政策诱导、协调和保障产业内企业的创新行为。产业创新能力是产业在创新过程中综合实力的体现，也是比较产业间发展趋势的指标之一，谢瑾岚和马美英（2010）将其分解为资源投入能力、技术研发能力、创新制造能力和创新转化能力。产业创新能力的外在表现是一国特定产业以其相对于他国的更高生产力，直观表现就是国际市场的份额或所占有的比率；内在表现是产业内部以分工创新为主要模式的创新活动深化，包括特定产业的知识本质、扩散机制、企业的技术吸收能力、产业网络连接性、产业层面的多元化创新机制，政治、经济、法律文化、项目相容度等。

（二）产业创新能力的影响因素

1. 制度影响

Pelikan（2003）将制度界定为“约束规则”，认为这比 Nelson（2002）的“社会技术”定义具有更强的解释力。Pelikan 指出，新制度也会影响新技术的发展，制度变迁对技术创新的影响主要体现在四个方面：一是新制度中组织自由程度的变化会影响技术创新的可能性；二是新制度对技术创新具有激励作用；三是新制度会改变旧技术的黏性程度或消亡速度，从而影响技术的创新和扩散速度，四是新制度会影响技术选择的正确性。Murmann（2003）认为国家、产业和市场的制度对技术创新具有很强的推动力，成熟、规范的市场制度能够有效地将生产者和消费者联系起来，而产学研制度、大学教育和培训制度又能够为企业技术创新提供良好的智力支持。McKelvey（2004）通过研究制药和生物技术行业得出了知识、技术、制度和国别因素共同推动产业演化的结论。Paraskev（2010）认为产业规制与技术创新之间呈现出一种循环、连续和互相促进的动态关系，政府规制政策颁布后，各经济主体会积极、主动地调整其行为以适应新的政策，包括参与政策制定、共享信息及相互合作等，从而在增加知识积累的同时提高了技术创新的潜在可能性，也增强了企业的讨价还价能力和影响制度环境的能力。从这个角度来说，良好的制度环境有利于企业技术创新，而企业技术创新能力的提升则有利于制度环境的良性发展，两者在推动产业发展过程中呈现出协同演化的态势。

美国生物医药产业发展过程中，制度起到重要作用。在生物医药企业的早期研发阶段：美国政府在行政保护、专利法实施、研发费用抵税等方面给予企业许多优惠，联邦政府和州政府源源不断地给生物医药企业提供拨款或资助，帮助他们完成前期的基础研究，鼓励企业创新和投入，白宫、国会均设有专门的生物技术委员会来跟踪生物技术的发展，研究制定相应的财政预算、管理法规和税收政策。成果产业化阶段：政府除了直接增加投资外，还利用税额优惠（如减免高技术产品投资税、高技术公司的公司税、财产税、工商税）等税制来间接刺激投资，各州政府也为生物医药产品开发提供经费补贴，许多州还设立专门机构，成立了研究基金会、风险投资基金会等来募集研究经费。政府一般不再介入股权投资和具体企业的运行管理，全部交由企业去实现，市场化造就了美国生物医药的高效运营和产出。Maine（2013）认为从合作网络中汲取新的思想，创造深度合作的环境，技术市场的匹配最为关键。

关于我国生物医药发展中制度作用的研究，学者们一般认为需要制定和完善产业政策，加快产业基地建设，推进产业集群发展；重视优秀人才的培养、引进和激励；建立产业技术支撑平台，完善技术转移体系；构建多元化产业发展融资体系。搭建医药技术支撑平台，推进新药研发和成果转化；促进企业自主创新加强宏观引导，完善管理制度（政府政策扶持），建立风险投资机制；加快建设生物医药产业基地，强化产业集聚效应。

2. 区域性因素

美国生物医药产业发展最快的区域是波士顿和旧金山，这也反映了美国生物医药产业的整体发展轨迹。圣迭戈开始缓慢但赶上的速度最快。虽然 Arthur（1990）认为，早期进入会促进区域产业发展，但是数据表明，尽管早期的领先优势，产业没有在阿尔伯克基和达拉斯得到领先发展。因此，早期进入似乎并没有完全解释区域产业快速发展的原因。除了产业快速增长的区域以及产业不发展的区域，也存在处于中间水平的区域。达勒姆市、北卡罗来纳州、费城、宾夕法尼亚和华盛顿 DC 就是属于这些区域，这些区域的生物医药产业发展慢于波士顿、旧金山和圣迭戈，但也不完全是这样。例如，1991 年以来，随着第二代企业的进入，达勒姆地区的生物医药企业数量在大幅增加。华盛顿 DC 和费城没有经历类似的提升，但是进入这些城市生物制药产业的新企业都来自于学术和研究机构或者大企业（Romanelli and Feldman，2006）。这些不同的现象表明，区域内部的动态性造成了产业不同的潜在增长模式，其中生物医药产业集群是企业增长原因，普遍认为集群具有外部性，由于企业密度大有利于个体间、竞争性的企业间的互动，促进创新和开展试验研究。关于研发、生产和市场有价值信息的交互，会提高企业的生存概率，同时也鼓励其他企业进入。在一个给定的技术和区域，企业共享信息的倾向可能是造成不同集群发展差异化的原因（Rosenthal and Strange，2005）。社会网络提供了减小不确定性的手段，为新兴技术的分享和合适商业模式的应用提供了可能的前景。Rosenthal and Strange（2003）发现相似的小企业在区域集聚，将会促使更大的新企业产生，这表明了产业区域集聚对于集群成长和实现关键能力的重要作用。但是，很少有研究探索区域内企业家和新企业的产生起源。尽管一些学者研究了新企业产生的组织特征（Gompers et al. 2005），但是很少有实证研究来揭示区域内新企业不断产生、集群成长的真正原因。

以往的研究认为，区域的经济发展水平越高、地理位置优势越明显越有利于区域内产业技术创新能力的培育，而区域 FDI 水平对企业技术创新能力培育可能存在抑制作用，科学教育事业政策对技术创新能力培育的作用并不显著。学者们认为，提升区域创新能力的对策包括加强设施建设、完善产业集群技术服务中介体系，在产业成长期，制定严格的技术标准并完善政策体系，尤其注重对技术知识产权的保护；在成熟期，注重外部人才引进，在整合产业链的基础上营造集群的创新精神和文化氛围。曹兴（2013）用系统分析方法分析了战略性新兴产业自主技术创新能力形成的关键因素，通过构建因果关系图，认为科技人才、创新环境和合作创新与创新产出之间均存在明显的正相关关系。李凯（2007）通过对53个国家级高新区的诸多指标进行计量回归，区域的政策、知识溢出、企业衍生数、劳动力素质会对区域产业的创新能力产生影响。马勇（2013）认为上海六大产业集群研发、制造、运行、使用和产品出口等环节衔接松散，没有发挥集群优势和集聚效应，应该明确集群协同创新发展目标、建立集群跨区域协调机制、完善以项目合作为主导的利益分享机制。

生物医药产业的高技术、高投入、高风险、长周期的特性，决定了生物医药企业集群式发展的空间特征。由于生物医药产业对知识的强烈依赖，使得知识源成为生物医药集群的核心。充足的风险投资、健全的公共服务平台、良好的知识产权保护环境是该产业得以持续快速发展的重要支撑。吴晓隽、高汝熹和杨舟（2008）集群化发展、知识源及其与产业的互动成为生物医药集群成功的关键，多种资源的高度汇聚和相互支持是生物医药集群形成的基础。吴晓隽和高汝熹（2008）认为高校和研究机构是创新源泉，也是生物医药产业形成的最基本力量；跨国大型制药企业的存在，并不一定导致本地生物医药集群的形成；多种资源的高度汇聚和相互支持是生物医药集群形成的基础。Bagchi – Sen（2013）调研了美国生物技术企业研发强度、联盟和企业活动区域外部化的关系，对于生物技术企业来说，吸收能力包括克服距离障碍建立合作创新网络，同时也能吸收本地区的科技成果和人力资源，区域也为企业提供了与外部合作的机会、市场和金融支持。

3. 市场

美国发达的资本市场为生物医药产业的发展提供了巨额、持续的资金支持，其中证券市场融资和风险投资是两大支柱。根据美国的税务政策，投资成功的资本所得因为要承担风险可以给予优惠，即使投资失败也可以抵扣当年收入直至全额抵完，这让风险基金和天使投资人有更大的耐心和激情去投资和扶持具有创新性的生物医药企业，使源源不断的资本注入新的生物医药项目中去。Pavitt（1984）通过构建基于技术创新的产业依赖模型来考察技术创新与产业演化之间的关系，研究表明，特定产业环境影响和制约着企业的技术创新行为，而企业的创新行为对产业环境也具有一定的反作用。美国的生物医药产业市场较为成熟，民间资本的投入和工业界的投资资金充足，由市场和产业资本为主导而进行的生物医药产业投资和商业化运营，在美国较为规范有序。与我国生物医药产品主要靠市场营销方式获得盈利不同，美国生物医药产业主要依靠专利保护获得市场垄断，取得垄断利润。美国的原创生物药品价格由企业自行决定，在产品专利期内，产品的价格始终保持上涨趋势。

关于企业内部能力与外部联系之间的互补性已经得到普遍的认可，但是在不同的制度背景下，内部能力影响企业开放性的程度有多大还不明确清楚。Xia T（2013）实证对比研究了美国和欧洲生物技术产业企业吸收能力和开放性之间的关系，通过对美国、英国、法国和德国 349 家生物技术企业的大规模调研得到的数据，发现探索性开放强烈依赖于企业潜在吸收能力，而剥削式开放则依赖于已经存在的吸收能力。在美国，企业的技术水平对于建立合作研发关系最为重要，而在欧洲，持续的研发经历则对于建立研发关系更为重要。Hess（2011）沿着产业价值链跟踪全球 108 家大型制药公司在 1974—2003 年的创新绩效，通过分析创新互补资源的两种机制（招聘明星科学家和战略联盟），认为由于非冗余知识的结合，不同部分价值链的资源整合更具有互补性。Garriga（2013）基于对瑞士企业的调研，发现“企业资源的运用约束”和“外部知识的丰富程度”对于企业的创新绩效和企业研发战略的广度和深度都有直接的影响。

4. 企业间关系

Bae（2011）通过对美国各州 1994—1998 年生物技术产业的数据分析，发现企业间超越地理和技术背景的关系纽带，会促使新企业的产生。Ozmel（2013）企业间关系网络对创新知识的产生与传播也具有重要作用。Cowan（2004）研究表明，在完全规则的网络结构中，知识在企业间传播的路径越长，知识溢出的选择性越大，就越有利于产业集群知识水平的持续提高；在完全随机的网络结构中，知识在企业间的传播路径越短，知识溢出的选择性越小，就越有利于集群整体知识水平的提升。产业集群可以看作是一个典型的复杂适应系统，吴先华、郭际和胡汉辉（2008）应用复杂性科学的理论，对集群的创新能力问题提出了三个理论命题，即如果产业集群中各组织成员之间具备中等程度的关联性、中等程度的异质性，产业集群具备内部中等程度的控制水平的话，产业集群的创新能力将更强。FDI 主导的产业集群为当地企业融入全球生产网络提供了契机，可以在短期内提升企业的经营绩效。但是由于当地企业多数处于产业链的末端，附加价值、技术含量和用于研发的资金投入都很低，FDI 的溢出效应并不能从根本上提高这些企业的技术创新能力。外资的溢出效应是外因，企业自身的吸收能力是内因，外因要通过内因才能发挥作用，企业的吸收能力决定了溢出效应的利用程度。Yang（2014）通过分析美国生物制药产业 1984—2006 年的数据，证明了小企业与大企业建立联盟治理关系对于创新的重要作用。

在政府的政策扶持和市场的良性运作下，美国生物医药企业获得了很好的生存和发展空间。但企业并没有完全依赖政府和市场，而是不断地寻求自身发展的方法。与我国急功近利型的销售方式相比，美国生物医药企业的临床推广方式非常科学、有效。企业主要通过免费送药、参与医生的继续教育和支持专业学术会议等方式进行产品临床推广。美国的生物医药行业现在集中精力进行生产的更多的是知识或专利而非药品。利用知识产权的保护，在全世界范围内推销企业的专利、技术、概念，而药品生产大量地在其他国家生产或委托生产。通过重组、并购和结盟壮大企业，例如全球最大的生物制药企业美国 Amgen 公司斥资 160 亿美元收购 IMMUNEX 公司，Medlmmune 公司收购 Aviron 公司，Chiron 收购 Matrix 公司等。这些生物医药巨头通过跨国合作、兼并和剥离等方式进行的战略重组，大大强化了生物医药企业的经营规模及经营实力，也大大刺激了传统制药厂商与生物医药企业的结盟和重组，为整个生物医药产业的复苏起到了重要的推动作用。Keller（2013）认为，美国那些小型且相对不知名的政策支持项目，如小企业创新支持研究（SBIR）项目在经济转型中起到重要的作用。

综上所述，关于产业创新的影响因素，以往的研究都认识到，除了公共基础设施作为硬环境对创新能力形成发挥重要作用外，国家的政治、经济体制、科技管理和运行机制、创新政策以及社会文化氛围等对聚集创新资源、激发创新热情、协调创新行为等均发挥着重要的基础性作用。未来的研究中，还需将环境要素纳入到产业创新能力构成的总体框架下，全面分析其作用实现的路径和机理，并通过合理的指标设计，进行科学的测度与分析。

二、生物医药产业的特征及创新能力的内涵

（一）生物医药产业的特征

生物医药产业是指将现代生物技术与新药研究、开发、生产以及各种疾病的诊断、防治和治疗相结合的产业。这一产业由技术性和社会性高度结合，整个过程涉及药品原材料的供给、药品研究开发、药品制造、药品销售和流通、药品监督管理、医药人才培养和管理等一系列活动；此外，临床实验也是生物医药产业独有的一个环节。因此，医药研发中心、生产制造企业以及医院的相互协作就尤为重要，产业集群创新便是直观的表现。另外，依赖于政府政策支持作为生物医药产业的又一重要特征，也是生物医药产业创新能力评价指标体系构建的重要支撑点。

1. 对集群环境的依赖性是生物医药产业的重要特征

产业集群是在某一特定领域中，产业内诸多联系密切的企业及相关支持机构在地理空间上集聚形成。首先，现阶段生物医药产业大多通过明显的地理空间集聚而形成集群。目前我国生物医药产业已形成资源禀赋型、生产制造型、科研驱动型三大类产业集群模式；美国北卡罗来纳州的生物技术产业三角地带也是产业集群的直观表现。其次，生物医药产业集群有利于产业创新的发展和产业竞争力的提升。Rosenthal 发现，相似的小企业在区域内集聚将会促使新的大企业产生。这表明了区域集聚对于产业集群成长和实现关键创新能力的重要作用。

2. 对政府政策导向的依赖性

对政府政策导向的依赖性是生物医药产业的另一个重要特征。一方面，生物医药产业的创新发展离不开政府政策的引导。Chung 以我国台湾生物医药产业政策为例探讨了政府产业政策和创新系统的发展；丰志培等也指出政府因素和国际环境构成的医药产业创新系统都制约着产业的发展。另外，生物医药产业高投入的特点意味着产业的发展创新离不开大量的资金，而政府投资又是其资金来源的重要部分。另一方面，生物医药产业依赖于政府的政策扶持。美国的生物医药产业集群在全球的领先发展，

便主要得益于政府及大型制药公司直接向生物技术公司投资来促进创新；以色列生物医药产业没有发展壮大的经验告诉我们，即使生物医药企业建立在大学和科研机构已有研究成果的基础上，若得不到政府财政的支撑，也会因资金缺乏而难以形成由生物技术知识向生物技术产品的转化。

（二）生物医药产业创新能力的内涵

现有研究对产业创新能力内涵的定义，主要围绕技术创新、产品创新、市场创新和国家创新来体现。产业创新是相互关联的企业、大学、政府、研究机构和金融机构等相关主体的协同行为，强调运用产业创新政策诱导、协调和保障产业内企业的创新行为。在沿用以上对产业创新能力的权威定义基础上，学者们又从产业创新过程及其各环节能力、产业创新主体及各主体协作创新两个视角展开了研究，具体如表 3.1 所示。

对产业创新能力内涵的挖掘，现有研究突出了产业创新的主体作用和各主体之间相互协作的重要性，但作为特征鲜明的生物医药产业，除了具备通用产业创新能力内涵以外，更要结合生物医药产业自身特征挖掘出特有的产业创新能力内涵。结合对集群环境的依赖性和对政府政策导向的依赖性这两大突出特征，本书将生物医药产业创新能力的内涵界定为：生物医药产业在创新发展过程中，运用政府主导的产业创新政策，依据生物医药产业自身对产业集群环境依赖的特点，产业内各相关主体间共同协作形成产业网络，在整个网络中发生的一系列创新活动和创新行为，从而实现生物医药技术、产品、市场、区域和政策的创新产出，进而体现生物医药产业竞争力的能力。

表 3.1　产业创新能力内涵研究

视角	作者	主要观点及内涵关键词
产业创新过程及其各环节能力	Lawless 等	学习能力、研发能力、资源配置能力、制造能力、市场化能力、战略规划能力
	Christensen	上下游链条、科学研究资产、工艺创新资产、产品创新资产
	夏维力	技术推动、自主创新、技术引进基础上的二次创新、扩散和合作创新、产业融合

续表

视角	作者	主要观点及内涵关键词
产业创新主体及各主体协作创新	Castellacci 等	产品创新能力、吸收能力、研发能力、基础设施是创新能力和吸收能力的核心
	任中保等	价值创造、各要素投入和协同整合、各创新主体协同发展、特定时期的路径选择

三、生物医药产业创新能力评价指标构建

（一）生物医药产业创新能力评价指标体系研究现状

1. 指标体系研究现状

关于产业创新能力评价及其指标体系设计，现有研究主要取得了以下成果：第一，企业层面的技术创新水平是产业创新的关键。宋河发、Dolata 都关注了企业技术创新能力的重要性，以知识和技术体系为核心提出新技术的变革和创新能力是产业创新的关键。这些研究都是从企业微观层面来评价技术创新能力的，将技术扩散效率等同于技术创新，从而用技术创新能力来替代产业创新能力。第二，创新网络等环境因素对产业创新至关重要。Wen - Hsiang 等着重关注了创新主体及其相互之间的联系网络和创新环境，这两大因素再加上公司的知识技术体系共同进化，从而引致产业创新。第三，认识到产业集群和区域集聚对于产业创新的重要作用。刘光东等认为产业集群可实现生物医药产业价值链整体提升的目标，从而引致创新。第四，政府政策扶持对于产业创新的影响不容忽视。李培楠等通过制度创新能力来评价产业创新能力，其制度创新能力主要涉及产业政策对创新能力的影响。在研究思路方面，以上研究集中通过文献回顾和产业创新要素的剖析来对产业创新能力进行评价，其中仅对生物医药产业创新能力评价指标设计的相关文献较少，目前尚未形成一个完整的理论体系。

国外针对生物医药产业的最新研究聚焦到了产业区域集群特征和产业政策对产业发展的影响作用。Gerasimova 等指出创新集群区域和集群政策二者结合实施对创新的必要性；Soogwan 等、Bouet 强调了政府的创新支持政策有助于企业实现创新行为和经济的增长。最新研究表明，产业政策主导和集群区域网络已成为影响生物医药产业创新能力的重要因素。现有研

究在评价生物医药产业创新能力时依赖这两大因素，而在评价指标设计时并没有突出产业政策主导指标和区域集群指标的重要性。

2. 现有指标体系的缺陷

（1）混淆了国家创新能力评价、行业创新能力评价和企业创新能力评价的概念和关系，存在用国家创新或企业创新能力评价指标替代产业创新能力评价指标的现象。实际上产业创新能力既不同于国家层面的集成整体创新，更有别于单一企业的产品和技术研发创新能力，而是产业内部多元企业联合创新行为和能力。因此，在创新能力指标体系设计中既要有产业创新能力的通用指标，同时又要考虑产业内部多元企业联合创新能力的特色指标，然而现有文献研究发现，已有指标很少涉及后者。

（2）中国现有的创新能力评价理论上存在以创新投入替代创新能力的误区，在实际操作上存在割裂创新投入和产出关系测度产业创新能力的片面做法，这实际上是用理论假设代替结果的研究误区；脱离了创新产出或者创新绩效来考虑创新能力是不科学的，创新投入可以看作基础的一个方面，但充其量只是一种创新条件和创新可能性而不能直接看作能力。创新能力和实力的表现是创新产出和创新绩效，过度考虑创新投入来衡量创新能力有误导产业和国家一味加大创新投入而致使创新能力不足，仍然摆脱不了粗放增长和发展模式，无法真正培养产业创新能力。

（3）现有指标体系构建过程中缺乏足够的解释和说明，指标体系差异性、随意性较大，多数指标体系是学者采用定向研究方法而获得的，即“产业创新能力评价指标体系 = 文献梳理 + 研究目标 + 数据可得性”。细究之下，有些指标的科学性、典型性、可行性、独立性以及各指标之间的逻辑性缺乏有效推敲，特别是各指标和创新能力的因果关系有待考量，由此所得出的产业创新能力测度结果有待商榷。

（二）生物医药产业创新能力评价指标体系构建

通过以上分析，构建生物医药产业创新能力评价指标体系有必要将政府政策主导及区域集聚创新纳入进来。本研究将从生物医药产业自身特征和产业创新能力的内涵出发，本着“特征—内涵—维度—指标”的逻辑思路，将产业政策创新及区域集聚创新纳入评价指标体系，以期更科学合理地评价我国生物医药产业的创新能力。

1. 生物医药产业创新能力内涵的维度划分

本书对生物医药产业创新能力内涵的界定，包括特征内涵和目标内涵两部分。从创新主体来看，创新可分为企业创新、产业创新和国家创新三个层次，与之相对应便有了企业创新能力、产业创新能力和国家创新能力。将区域集聚对于产业集群成长和实现关键创新能力的重要作用，即区域创新也纳入创新主体当中。根据“特征内涵—目标内涵—维度层面”的逻辑，便形成了生物医药产业创新能力内涵的4个维度，如图3.1所示。

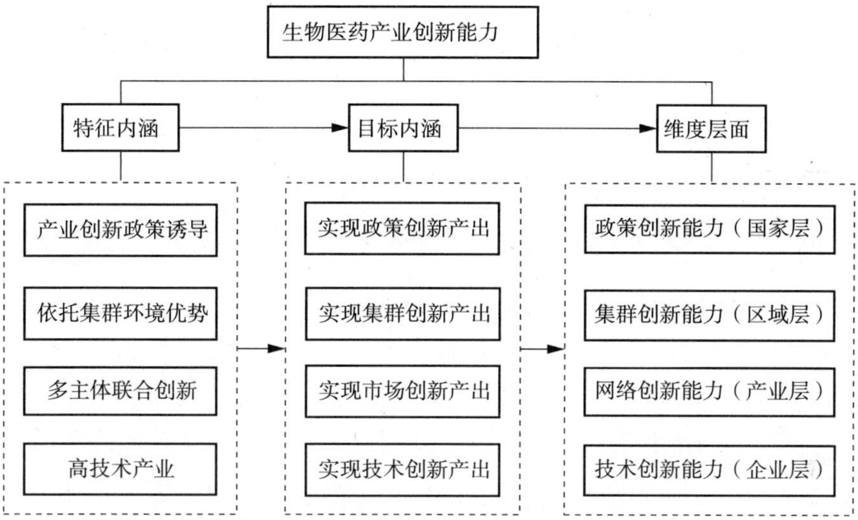

图3.1　生物医药产业创新能力内涵的维度

2. 评价指标结构体系

构建生物医药产业创新能力评价指标结构体系，要对产业的各层面和创新能力的各维度进行考量。本书按照“创新主体—产业特征—创新能力内涵”维度的逻辑思路对生物医药产业创新能力评价指标结构体系进行设计，选取宏观国家创新、中观区域创新、中观产业创新和微观企业创新4个创新主体作为出发点，根据各创新主体特征及其内涵维度的内外在表现，形成最终的评价指标结构体系。

宏观视角下的国家层，其创新能力是指一个国家的产业对外竞争实力，是相对于其他国家的该产业而言的，主要体现在产业政策创新能力。国家对于生物医药产业的政策导向对产业创新发展有着至关重要的作用。

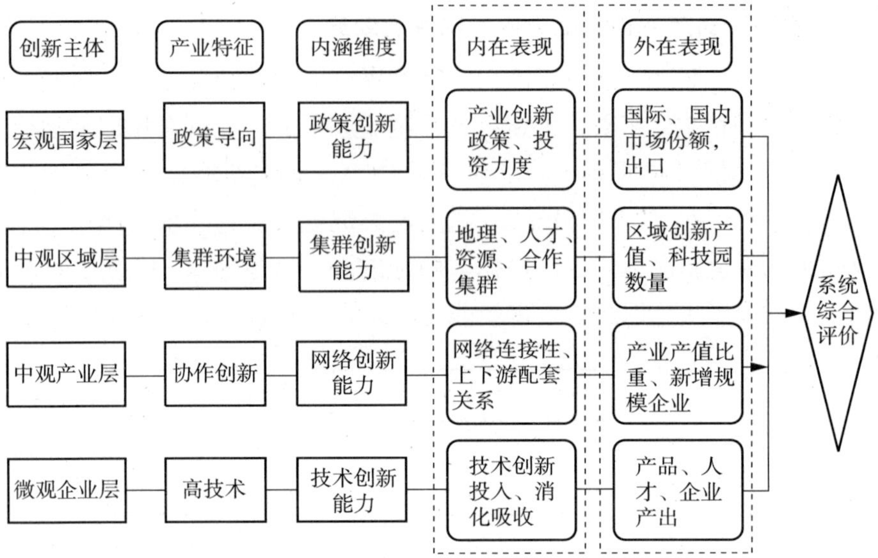

图 3.2　生物医药产业创新能力评价指标结构体系

中观视角下的区域层，其创新能力是指国家某个区域的产业竞争力，主要表现为区域的集聚创新能力。中观视角下的产业层，其创新能力主要体现在产业内各主体之间协作创新进而形成产业创新网络。微观视角下的企业层，其创新能力指特定产业中企业的创新能力。企业为了维持经济增长和保持竞争优势，必须创造新的产品，其中企业技术创新能力便是企业经济增长的主要推动力。

产业创新能力的外在表现是特定产业以其相对于他国或其他产业更高的生产力，直观表现是国际和国内市场份额或占比，以及各层面依靠产业创新能力的产出集合，可以通过产值、销售收入、利润等来反映。产业创新能力的内在表现是产业内部以分工创新为主要模式的创新活动深化，包括产业内企业的技术吸收能力、创新效率、企业内部素质表现、特定产业创新知识本质、产业扩散机制、产业网络连接性以及政治、经济、法律文化等。

3. 生物医药产业创新能力评价指标选取

根据评价指标结构体系，生物医药产业创新能力划分为国家层创新能力、区域层创新能力、产业层创新能力和企业层创新能力 4 个一级指标，政策创新内在表现、政策创新外在表现、集群创新内在表现、集群创新外在表现、市场创新内在表现、市场创新外在表现、技术创新内在表现、技术创新外在表现8个二级指标，三级指标运用能够反映和表示二级指标的相关因素，实现最终对产业创新能力的评价。为了提高评价的准确性和科学性，指标选取采用定性和定量相结合，三级指标选取要兼顾产业通用指标和产业特色指标。

（1）国家层创新能力指标

知识、技术、制度和国别因素共同推进制药和生物技术产业的演化，而制度和国别因素正是国家层政策创新能够决定的。对产业创新能力的测度，必须充分考虑该国对全球科技发展的影响和贡献，将外部功能指标和自身效率指标有机结合，以此来全面反映一国的实际创新能力。近年来，为促进生物医药产业的发展，我国从中央到地方政府先后出台了大量的指导性政策和具体推进措施，从资金支持、项目引进、人才培养、提供各项保障等方面助推我国生物医药产业的创新。

政策创新内在表现指政府政策方向、投资和扶持力度以及国家经济环境，这些要素使得产业创新有了更好的保障。政策创新的外在表现是指产业相对于其他国家更高的市场竞争力，可通过产业在国际市场及出口所占份额等具体指标来衡量。其中，政府对产业资金的投入和金融机构的扶持力度是其政策导向的直接表现；总产值占全国 GDP 的比重反映了该产业对国民经济产出的贡献；产业出口比例是出口交货值占销售收入的比重，反映了产品的国际竞争力，可从侧面体现出产业创新效益的高低。基于以上分析，政策创新内外在表现选取以上 6 个三级指标。由此，构建生物医药产业创新能力评价指标体系中的国家层创新能力指标，如表 3.2 所示。

表 3.2 国家层创新能力指标

一级指标	二级指标	三级指标
国家层创新能力	政策创新内在表现指标	政府投资占 R&D 经费比重
		R&D 经费中金融机构贷款比率
		经济增长率
	政策创新外在表现指标	国际市场份额占有率
		总产值占全国 GDP 的比重
		产品出口额占全国份额

（2）区域层创新能力指标

从 2009 年至今，我国国务院以及科技部出台的一系列关于生物医药产业政策都在强调加速生物产业规模化、集聚化和国际化发展。生物医药产业凭借自身对集群环境的依赖性，通过集群的形式实现协同创新，因为单个企业很难承担高技术性质的创新。区域集群创新内在表现指区域自身基础，包括区域人才基础、知识基础、环境规模以及这些资源的聚集程度和相互协作程度。区域集群创新外在表现指生物医药产业形成的区域规模、集群企业在区域内的扩张程度以及区域产业的经济实力。

产业集群强调集群内企业及相关机构必须形成协同竞合的关系，能够在集群内部产生创新驱动和知识溢出等效应，其中空间地理上的集中引发了人才和资源集群。本书用区域基础指标来衡量地理、人才和知识的集群，用创新企业数量、创新产品产值和科技园区数量来衡量区域规模、集群创新产出。基于以上分析，集群创新内外在表现选取以上几个三级指标。由此，构建生物医药产业创新能力评价指标体系中的区域层创新能力指标，如表 3. 3 所示。

表 3. 3　区域层创新能力指标

一级指标	二级指标	三级指标
区域层创新能力	集群创新 内在表现指标	地理邻近性（地理集群） 区域高技术人才比重（人才集群）
		区域高校和科研机构比重（科技集群）
		创新主体相互协作性（合作集群）
	集群创新 外在表现指标	区域内创新企业的比率
		创新产品产值
		科技园区数量

（3）产业层创新能力指标

产业内相关企业及企业之间的关联形成了覆盖整个产业的网络，创新的真正价值在于创新企业在产业网络上的扩散。产业创新靠单个企业很难承担和完成，因此产业的合作创新就显得尤其重要。产业协作和产品创新都取决于市场环境和行业技术特点，在市场经济环境下产业创新网络的主要联结机制是企业间基于创新的合作关系。

在集群的基础上，生物医药产业利用其上下游配套关系和产业网络连接性形成一定的市场规模。创新网络促进了创新系统中各子系统的相互结合、分工协作，加速了创新资源的流动，使大量交流结点出现。产业网络创新内在表现即产业网络内资源投入及产业链的连接性；产业网络创新外在表现便是产业创新过程带动的产值提升和市场规模扩大等。产业集群的整体协同效应主要体现在产业内企业的上下游配套关系，而产业网络揭示的是生产同一产品的企业之间基于分工协作的商业关系；产业总产值占全国 GDP 的比重更是能够直接反映出产业本身对整个社会经济发展和国家产业创新的贡献；产业从业人员增长率其实是对产业创新带来产品创新、市场创新和效益创新以外的补充，即人才的创新。基于以上分析，网络创新内外在表现选取以上几个三级指标。由此，构建生物医药产业创新能力评价指标体系中的产业层创新能力指标，如表 3.4。

表 3.4　产业层创新能力指标

一级指标	二级指标	三级指标
产业层创新能力	网络创新内在表现指标	创新网络结点数量
		产业链上下游配套关系 产业网络连接性
	网络创新外在表现指标	新增加规模以上的企业数
		产业总产值的增长率
		产业从业人员的增长率

（4）企业层创新能力指标

对生物医药产业来说，企业技术能力和技术变革支撑着创新活动的发展。2009 年至今，我国国务院出台的一系列关于生物医药的产业政策都提出了鼓励和促进中小生物医药企业的发展、充分发挥企业技术创新主体的作用、鼓励企业加大研发投入等措施，这些政策都是基于企业层面上的技术创新来制定和颁布的。

企业技术创新能力是微观层面的创新主体在参与产业创新过程中体现出的能力。企业层技术创新的内在表现主要指企业技术研发投入及其转化为技术创新产出的能力，包括人、财、物等资源的投入，以及企业技术消化吸收及技术扩散能力。企业层技术创新的外在表现主要指生物医药企业获得的创新成果及产出。公司研发强度差异、企业与高校和生物科技公司之间的合作是影响生物技术企业创新战略的因素；在技术创新过程中，为提高企业的核心竞争力，必须加快建设和推进企业为主体、市场为导向、产学研相结合的产业创新体系；为提高高校和科研机构科技成果转化率，需坚持引进先进技术和消化吸收创新相结合；同时，科技活动人员占比对产业创新效益的影响也是巨大的。基于以上分析，技术创新内外在表现选取以上几个三级指标。由此，构建生物医药产业创新能力评价指标体系中的企业层创新能力指标，如表 3.5 所示。

表 3.5　企业层创新能力三级指标

一级指标	二级指标	三级指标
企业层创新能力	技术创新 内在表现指标	企业 R&D 经费投入强度 科技活动人员占全部人员比重
		技术消化吸收率
		产学研技术创新合作程度
	技术创新 外在表现指标	高技术人才增长率
		新产品销售收入占全部销售收入比重
		新注册企业增长率

4. 指标汇总

将上述各层创新能力指标汇总，得出生物医药产业创新能力评价指标体系，如表 3.6。

以往对产业创新能力的测度大都以均衡指标和效率指标为主，而忽略了以产业政策导向为出发点这一基础，而评价产业创新能力的最终目的就是要为政府和企业提供政策建议。另外，以往研究缺乏对指标足够的解释和说明，指标体系差异性、随意性较大，多数指标体系是学者采用定向研究的方法获得的，即“产业创新能力评价指标体系 = 文献梳理 + 研究目标 + 数据可得性”。细究之下发现，部分指标的科学性、独立性以及指标之间的逻辑性缺乏有效推敲，特别是各指标和创新能力内涵的因果关系有待考量。本书按照产业“特征—内涵—维度—指标”的过程，指标内容及逻辑性更加严密，因果关系更加明确。

对于现有文献中有关产业创新能力的评价及其指标选取，本书既有消化吸收，也有一定的推陈出新，在借鉴个别通用指标基础上又设计出对生物医药产业更有针对性的特色指标；同时指标选取范围的视野更加开阔，指标体系构建从宏观国家层、中观区域层、中观产业层、微观企业层 4 个视角来选取设计。国家层设计了政策创新能力指标，区域层设计了集群创新能力指标，产业层设计了网络创新能力指标，企业层设计了技术创新能力指标，各层面指标选取时突出了严密的逻辑性，尤其是在区域层集群创新能力指标选取时，集合了地理集群、人才集群、资源集群以及合作集群的相应指标，这在以往研究中是不多见的。

表 3.6 生物医药产业创新能力评价指标体系

一级指标	二级指标	三级指标	反映特征
国家层创新能力	政策创新内在表现指标	政府投资占 R&D 经费比重	政府投资力度
		R&D 经费中金融机构贷款比率	政策导向
		经济增长率	国家经济环境
	政策创新外在表现指标	国际市场份额占有率	国际市场贡献
		总产值占全国 GDP 的比重	国民经济产出贡献
		产品出口额占全国份额	国际竞争力
区域层创新能力	集群创新内在表现指标	地理邻近性	地理集群程度
		区域高技术人才比重	人才集群程度
		区域高校和科研机构比重	知识集群程度
		创新主体相互协作性	合作程度
	集群创新外在表现指标	区域内创新企业比率	区域扩展
		创新产品产值	区域创新产出
		科技园区数量	区域规模
产业层创新能力	网络创新内在表现指标	创新网络结点数量	产业网络规模
		产业链上下游配套关系	产业整体协同效应
		产业网络连接性	网络分工协作关系
	网络创新外在表现指标	新增加规模以上企业数	企业创新实现
		产业总产值增长率	社会经济贡献
		产业从业人员的增长率	人才创新实现
企业层创新能力	技术创新内在表现指标	企业 R&D 经费投入强度	研发投入程度
		科技活动人员占全部人员比重	人才投入程度
		技术消化吸收率	技术吸收能力
		产学研技术创新合作程度	技术创新转化能力
	技术创新外在表现指标	高技术人才增长率	企业人才产出
		新产品收入占全部销售收入比重	创新产品产出
		新注册企业增长率	创新企业产出

第四章

chapter 4

我国生物医药产业发展现状分析

一、整体发展现状分析

（一）产业政策

在分析我国生物医药产业整体发展现状时，笔者从我国现有的产业政策搜集、分析、整理入手，接下来摸清我国当前生物医药产业发展实际状况，分析找出存在问题并探讨其原因，通过对我国生物医药产业相关政策的解读，可以在宏观上了解我国生物医药产业的整体发展状况。

生物医药产业具有受政策影响大、研发资金投入高、周期长和利润高的特点，而我国生物医药产业较美国等发达国家起步晚、技术水平低，亟须政府政策的引导和支持。

截止到2016年3月，我国国家层面（含各部委）累计出台267项与生物医药产业相关的政策文件，涉及全国人大、国务院、财政部、工业和信息化部等18个部门（表4.1），分别从政策引导、资金支持、技术创新、人才培养与引进、行业标准制定等方面支持或规范生物医药产业的发展。

表4.1　政策出台机构及相应数量

政策出台机构	数量	政策出台机构	数量
全国人大	48	食品药品监督管理总局	3
财政部	9	卫生和计划生育委员会	2
工业和信息化部	8	国家知识产权局	2
中国国家标准化管理委员会	1	国家质量监督检验检疫总局	7
国家发展和改革委员会	22	国务院	109

续表

政策出台机构	数量	政策出台机构	数量
国家海洋局	1	海关总署	1
环境保护部	2	教育部	5
科学技术部	28	人力资源和社会保障部	1
商务部	17	中国银监会	1

从表 4.1 可以看出，政策的制定和出台主要集中在国务院、全国人大、科技部、国家发改委。国务院出台相关政策达 110 项，充分显示对生物医药产业的重视；全国人大在历年的国民经济和社会发展计划中均不同程度地将生物医药产业纳入其中，并指出了生物医药产业在不同时期的发展重点；科技部针对生物医药产业的技术研发高依赖性特性，出台了多项鼓励性政策支持生物医药企业的研发。

（二）区域分布

根据产业生命周期理论，生物医药产业的发展大致可以划分为四个阶段，即初现阶段、增长阶段、洗牌阶段、成熟阶段。各阶段的特点如图 4.1 所示。总体来看，我国的生物医药产业发展已经进入增长期，主要体现为市场高速增长、竞争逐渐加剧、产品成熟并呈现扩大化、出现更多的细分市场等。

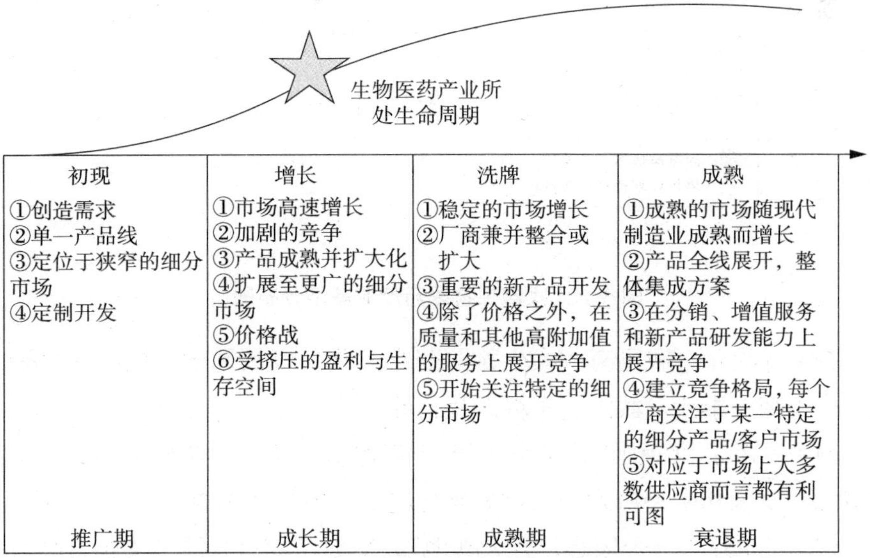

图 4.1　我国生物医药产业发展阶段

1. 基地分布

国家发改委自2005年以来先后批准了四批共计22家国家生物产业基地，科技部自1997年以来也确立了16家火炬计划特色生物产业基地。剔除重复及非生物医药产业基地，两部委确定的生物医药产业基地共计33家，其中有17个分布在东部沿海地区，占总数48.57%；东北地区3家，中部地区9家，西部地区6家，比重分别为8.57%、25.71%、17.14%。分布如图4.2所示：

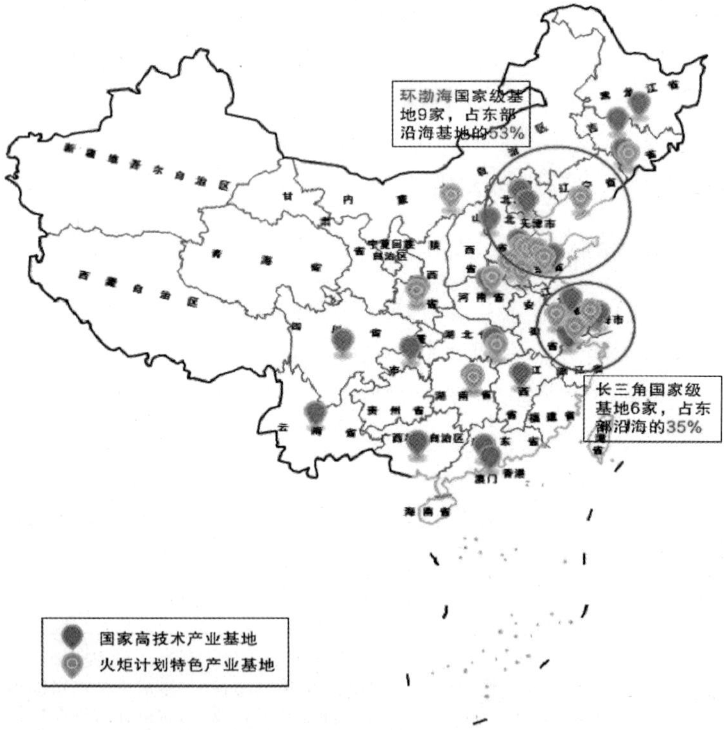

图4.2 我国生物医药产业基地分布图

图4.3显示，我国有六大生物医药产业重点发展基地，按图序分别是北京、上海、泰州、武汉、深圳以及长春。

（1）北京：北京国家生物医药产业基地由中关村生命科学园、北京经济技术开发区和中关村大兴生物医药基地三个核心区构成。

（2）上海：“一个核心，五大基地”，形成了浦东张江—周康、闵行和

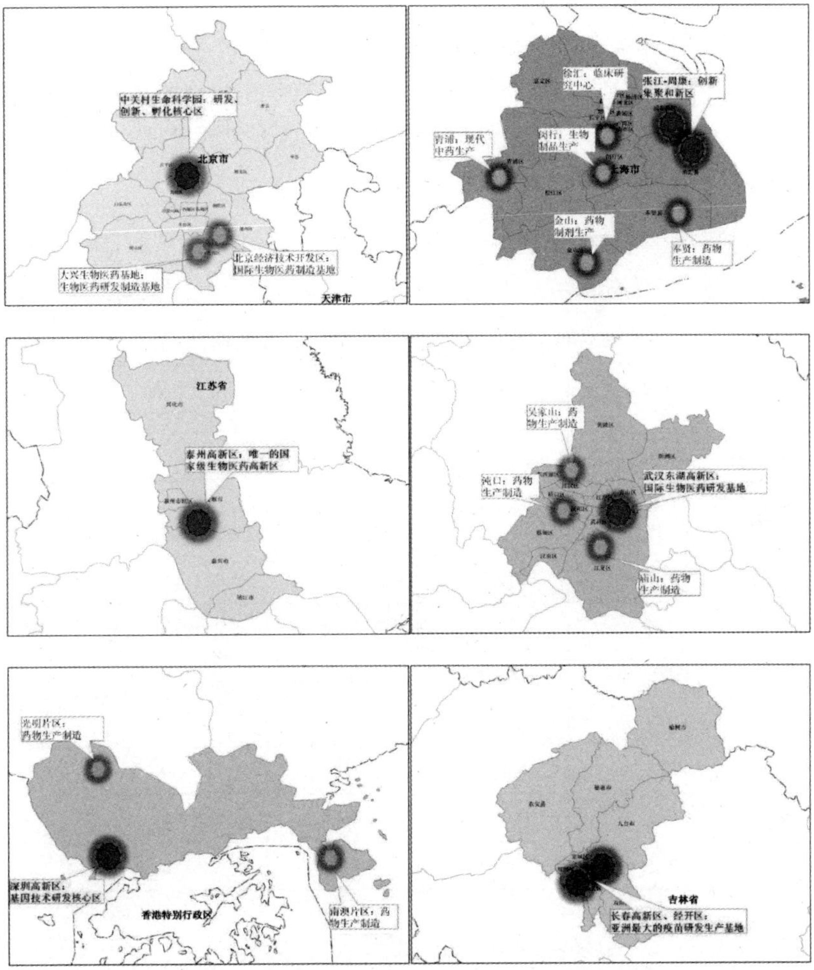

图 4.3　我国六大生物医药产业基地

徐汇为中心的生物医药研发、临床服务外包和产业基地，以奉贤、金山、青浦为重点的生物医药制造基地。

（3）泰州：国家唯一的医药高新区。江苏泰州高新区是生物医药基地的核心载体，总体规划面积为 25 平方千米，由科研开发区、生产制造区、会展交易区、康健医疗区、综合配套区五大功能区组成。

（4）武汉：武汉国家生物产业基地包含以武汉东湖高新区为主的核心区，以及庙山、吴家山和沌口三个园区。

（5）深圳：深圳国家生物医药产业基地包括核心区和扩展区，核心区在深圳高新区内，定位是创新研发、公共技术平台、服务体系建设；扩展区为光明片区和南澳片区，定位是中试基地、产业化基地。

（6）长春：长春国家生物医药产业基地集中在长春高新区、经开区两大国家级开发区，目前为亚洲最大的疫苗和基因药物生产基地。

2. 重点企业分布

为了对我国重点生物医药企业进行研究，笔者选择了我国生物医药行业的上市企业且市值排名前 20 的企业，如表 4. 2。

表 4. 2　我国生物医药上市企业市值排名前 20 强

公司	市值（亿元）	所属地区	公司	市值（亿元）	所属地区
上海莱士	1024. 33	上海	智飞生物	221. 20	重庆
恒瑞医药	916. 61	江苏	华海药业	219. 94	浙江
复星医药	443. 15	上海	奥瑞德	218. 62	黑龙江哈尔滨
尔康制药	307. 99	湖南	誉衡药业	211. 78	黑龙江哈尔滨
通化东宝	294. 63	吉林	哈药股份	211. 13	黑龙江哈尔滨
信立泰	289. 75	广东深圳	达安基因	207. 39	广东广州
华兰生物	262. 75	河南新乡	人福医药	206. 80	湖北
海普瑞	235. 88	广东深圳	亿帆鑫富	193. 30	安徽合肥
新和成	228. 67	浙江新昌	双鹭药业	188. 01	北京
科伦药业	225. 07	四川	济川药业	186. 38	江苏泰兴

表 4. 2 显示，上海、黑龙江、江苏、广东和浙江生物医药企业发展实力较强，在 20 强中均占有两席或两席以上。前三甲中上海占据两席，江苏一席，其中上海莱士和恒瑞医药的市值远远超过了排名第三的复星医药。

为了深入挖掘我国生物医药企业分布情况，根据 1945—1954 年规定的行政区划（华北地区、东北地区、华东地区、中南地区、西南地区和西北地区），笔者总结出我国 151 家生物医药上市企业的分布比例，如图 4. 4 所示。

图 4.4　我国生物医药上市公司数量及分布

我国生物医药企业主要分布在北京、上海及广东、浙江和江苏的沿海城市。这些城市与国际接轨紧密，且经济实力雄厚；西藏、内蒙古、甘肃等内陆省区地广人稀，经济基础较差，产业体系不完善，人才储备匮乏，难以维系生物医药这种高投入、高技术的产业，因此生物医药企业分布较少。区域维度方面，我国生物医药企业在华东地区最多，与华北、华南和西南共同属于生物医药产业第一梯队，各区域占比均大于 10%，总体占比高达 77.48%；华中和东北属于第二梯队，总体占比达到 19.2%；西北是第三梯队，仅占 3.31%。总体而言，我国生物医药企业分布呈现总体分散、局部集中的状态。

（三）发展特点

1. 产业增速快

受我国国民经济快速增长、人口庞大基数及老龄化趋势、人民生活水平的提高、健康意识的增强等因素共同作用，我国生物医药产业近几年出现了快速发展的态势。对比 2006—2014 年我国生物医药产业工业总产值情况可以看出，2006—2014 年我国生物医药产业工业总产值的增长率一直介于17% ~30%，保持了较快的增长速度。

2. 企业竞争力弱

外资企业生物医药产品在我国药品市场上，尤其是在高端的三级医院用药中占据较大的市场份额。2012 年，三级医院药品市场占有率排名前 10 位的制药企业分别为辉瑞制药、阿斯利康、赛诺菲—安万特、拜耳—先灵、罗氏制药、山东齐鲁、诺华制药、江苏恒瑞、葛兰素史克和费森尤斯，除了山东齐鲁和江苏恒瑞之外，其他 8 家均是外资企业；二级医院药品市场占有率排名前 10 位的则为辉瑞制药、赛诺菲—安万特、拜耳—先灵、扬子江药业、上药集团、阿斯利康、诺华制药、哈药集团、诺和诺德和白云山制药集团，除了扬子江药业、上药集团、哈药集团和白云山制药集团之外，其他 6 家均是外资企业。

3. 产业集中度低

尽管市场竞争十分激烈，但国内制药企业并未实现规模化经营。2014 年，我国医药领域前 10 强企业所占市场份额不到市场总规模的 40%。

据统计，我国有 5000 多家制药企业，但 2011 年医药工业总产值占世界医药行业总产值的比例仅为 6%，与美、日等制药强国仅有百余家制药企业相比，中国生物医药企业的数量明显偏多。尽管经过多轮兼并重组，2011 年前三大、前五大、前十大制药企业市场占有率（CR3，CRS，CR10）达到 6.16%、8.76%、14.26%，但与发达国家和部分新兴市场国家相比，产业集中度仍然偏低。由于行业内企业数量多，单个制药企业很难达到规模经济水平，2010 年规模以上制药企业有 3700 余家，其中销售不足 5000 万元的企业有 3638 家，占 70%，销售超过 20 亿元的企业有 62 家，仅占 1.7%，而 2010 年辉瑞、诺华、默克公司的销售额分别达到 556 亿美元、468 亿美元、384 亿美元。

按照美国经济学家贝恩对产业集中度的划分标准，我国生物医药产业的集中度很低，这既不利于集约化运营和降低生产成本，也不利于市场有序竞争。

4. 创新投入不足

2014 年，生物医药企业研发投入强度不到 3%，重点药企研发投入平均强度约为 5%。而跨国大型药企，如辉瑞、诺华、诺和诺德、礼来等研发投入比重均在 15% ~20%。

（四）利益相关者

受生产企业的市场支配能力、流通环境、互联网发展等因素的影响，陈文玲等（2010）的研究表明，药品从制药企业到消费者，出现了六种典型的流通方式：制药企业—患者、制药企业—医疗机构—患者、制药企业—批发企业—患者、制药企业—零售药店—患者、制药企业—批发企业—医疗机构—患者、制药企业—批发企业—零售药店—患者。第一种流通方式是生产厂家借助电子商务交易平台，以 B2C 方式向患者直接出售药品，实际占比极少；零售药店尚未具备大规模销售药品的政策环境。第三、四、六种流通方式占比较少。综上，由于医院在药品零售终端市场占据主导地位，药品从制药企业经过流通企业到医疗机构的流通方式（第二、五种）是最主要的流通模式，适用于所有处方药和非处方药，占药品销售总量的 80% 左右。

我国生物医药产业的发展是多方努力的共同结果，这些利益相关主体构成了复杂的行动者网络，如图 4.5 所示。

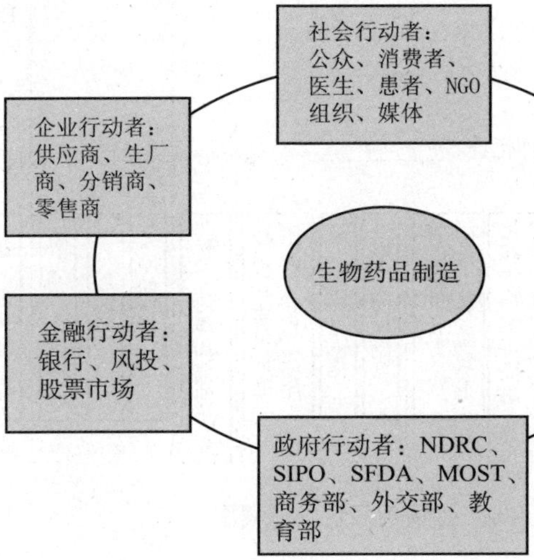

图 4.5　我国生物医药产业技术行动者网络

政府行动者是生物制药的约束规范者，被嵌入的政府部门主要包括国家食品药品监督管理局（SFDA）、国家发展与改革委员会（NDRC）、国家知识产权局（SIPO）、科技部（MOST）、卫生部、商务部和教育部等；企业行动者主要包括生产商、分销商、零售商、合同供应商；科研行动者主要包括中国科学院、各高校研发机构及生物技术企业的制药研发部门等；金融行动者主要包括银行、风险投资者和股票市场等；社会行动者主要包括医生、患者、消费者、NGO 组织和社会媒体等；国际行动者主要包括跨国医药公司、联合国、世贸组织和世界银行等。这些行动者在生物医药产业中扮演了不同的角色，共同促进生物医药产业的发展。

（五）研发及审批

1. 研发流程

生物制药的研发过程与传统化学制药相似，差别在于生物制药主要基于 DNA 重组技术，运用现代生命科学和现代生物技术制造生物大分子药物。生物制药研发始于基础科学研究，其成功的标志在于获得监管部门批准并上市。生物医药研发的基本过程如图 4. 6 所示。

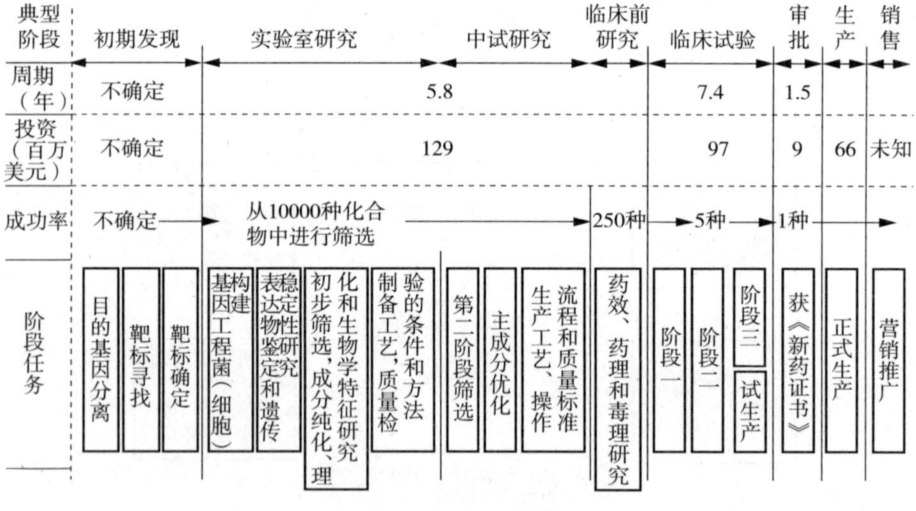

图 4. 6　生物药品研发流程图

生物药品研发是一个行动目标从模糊到具体、行动范围从发散到聚焦的渐进过程，需要从大量科学发现中逐步排查和筛选，最终形成具体的技术产品并完成商业化。初期发现阶段，主要是纯科学研究，力图从海量基因中发现目的基因和药物靶标，为发展新产品奠定基础；实验室研究阶段，主攻方向有所明确，开始根据目的靶标寻找备选化合物，该阶段仍以基础研究为主；在中试和临床前研究阶段，逐步向具体的产品过渡，开始同市场联系起来，但仍需根据环境变化和中试进展对技术进行筛选和调整；进入临床研究后，虽然还要从多个产品中筛选，但技术已经定型，市场主攻方向明确，关键是如何组织临床并通过主管部门的审批；而在最终的生产和营销环节，技术产品及其市场定位已经无法变动，需要运营能力将新药顺利推向市场，完成生物药品的销售过程。

2. 审批流程

生物药品技术水平要求较高，每一项生物药品的上市都需要经过有关部门的严格审查，确认药品疗效后才能批准临床或上市。我国生物药品审批先由省食品药品监督管理局进行初步核查，再由国家食品药品监督管理局（SFDA/CFDA）进行技术评审并做出最终决定，具体流程如图 4.7 所示。

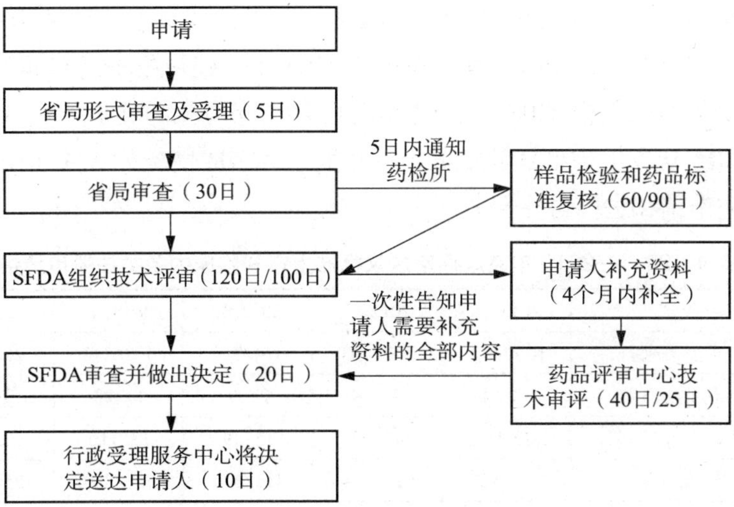

图 4.7 生物药品临床审批流程图

注：技术审评中的 120 日/100 日，120 日指新药临床试验审评时限，100 日指实行快速审批品种药品时限

自受理之日起，在不包括申请人补充资料及补充资料评审时间的情况下，国家食品药品监督管理局会在 170 日内做出行政许可决定；实行快速

审批的药品，可在150日内做出行政许可决定：国家食品药品监督管理局在完成技术审评后20日内完成审批；20日内不能完成审批的，经主管局领导批准，可以延长10日；时限延长超过10日的，须经国务院批准。

3. 新药审批数量

2015年，国家药审中心全年接受新注册申请8211个（以受理号计），与既往年度接受注册申请的比较情况如表4.3所示。

表4.3 注册申请药品数量

	2011年	2012年	2013年	2014年	2015年
化药	5884	5944	6409	7829	7201
中药	651	519	594	495	358
生物制品	419	456	526	454	561
复审	178	166	81	90	91
合计	7132	7085	7610	8868	8211

2015年，药审中心全年完成评审的注册申请共9601个，超过年度接收量1390个，实现了完成量大于接收量。其中建议批准临床4676个，建议批准上市391个，建议批准补充申请1183个，建议批准进口再注册143个，建议各类不批准2208个，另有企业撤回等情况的注册申请1000个。2011—2015年完成审批建议批准上市和批准临床的情况如表4.4所示（不包括补充申请和进口再注册）。

表4.4 2011—2015年完成评审建议批准上市和临床的各类注册申请情况

	2011年	2012年	2013年	2014年	2015年
化学药品（上市/临床）	637/483	532/603	374/316	478/742	268/4405
中药（上市/临床）	52/54	37/39	27/9	11/28	61/22
生物制品（上市/临床）	29/84	46/62	15/49	12/110	22/146
合计（上市/临床）	718/621	615/704	416/374	501/880	351/4573

（六）经济效益

1. 工业总产值

近几年，我国医药产业发展势头良好，产业增长速度均远超同期GDP的增长速度，这表明医药产业依然处于一个快速增长的阶段。伴随着我国经济体制改革的逐渐深化，经济发展步入新常态，未来医药产业仍将有极大的增长空间，将成为我国社会经济发展的一个显著增长点。

在我国医药产业中，生物医药占比稳定在10%左右，2011年占比为10.13%，2012年占比为10.15%，2013年占比为11%。图4.8显示，生物制药在所有子行业中增长速度最快，明显取代了传统制药成为我国医药工业快速发展的主力军。

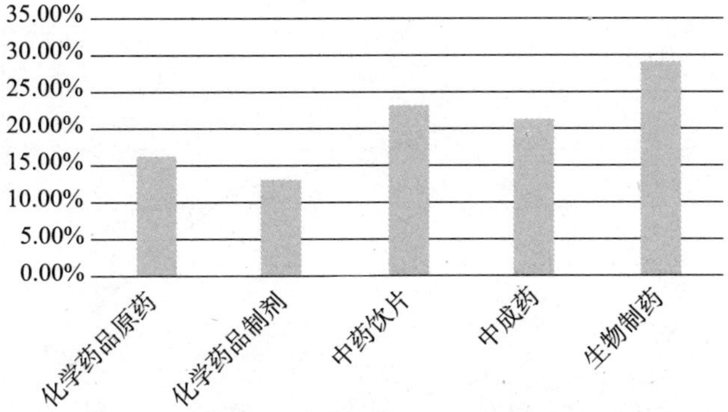

图4.8 2013年医药子行业产值增长情况

数据来源：南方医药经济研究所

2012年，我国生物医药产业工业总产值达到1853亿元，同比增长16%，相对于前几年增速有所减缓，具体数据如图4.9。我国生物医药产业工业总产值四年内持续增长，其中2011年增长率最高，2012年增长率最低。由此可见，我国生物医药产业在2011年发展最快，2012年发展速度有所减缓。

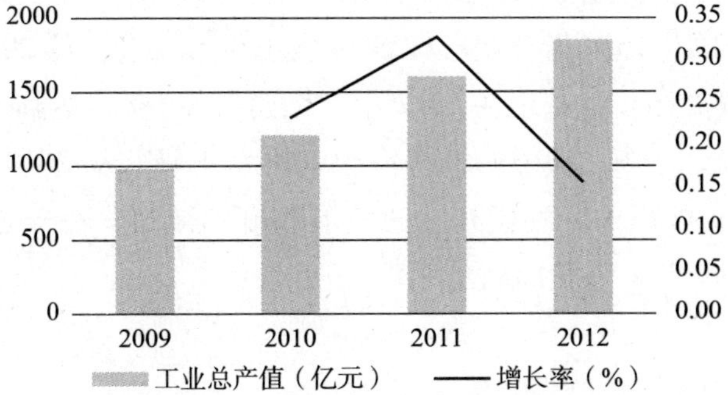

图4.9 2009—2012年我国生物医药产业工业总产值趋势图

数据来源：中国科技统计年鉴，发改委网站

2. 主营业务收入和利润

图 4. 10 是 2009—2013 年我国生物医药产业主营业务收入和利润发展趋势图。数据显示，我国生物医药产业主营业务收入和利润在持续增长，其中 2011 年主营业务收入增速最快，2010 年的利润增速最快，之后增速放缓，2013 年主营业务收入和利润的增速都最低，分别为 21% 和 8%，生物医药产业发展出现动力不足的趋势。

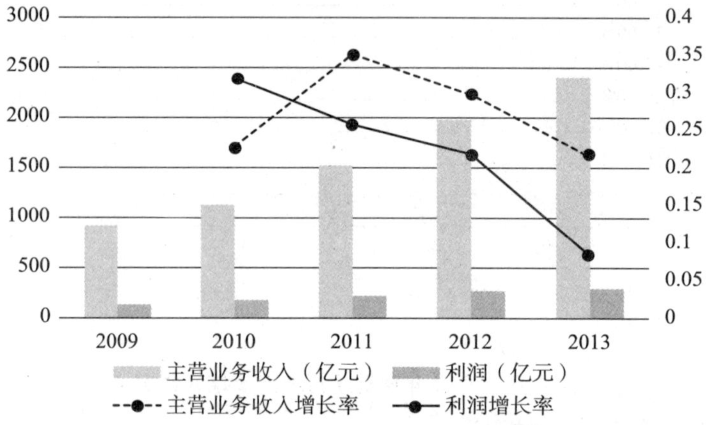

图 4. 10　2009—2013 年我国生物医药产业主营业务收入和利润趋势图

数据来源：中国统计年鉴

3. 利税和出口

图 4. 11 是 2009—2013 年我国生物医药产业利税和出口趋势图。数据显示，2009 年以来，我国生物医药产业的利税和出口都呈持续增长态势，增长率均大于零。但是受欧美国家需求下降、部分国家进口标准提高等因素的影响，我国生物医药产业出口贸易增速回落较大，从 2010 年的 59% 下降到 2013 年的 6%，甚至在 2012 年，增速仅为 1%，达到了五年内的增速最低点。除此之外，利税的增长率也在逐年下降，从 2010 年的 31% 下降到了 2013 年的 13%。利税和出口发展速度的减缓，在一定程度上表明我国生物医药产业未来发展后劲不足。

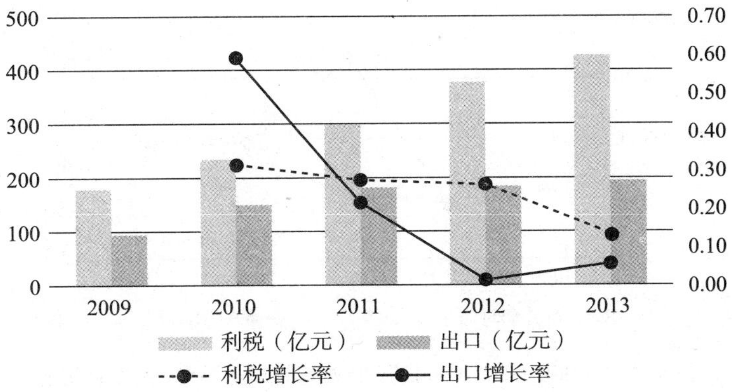

图 4. 11　2009—2013 年我国生物医药产业利税和出口趋势图

数据来源：中国统计年鉴

（七）研发现状

1. R&D 机构与人员情况

图 4. 12 和图 4. 13 是 2009—2013 年我国生物医药产业 R&D 机构及 R&D 人员趋势图。数据显示，2010 年我国生物医药产业 R&D 机构和 R&D 人员数量都呈现急剧缩水的现象，2011 年又急剧增长，回到了 2009 年的水平。相对于这两年间的大起大落，之后的发展情况有所缓和，R&D 机构的增速从 234% 回落到 2012 年的 55%。直到 2013 年，增长率为 -1%，R&D 机构数量趋于稳定；R&D 人员数量后两年分别为 21% 和 17%，增速较为稳定。

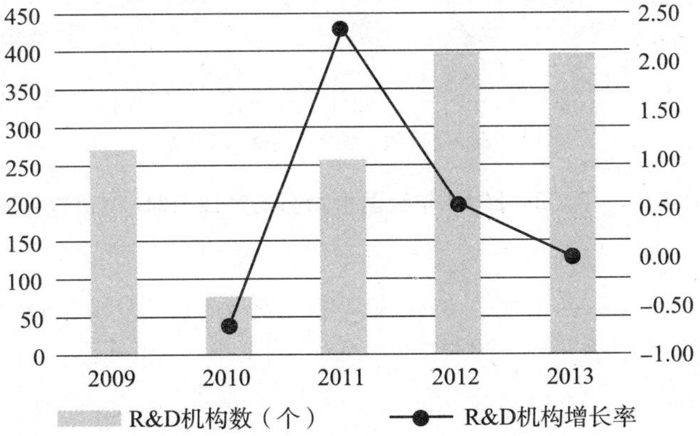

图 4. 12　2009—2013 年我国生物医药产业 R&D 机构趋势图

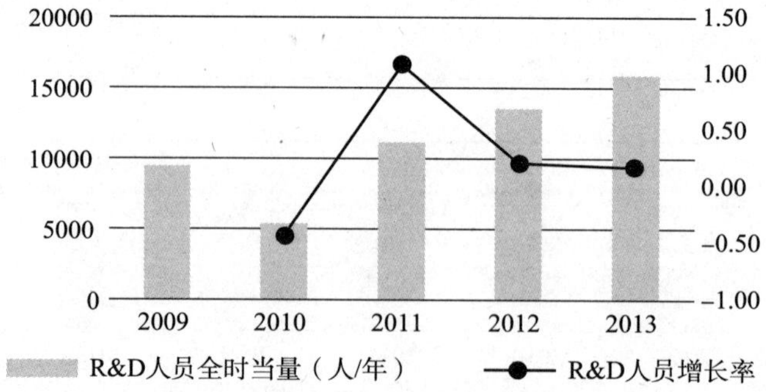

图 4.13　2009—2013 年我国生物医药产业 R&D 人员趋势图

数据来源：中国科技统计年鉴

2. R&D 项目及经费支出情况

图 4.14 和图 4.15 是 2009—2013 年我国生物医药产业 R&D 项目数及 R&D 经费趋势图。数据显示，我国生物医药产业 R&D 项目及经费支出总体呈上升趋势，仅在 2010 年出现急剧减少，2011 年又急剧增加并恢复 2009 年的水平，此后 R&D 项目数量稳步增长，但增速逐渐降低。

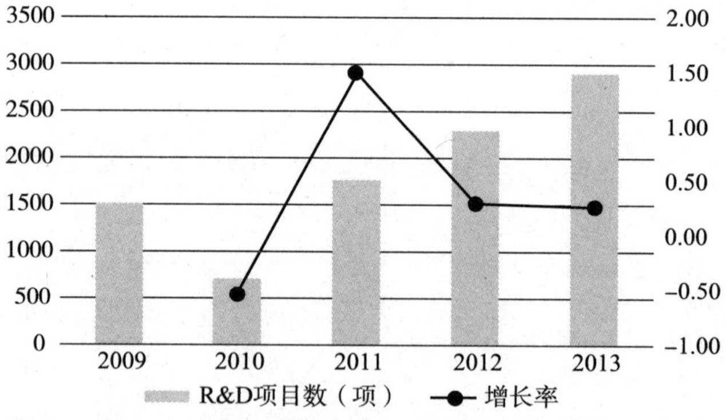

图 4.14　2009—2013 年我国生物医药产业 R&D 项目趋势图

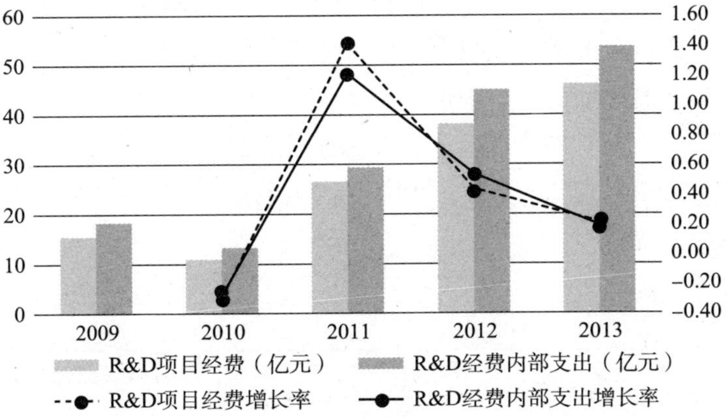

图 4.15　2009—2013 年我国生物医药产业 R&D 经费趋势图

数据来源：中国科技统计年鉴

（八）专利产出

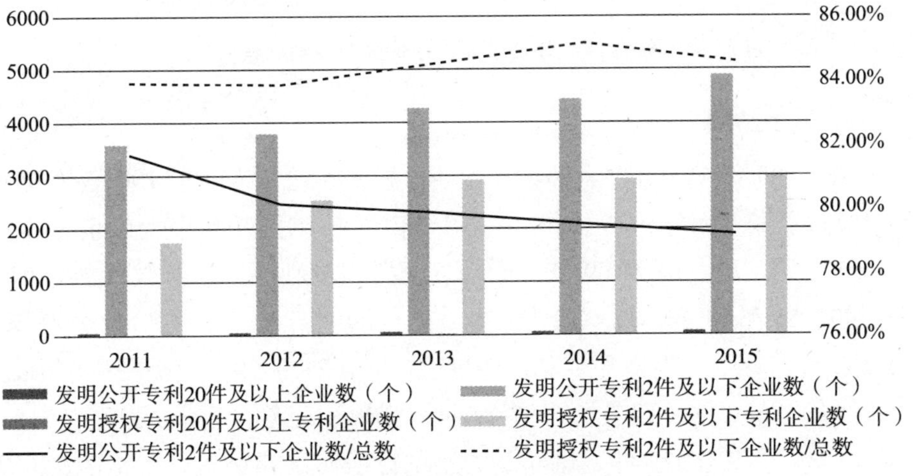

图 4.16　我国生物医药产业的创新水平

1. 创新水平

我国生物医药产业的整体创新意识和创新能力较低，拥有 20 件及以上专利的企业在一定程度上代表高创新型生物医药企业，拥有 2 件专利及以下的企业在一定程度上代表低质创新型生物医药企业。数据显示，其一，生物医药企业的创新意识（发明公开专利）稳步上升，四年间高创新型企业数量由 48 个上升至 66 个，低创新型企业数量由 3590 个上升至 4886 个，但我国高创新型企业数量仍然较少，低创新型企业占比高达 80%；其二，生物医药企业的创新能力（发明授权专利）没有根本性增长，高创新型企业数量在近五年仅增加 2 个，低创新型企业数量虽稳步上升，但占比不断增加高达 84.57%。综上所述，我国生物医药产业的核心创新意识和创新能力亟待提升。

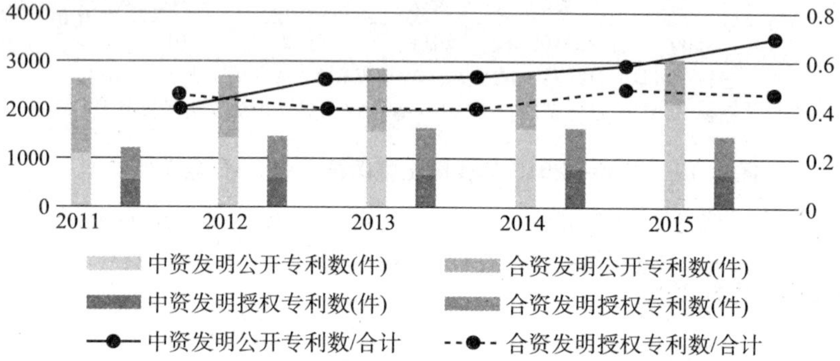

图 4.17　外资企业、中资企业专利结构

2. 专利结构

分别抽取发明公开专利检索和发明授权专利检索专利前 100 名生物医药企业作为研究对象，其中 2011—2015 年中资发明公开专利检索企业数分别为 51、58、60、61 和 69 家，中资发明授权专利检索企业数分别为 53、48、45、55 和 54 家。数据显示，中资企业的创新意识和创新能力均呈现增长趋势，其中发明公开专利由 1095 件升至 2137 件，发明授权专利由 556 件升至 686 件。此外，合资企业的创新意识逐年下降，发明公开专利由 1539 件降至 927 件，创新能力呈抛物线发展趋势，五年整体由 657 件增至 792 件。综上所述，中资生物医药企业在我国的创新发展已逐渐赶超合资企业的创新意识和能力，这说明我国生物医药企业创新发展态势越来越好。

3. 专利持续性

（1）专利授权持续性分析

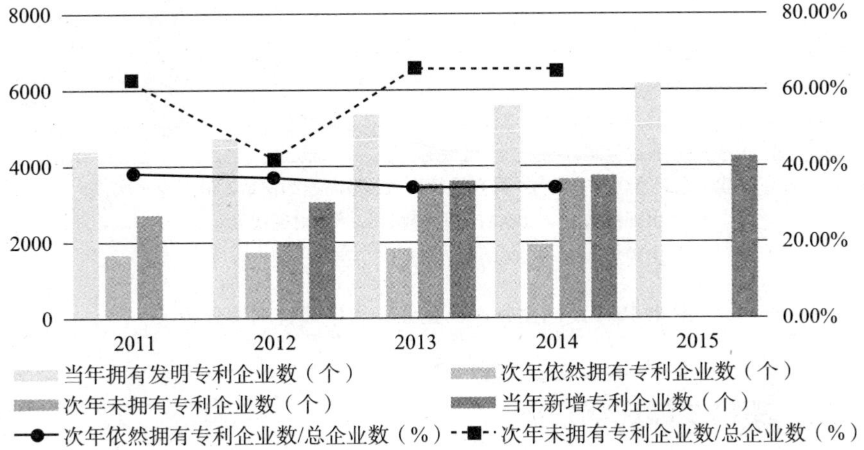

图 4. 18　我国生物医药企业专利授权持续性分析

从我国生物医药企业存续的时间来看，当年拥有发明专利的企业中约有三分之二不能在次年依然拥有专利，而每年专利新增的企业数量较多，明显能看出我国的生物医药企业创新不能持续，这充分反映了生物医药企业的研发实力不强和研发投入不足。另外，每年的新增专利数量较多，约占当年拥有的企业数量的三分之二，这恰恰反映了我国中小型生物医药企业创新的意愿强烈。

（2）专利申请持续性分析

2011—2015 年我国拥有专利的企业共有 16706 家。从图 4. 19 可以看出，我国生物医药企业连续 5 年均出现获得授权专利的企业仅仅只有 502 家，仅占企业总数的 3%；能连续 3 年出现在我国生物医药企业专利排名中的企业占总体比例的 4. 08%；而仅 1 年拥有专利的生物医药企业数达到企业总数的 69. 21%。这说明我国生物医药企业研发连续性不足，不利于我国生物医药产业的可持续发展。

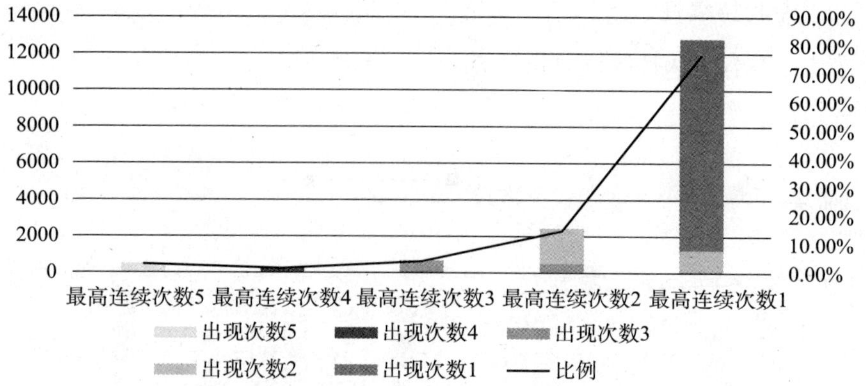

图 4.19　我国生物医药企业专利申请持续性分析

二、集群发展现状分析

（一）北京市生物医药集群

为促进生物医药产业的发展，北京市政府及下属机构自 1995 年至今已出台发展生物医药产业相关政策文件 158 项，分别从政策引导、资金支持、技术创新、人力资源培养、行业标准规范等方面支持生物医药产业规模的扩大。现今，北京市生物医药集群已形成南北两极分工合作的总体布局，由中关村生命科学园、北京经济技术开发区和中关村大型生物医药产业基地组成。2013 年，北京市生物医药产业实现总收入 1150 亿元，年平均增长率达 20% 。

北部的中关村生命科学园主要承担集群创新功能，以生物医药行业高精尖技术研发、实验研发为主导产业；南部的北京经济技术开发区生物医药园定位于现代制造业基地，突出了生物医药上游研发和高端制造；南部的大兴生物医药基地定位于打造生物工程与医药产业化基地。三大生物医药核心集聚区已形成联动发展，资源共享，共同促进北京市生物医药产业的飞速发展。

1. 基本概况

（1）中关村生命科学园

中关村生命科学园位于中关村自主创新示范区，自 2001 年 3 月开始建

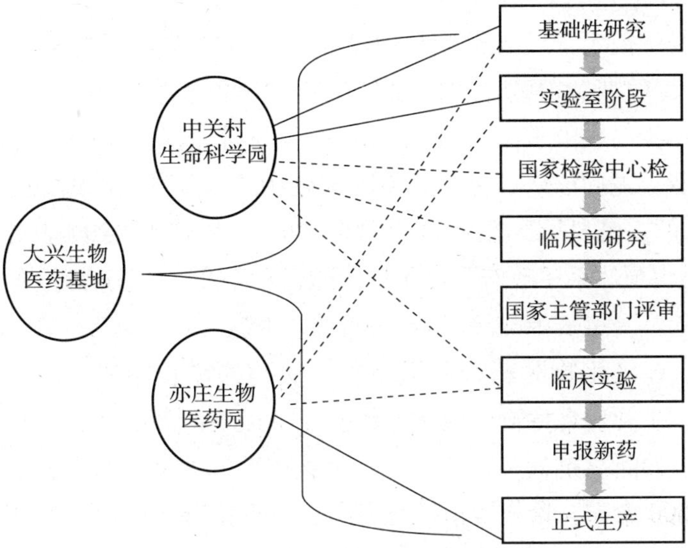

图 4.20 北京市生物医药产业集群价值链

设，规划建筑面积达 180 余万平方米，目前已建成约 110 万平方米。园区拥有完善的服务体系，囊括基础服务体系、专业技术平台服务体系、产业资源整合服务体系、信息检索平台、高端人才引进与培育体系、投融资服务体系、特色产业服务体系，聚集了一大批行业领军人才，初步形成了中、青年科学家发展梯队。

园区以高端创新研发为产业特征，截至 2013 年研发投入达 11 亿元，引入项目总投资 230 亿元，2013 年实现总收入 390 亿元。据不完全统计，2014 年园区技工贸总收入达 116.78 亿元，入园企业总利润 9.88 亿元，进出口总额 5.15 亿元。

2015 年，中关村生命科学园的入园企业数量已达近 300 家，拥有多个国家级重点企业及产业联盟，涵盖生物制剂与化学药物制造业和医疗器械产业、生物技术服务业、生物农药、生物环保、生物保健品、医疗健康，初步形成了从上游高端研发、中试及产业化到终端医疗市场的完整产业链，并不断向大健康产业链条延伸，带动了上下游相关行业的快速发展。此外，园区还聚集了最密集的国内外高端研发资源，已获得多项优秀研发成果，累计专利授权 1013 件，企业拥有自主知识产权技术近 200 项。

（2）北京经济技术开发区

北京经济技术开发区建立于1992年，是北京市唯一同时享受国家级经济技术开发区和国家高新技术产业园区双重优惠政策的国家级经济技术开发区，已初步形成电子信息通信、生物工程与新医药、汽车、装备制造四大主导产业，先后被认定为“北京国家生物产业基地”“国家生物医药创新孵化基地”。此外园区还为企业提供“6+1+N”的金融服务体系，即“六类金融资源体系+政府平台+特色园区和企业”，通过政府的政策和服务，实现六类金融资源与园区企业的有效对接。

其中，园区生物医药产业呈现平稳快速的增长态势，年均增速达到30%以上，主要包含生物药板块、新型疫苗板块、高端化学药板块、现代中药板块、诊断试剂板块等，进入了跨越式发展的关键时期。园区有生物医药企业500余家，聚集了包括拜耳医药、赛诺菲、同仁堂集团等一批国际知名和国内领先的医药龙头企业。园区在2012年实现产值近310亿元，占北京市生物医药产业产值总量的50%，确立了北京市生物医药高端制造中心和新兴研发地位；出口产品主要集中在医学影像诊疗设备、化药制剂、西成药等领域，2012年实现进出口近13亿美元，其中出口近6亿美元，被商务部首批认定为国家级外贸转型升级生物医药产业示范基地。

（3）大兴生物医药基地

大兴生物医药基地位于大兴新城的南部，现有规划面积963公顷，以国家鉴定检测权威机构为依托，是中关村国家自主创新示范区和北京经济技术开发区发展生物医药产业的专业园区，致力于打造“5+2”的特色产业板块，其中“5”代表医药研发及检验、生物制药、现代中药、医疗器械、创新高仿化药五个基本板块，“2”代表保健品、大兴医药基地动物疫苗及动物用药两个扩展板块。此外，作为北京市生物医药产业扶持政策最全面和集中的区域，大兴生物医药基地对入园企业的扶持政策覆盖了财税优惠、项目建设、研发创新、人才引进、市场流通等各个环节，同时建立了全产业链服务平台，缩短了入园企业产品的产业化周期。

与其他园区相比，大兴生物医药基地最大的竞争优势是产业化，凭借其庞大的产业空间和产业公共服务平台，在药物审批和创新支撑力面拥有无可比拟的优势。园区已聚集生物医药及相关企业127家，2011年实现产值75.16亿元，同比增长39%；完成总收入90.5亿元，同比增长59%。

2. 发展特点

（1）服务体系完善

北京市各级政府机构出台多项政策以促进生物医药产业发展，各个园区也从基础服务、平台服务再到投融资服务等方面推出了极为完善的服务支撑体系。

（2）技术实力雄厚

北京市生物医药产业技术实力雄厚，其中中关村生命科学园承担了高精尖技术研发工作，拥有 7 个国家工程中心和重点实验室、6 个省部级研发中心、7 家上市企业、8 家 G20 企业、7 家瞪羚企业、4 家十百千工程企业、3 家金种子企业、7 个博士后科研工作站。

3. 创新绩效

（1）销售收入

近年来，北京市生物医药产业发展迅速，销售收入逐年递增。2013 年北京市生物医药产业销售收入突破千亿，成为北京市又一个千亿级别的产业。

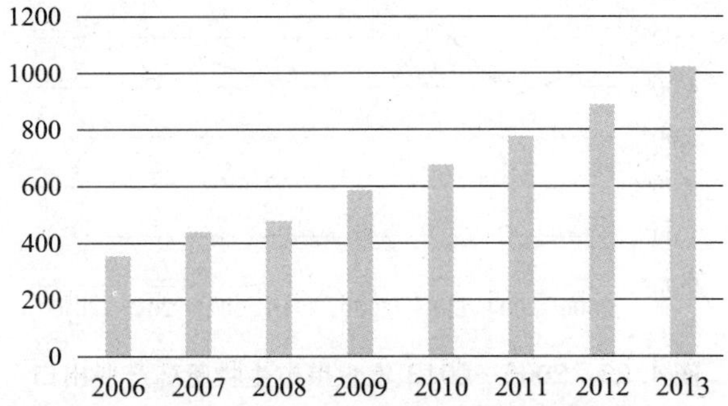

图 4.21　2006—2013 年北京市生物医药产业销售收入（单位：亿元）

数据来源：张思远．北京生物医药科技园区竞争力分析与战略选择［D］．首都经济贸易大学，2011.

（2）研发投入

北京市生物医药产业发展注重研发投入。图 4.22 显示，北京生物医药产业研发强度稳步上升，尤其在 2008 年后大幅提升，虽然在 2010 年有所下降，但不影响整体上升趋势，由 0.56% 升至 2.96%。此外，研发人员占比亦稳步上升，八年实现翻番，由 5.07% 升至 10.85%。综上所述，北京生物医药产业在 2010 年左右开始更加重视研发投入。

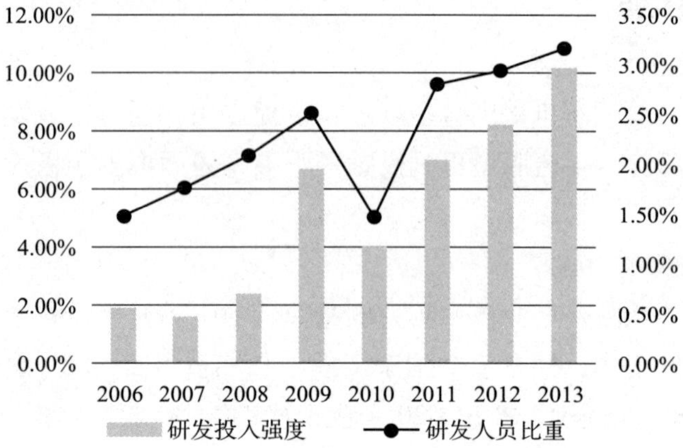

图 4.22　2006—2013 年北京市生物医药产业研发投入

（3）出口情况

近年来，北京市生物医药产业新产品出口率呈下降态势，由最高点的 5.3% 下降至 2013 年的 2.3% 。

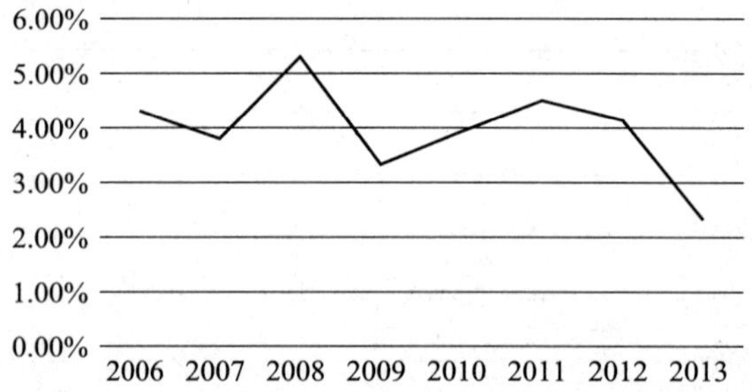

图 4.23　2006—2013 年北京市生物医药产业出口

（二）深圳市生物医药集群

1. 基本概况

深圳市生物医药集群按其行政区划分形成了特色各异的几个板块。南山区集中了众多的科研院所和生物医药高新企业，政策优势明显，医药产业基础雄厚，人才资源丰富，配套基础设施良好，是目前深圳市生物医药产业集群基础最好的区域；福田区地处深圳市中心，医疗及健康服务基础设施建设良好，在医院集群方面拥有绝对的优势，是深圳临床资源最丰富的区域；盐田区在基因组学方面的发展处于全国一流水平，在生物医学和健康、农业育种及科技服务方面都闻名全国；宝安区处于市区，目前已经有一定的生物医药产业积累，人才及产业配套资源得到保证，且空间资源相对充裕，在生物医药产业集群布局上具有优势。

由于深圳市现有的产业集群都普遍面临空间制约问题，生物医药产业布局逐步朝外围扩展。在新兴的产业布局上，光明新区采取以重大项目带动产业发展的方式，目前成立了开立彩超基地、康泰疫苗基地等重大项目基地；龙岗区成立了生物医药产业园；坪山新区建成了国家生物产业基地核心区，发展生物医药和医疗器械产业；位于大鹏的深圳生物谷是深圳市最新规划生命大健康的产业基地。

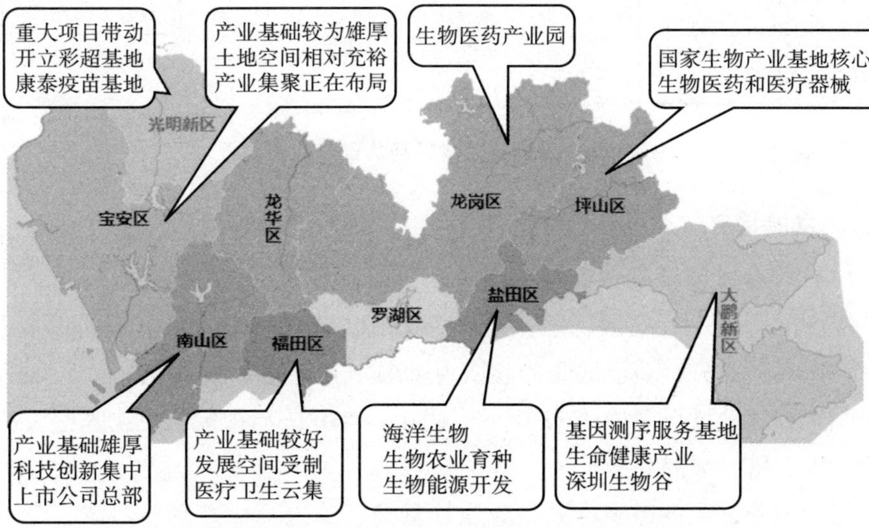

图 4.24　深圳市生物医药集群行政区划分

根据《深圳市生命健康产业发展规划（2013—2020 年）》，深圳市将打造“一核、两区、多中心”的生物医药产业布局。“一核”，依托深圳国际生物谷，重点发展生命信息、高端医疗、健康管理等产业，打造深圳生命健康产业发展的核心引擎。“两区”，在前海深港现代服务业合作区引进一批国内外生命健康企业和机构总部，打造生命健康产业总部集聚区；在深圳国际低碳城规划布局一批生命健康设备与产品的研发及产业化项目，推进生命健康服务示范应用，打造绿色低碳生命健康城。“多中心”，结合城市规划和功能布局，对接市民需求，科学布局一批内容丰富、层次多样、各具特色的生命健康产业服务和制造中心。

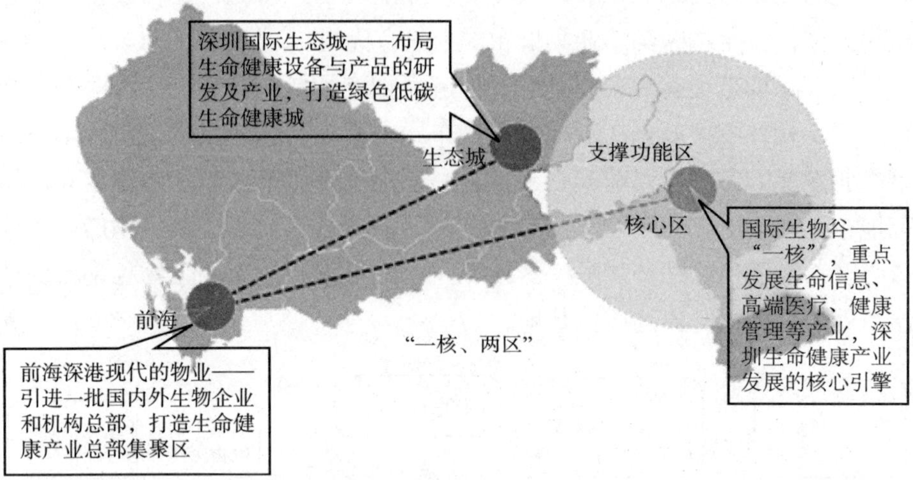

图 4.25　深圳市生物医药集群产业布局

2. 发展特点

（1）产业发展基础敦实

深圳市具有良好的生物医药产业发展基础，产业规模一直居全国前列。

一方面，部分企业已成长为我国专业领域自主创新的龙头企业，如迈瑞光明生产基地项目总投资 12 亿元人民币，在我国自主创新生物医疗设备产业化项目排名显赫。

另一方面，深圳市生物医药产业具有良好的国际化基础。迈瑞、海王星辰、康哲等生物企业相继在纽约、伦敦上市，资本运作日趋国际化；葛兰素史克和赛诺菲安万特先后落户深圳，赛诺菲巴斯德流感疫苗项目总投资 7000 万欧元、葛兰素海王流感疫苗项目总投资 9990 万美元，为我国最重要的外商投资生物制药项目。跨国生物医药企业在深圳的投资规模和强度在不断加大。

（2）基因研究领域国内领先

深圳市将成为我国基因技术、生命信息学专项领域的中心，依托华大基因研究院组建的深圳国家基因库是我国首个、全球第四个国家级基因库，集生物资源样本库、生物信息数据库和生物资源信息网络为一体，通过建立高水平的生物资源样本库、高效的生物信息数据处理、存储与管理系统以及覆盖广泛的联盟网络，有效保护、合理开发和利用我国生物资源及基因数据资源。截至 2012 年 4 月已收集 100 万 GB 的生物数据，包含基因组、转录组、蛋白质组、代谢组及表型的数据，同时也积累了约四十万份生物样本。预计基因库将达到 10 亿 GB 级别的数据容量。

（3）区域布局日趋完善

深圳各区形成了各具特色的产业发展格局。坪山新区按国际一流标准打造了生物医药产业未来发展的承载主体，重点布局大型生物产业项目，积极推进建设集总部、研发、生产、产业配套和生活配套于一体的国家生物产业基地核心集聚区；在高新区深圳湾园区，生物产业工程实验室、重点实验室、企业研发中心、公共技术平台都已布局并建设；南山区依托医疗产业，建成了生物医药医疗企业总部和研发中心；盐田区利用基因组研究优势，借助深港良好的产学研合作基础条件以及与国内科研院所的交流，大力推进基因组研究和产业化集聚发展；龙岗区发挥滨海优势，培育海洋生物产业；光明新区依托在建生物医药、生物医疗重点产业化项目，建设产业化集聚区。深圳市生物医药集群通过各集聚区的优势互补、错位发展，形成了各具特色的产业布局。

3. 创新绩效

（1）产业规模

2014 年，深圳市生物医药产业产值规模达到了 337.58 亿元，同比增长 8.78%。近年来，深圳市生物医药产业规模不断扩大但增速放缓，2010 年后呈现递减趋势。

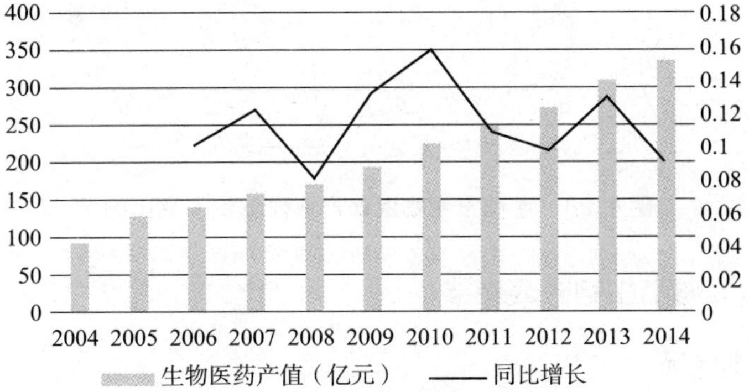

图 4.26 深圳市生物医药集群产业布局

（2）从业人员结构

2012 年，深圳市生物医药企业从业人员达 24677 人，平均企业员工数量为 372. 2 人，具体类别占比如图 4. 27 所示。数据显示，不同产品需要的生产人员数量不同，去除生产人员数量造成的差异后对比发现，市场营销人员占比最大，其次是研发人员。这反映出深圳市生物医药企业以经济效益为重点，具有市场开拓力度大、产品导入能力强的特点；研发人员的比重大则说明深圳市生物医药企业非常注重产品研发。

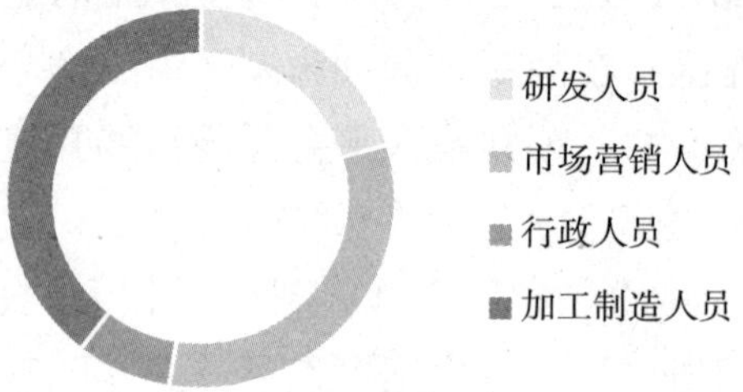

图 4. 27　深圳市生物医药产业从业人员结构

（3）研发投入

近三年来，深圳市生物医药产业研发投入及占比如图 4. 28 所示。数据显示，深圳市生物医药产业研发投入不断增加，但由于营业总收入增长速度快于研发投入，因此研发强度较稳定，增幅不明显。

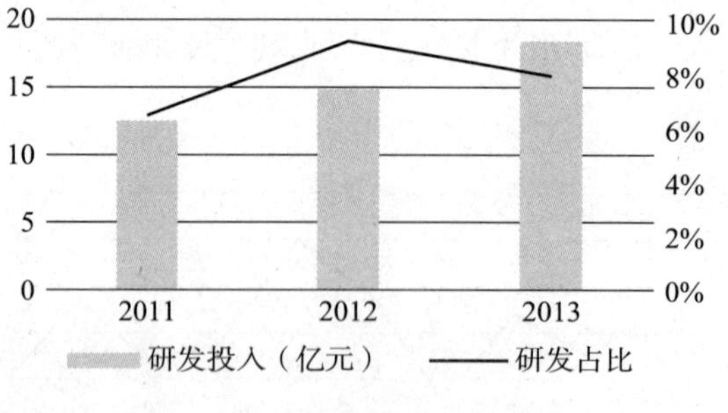

图 4. 28　深圳市生物医药产业研发投入及比例

（三）上海市生物医药集群

1. 基本概况

生物医药产业是上海市重点发展的支柱产业之一，一直处于全国生物医药科技的前沿，技术方面和产品方面都处在国内领先地位。自从2009年8月上海制定《生物医药产业发展行动计划（2009—2012年）》以来，政策环境逐步优化，上海市生物医药产业规模稳步攀升，产业布局更加合理，龙头和骨干企业快速成长，创新能力进一步增强。2012年，全市生物医药产业经济总量为2104.13亿元，与2008年相比，实现翻番。其中，制造业主营业务收入为835.97亿元，增长84.07%；商业销售收入为1117.46亿元，增长1.2倍；研发服务外包收入为150.7亿元，增长两倍；销售额过亿元的生物医药产品已超过100个。6个产业基地制造业主营业务收入超过600亿元，占全市同行业主营业务收入的80%以上；全市新增生物医药投资项目的80%以上集中在这6个产业基地，产业集聚效应日益凸现。

上海市生物医药集群的典型代表是张江药谷。张江药谷始建于1994年，位于上海张江高新技术产业开发区的核心园张江高科技园区，基地重点集聚和发展生物技术与现代医药产业领域的创新企业。张江药谷依托上海中医药大学、复旦大学药学院、中科院上海药物研究所、中科院上海高等研究院。经过十余年的发展，作为上海国家生物产业基地、国家科技兴贸创新基地、国家医药出口基地的核心区，张江药谷集聚国内外生命科学领域企业、科研院所及配套服务机构400多家，形成了完善的生物医药创新体系和产业集群，已成为国内生物医药领域研发机构最集中、创新实力最强、新药创制成果最突出的基地之一。

2. 发展特点

（1）产业基础好，创新能力不断加强

目前，上海市生物医药产业的规模化、集聚化、国际化效应初步显现，由此带动医疗器械、生物制药、研发外包等一大批相关产业的发展，基本形成了以浦东、闵行、奉贤、金山、嘉定、青浦为主的六大产业基地，配套发展浦东、徐汇研发服务外包基地和浦东、黄浦、普陀商业基地。上海市生物医药产业功能布局日趋合理，创新能力进一步加强，经济总量不断扩大。2013年，上海市生物医药产业经济总量达到2300亿元，同比增长10%，预计2017年将达到3500亿元。

上海市生物医药创新体系不断完善，形成了由10多所高校，30多家专业研究机构，30多个研发中心（含外资），30多家新药临床研究基地，

200 多家研发型企业组成的生物医药创新网络。此外，上海经济外向程度较高，上海市生物医药产业相关企事业单位积极寻求和跨国药企合作，通过技术转让、服务外包等形式提高了上海市生物医药产业的科技创新能力。

（2）缺少龙头企业，竞争力弱

截至 2012 年底，上海有 368 家生物医药企业，以中小企业居多，数量高于美国全体生物医药企业。但是，上海市生物医药产业的产值却远远低于硅谷等世界知名的生物医药产区。如 2012 年，葛兰素史克全球销售收入约合人民币 2769.51 亿元，而同期上海市的生物医药产值为 723.49 亿元。上海市生物医药企业总体呈"小、散、乱"的发展特点，缺少龙头企业，竞争力较弱。

（3）新药研发力量分散，技术成果转化率较低

上海市生物医药研究主要以政府推动的重点项目研究为主，这与当前国际主流的以公司为主体牵头开发、市场为导向的研发模式还存在一定的差异。许多生物医药研发项目以科研院所的课题形式开展，缺少市场驱动力。此外，上海市生物医药产业研究力量主要分布在各大科研院所，这些研究机构长期各自为政，研发力量得不到有效整合，技术成果转化率较低。

（4）投融资机制相对欠缺

生物医药研发的前期投入较大，科研成功率较低，很多医药企业因为募集不到充足的资金只能从事低价值的医药生产、研发外包等业务。相比较而言，国外生物医药的投融资机制相对完善，通过各种手段帮助企业规避风险，鼓励企业开展药物研发。上海市生物医药产业投融资机制正在建设中，很多相关的措施还没有落到实处，作用尚不明显。

3. 创新绩效

（1）主营业务收入和利润

2015 年，上海市生物医药产业发展再创新高，规模以上生物医药工业企业（年主营业务收入达 2000 万元及以上的法人工业企业）主营业务收入达到 925.41 亿元，五年增长 42.99%，如图 4.29 所示。数据显示，虽然上海市生物医药主营业务收入在持续增长，但增长速度渐缓，增速由 2011 年的 12.8% 下降到 2015 年的 5.4%。这在一定程度上反映出上海市生物医

药产业在自主创新能力等核心竞争力上仍存在不足。

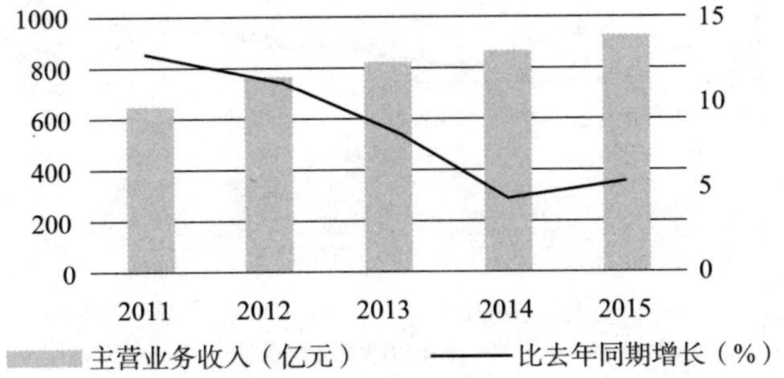

图 4.29　上海市规模以上生物医药企业近五年主营业务收入趋势

2015 年，上海市规模以上生物医药企业利润总额为 130.35 亿元，同期相比增长 24.9%，是近五年增长率最高的一年，如图 4.30 所示。数据显示，上海市生物医药产业利润持续上升，产业发展状况良好，但增长率上下波动，这可能与当年的政府补贴力度和生物医药主营业务收入及成本有关。

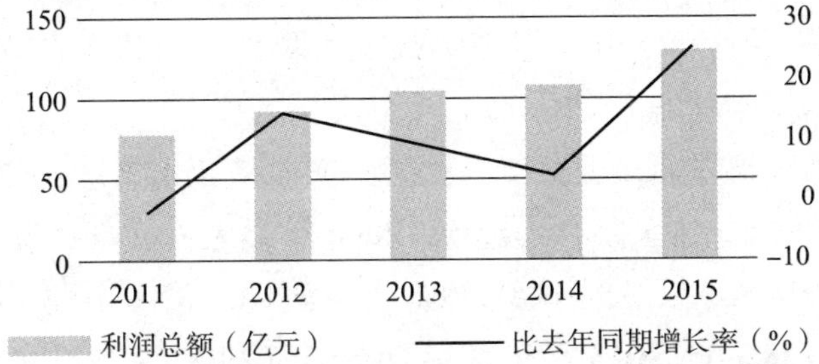

图 4.30　上海市规模以上生物医药企业近五年利润总额趋势

（2）从业人员结构

2014 年，上海市规模以上生物医药企业的科技活动人员总量为 1.49 万人，其中 R&D 人员为 0.96 万人，高中级技术职称人员为 0.3 万人。2014 年，科技人员总人数、R&D 人员数和高中级技术人员数相对于去年的同期增长率分别为 12.9%、11.6% 和 15.4%，六年的总增长率分别为 63.7%、47.7% 和 11.1%。具体如图 4.31 所示。

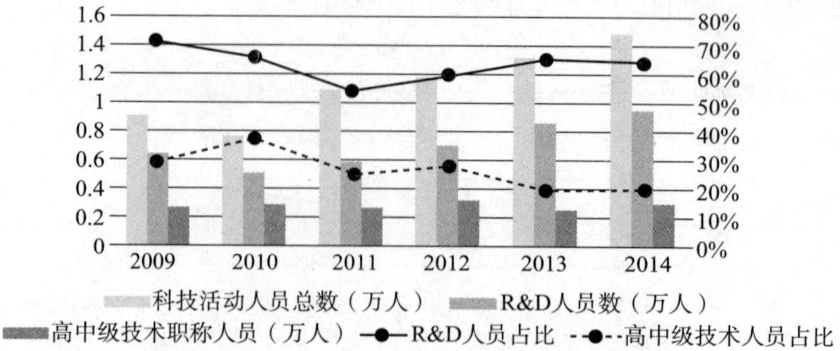

图 4.31　上海市规模以上生物医药企业从业人员结构

数据来源：上海统计年鉴

从业人员数量方面，近六年 R&D 人员在 2014 年最多、2010 年最少，高中级技术职称人员数量则在 2012 年达到顶峰、2013 年最低。从总趋势上可看出，科技人员总量和 R&D 人员数量趋势基本相似，2010 年后整体上升且匀速增加；高中级技术职称人员在六年内总体变化不大，基本上围绕 3000 人上下波动。由此可见，虽然上海市生物医药产业的科技人员数量和 R&D 人员数量逐年上升，但高中级技术职称人员基本没有增长，高端人才缺乏，科技创新能力受限。

从业人员结构方面，上海市生物医药产业从业人员结构变化较小，其中 R&D 人员占比总体呈抛物线趋势，2009 年最大为 71%，2011 年最小为 54%；高中级技术人员占比围绕 30% 上下波动，总体缓慢下降，于 2010 年达到顶峰（38%），2013 年和 2014 年最低（20%）。

综上所述，上海市生物医药产业缺乏高端研发人才，应该积极引进高技术水平研究人员，提升上海市生物医药产业的创新水平，加快发展速度。

（3）研发投入

2014 年，上海市规模以上生物医药企业支出科技经费达 35.96 亿元，其中 R&D 经费为 25.67 亿元，占比 71%，同比增长 14.04%，是 2009 年的 2.03 倍，具体数据如图 4.32 所示。

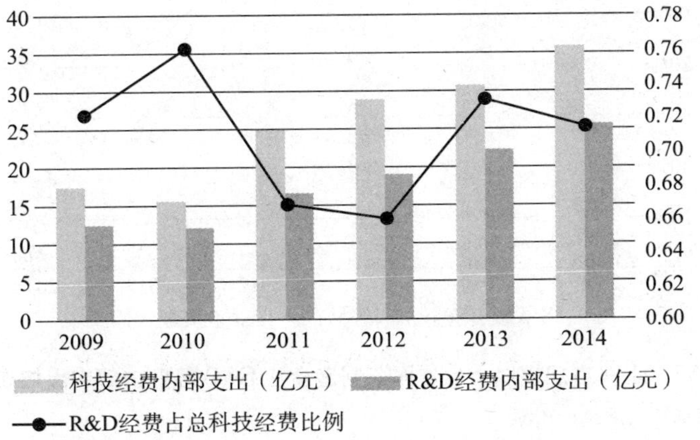

图 4.32　上海市规模以上生物医药企业科技经费内部总支出发展趋势图

数据来源：上海统计年鉴

数据显示，科技经费内部支出持续增长，除 2010 年负增长外均为正增长，2011 年增长率最高为 60%，2011 年后增长速度放缓；R&D 经费逐年上升，增长率在 60% ~80% 的区间内上下波动，这说明上海市生物医药产业的 R&D 投入力度在持续增加。

为深入分析 R&D 经费支出持续增长的原因，笔者对上海市生物医药产业的 R&D 经费构成进行了分析，具体数据如表 4.5 和图 4.33 所示。

表 4.5　上海市规模以上生物医药企业 R&D 经费内部支出构成

（单位：亿元）

	2009 年	2010 年	2011 年	2012 年	2013 年	2014 年
政府资金	0.46	0.76	0.91	1.25	1.19	1.11
境外资金	0.32	0.32	0.13	0.25	0.31	0.26
企业资金	11.29	10.81	15.56	17.54	20.96	24.2

上海市生物医药产业的 R&D 经费支出主要可分为政府资金、境外资金和企业资金三部分。数据显示，企业资金占比最大，其次是政府资金，最后是境外资金。企业 R&D 支出逐年递增，占比从 2009 年的 89% 上升到 2014 年的 94%；政府资金虽然也在增加，但由于基数较小导致增长额度有限，2009—2014 年共增长 0.65 亿元，是企业 R&D 支出增长的 1/20，且占比总体在 5% 的水平上下波动；境外资金除了 2011 年较少仅为 0.13 亿元外，其他年份基本维持在 0.25 ~0.35 亿元的区间内，较为稳定，但占比呈

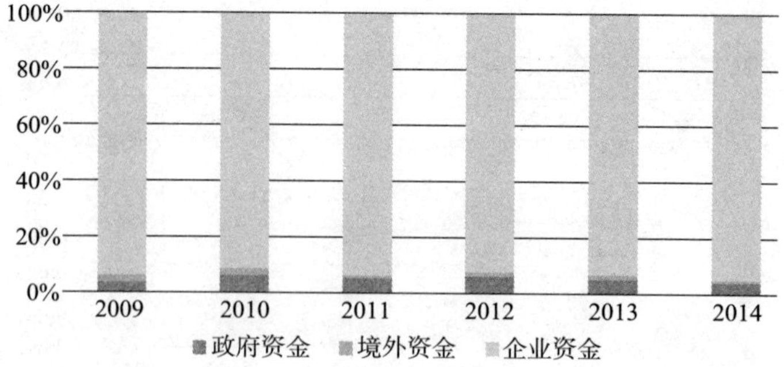

图 4.33　上海市规模以上生物医药制造企业 R&D 经费内部支出构成比例

数据来源：上海统计年鉴

下降趋势。

综上所述，上海市生物医药产业的 R&D 活动主要依靠企业投入。政府投入只起到引导作用，而境外资金未来投入可能会更低，基本可以忽略不计。

（四）武汉市生物医药集群

武汉光谷生物医药产业园位于东湖高新区九龙产业基地核心区，地理位置优越，规划面积达 6 平方千米，是光谷生物城六大专业园区之一。园区按照生物医药、生命科技、保健品和化妆品、生殖健康、医药物流产业分片建设，重点发展生物医药领域的自主创新药物研发与制造，扶持发展疫苗、诊断试剂、基因工程药物、抗体、血液制品、现代中药、新西药制剂、保健品等产业，鼓励发展生物医药技术服务、生物医药服务外包、医药产品物流等现代医药服务业；提供 GMP 标准厂房、实验室、研发中心、行政办公中心、公共服务中心、廉租公寓、酒店公寓、人才居住中心以及餐饮、休闲、娱乐等产业配套设施。最终形成集生物医药产品研发、生产、流通为一体，基础设施齐全，产业链完善，分工明确，竞争力强的生产生活聚集区。

近年来，武汉市积极培育良好的生物医药产业发展环境，大力支持武汉国家生物产业基地建设，着力构建传统医学与现代生物技术、新医药协同发展的医药工业体系。截至 2013 年底，生物医药产业完成总产值 32.2 亿元，增长 46.4%。生物医药增速迅猛，产业集聚效应日益凸显。光谷生物医药产业园已累计引进“3551 光谷人才计划团队”244 个，院士团队 10

个，园区从业人员超过 2 万人。

三、代表企业发展现状分析

考虑到企业数据的可获取性及代表性，笔者依据上市企业市值，选取上海莱士血液制品股份有限公司、江苏恒瑞医药股份有限公司、上海复星医药股份有限公司、湖南尔康制药股份有限公司作为我国生物医药的典型企业进行详细分析。

（一）上海莱士血液制品股份有限公司

1. 企业概况

上海莱士血液制品股份有限公司于 1988 年 10 月在上海闵行开发区正式成立，是我国首家中美合资的血液制品生产企业。2007 年，上海莱士转制为股份有限公司，并于 2008 年 6 月在深交所中小板挂牌上市，是“上海市外商投资先进技术企业”及上海市科学技术委员会认定的“高新技术企业”，是国内同行业中血浆综合利用率高、产品种类齐全、结构合理的领先血液制品生产企业之一。

坐落于上海奉贤经济开发区生物科技园区的新厂是上海莱士母公司所在地。新厂于 2013 年通过 GMP 认证后开始正式投产，年生产能力为 800 吨血浆。公司成立至今，产品超过 2500 万瓶以上，未发生任何病毒感染及产品质量相关的不良事件。上海莱士严格按照我国药典及国家现行 GMP 标准，遵循美国 FDA 标准、欧盟 EMA 标准、WHO 指导原则，在原料血浆采集、筛选及生产过程中，发展建立了一整套完善的管理体制。同时，因其“安全、优质、高效”的声誉，长期占据我国血液制品消费的高端市场，除中国市场外，上海莱士产品已在近 20 个国家注册，是国内少数能够出口血液制品的生产企业。

2014 年，上海莱士成功收购郑州邦和生物药业有限公司 100% 股权及同路生物制药有限公司近 90% 股权。通过行业整合，上海莱士实现跨越式发展，已成为国内最大的血液制品生产企业。

2. 产品简介

上海莱士的主营业务为生产和销售血液制品，产品详情如表 4.6 所示。

表 4.6　上海莱士主要产品及治疗领域

产品种类	产品名称	治疗领域
白蛋白类	人血白蛋白	相关失血创伤、低蛋白血症、成人呼吸窘迫综合征等
免疫球蛋白类	人免疫球蛋白	预防麻疹和传染性肝炎
	静注人免疫球蛋白	原发性免疫球蛋白缺乏症、继发性免疫球蛋白缺乏症、自身免疫性疾病等
	乙型肝炎人免疫球蛋白	预防乙型肝炎
	静脉注射用人乙型肝炎免疫球蛋白	预防乙型肝炎
	破伤风人免疫球蛋白	预防及治疗破伤风
	狂犬病人免疫球蛋白	被狂犬或其他携带狂犬病毒的动物咬伤、抓伤患者的被动免疫
凝血因子类	人凝血酶原复合物	先天性和获得性凝血因子Ⅱ、Ⅶ、Ⅸ、Ⅹ缺乏症；维生素K缺乏症等
	人凝血因子Ⅷ	甲型血友病、获得性凝血因子Ⅷ缺乏而致的出血症状等
	冻干人凝血酶	局部止血药
	人纤维蛋白原	先天性和获得性纤维蛋白原减少或缺乏症、弥散性血管内凝血等
	人纤维蛋白黏合剂	局部止血药

3. 研发投入及专利产出

研发是生物医药企业的核心，上海莱士近六年的研发投入具体数据如图 4.34 所示。

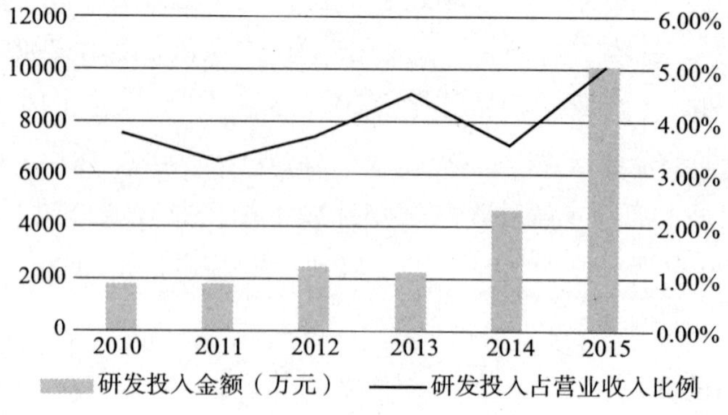

图 4.34　上海莱士研发投入

数据显示，上海莱士的研发投入整体呈上升趋势。其中，研发投入金额自 2013 年后增长迅速，主要得益于上海莱士对研发重视程度的提升，研发投入金额增长近 10 倍；研发强度小幅度上升，自 2011 年后稳步上升，虽 2014 年出现小幅下降，但 2015 年再创新高，研发强度达 5.02%。

上海莱士近两年发展势头迅猛，始终把研发放在企业发展的首位，但高投入与低产出形成明显对比。专利数量较少，已获得发明专利 4 项，正在申请的发明专利 10 项。

4. 营业收入

上海莱士于 2014 年进行两次同业兼并收购活动，其血液制品品类由 7 个增长至 11 个，公司下属单采血浆站由 12 家扩增至 28 家，采浆区域扩大至 8 个省（自治区），浆站数量及采浆能力都得以成倍增长。目前，上海莱士无论在产品种类、采浆规模及收入规模上，均已位列国内血液制品行业的龙头。

经历过资产重组后，2014—2015 年，上海莱士的营业收入增长迅速，达到 20.13 亿元，具体数据如图 4.35 所示。

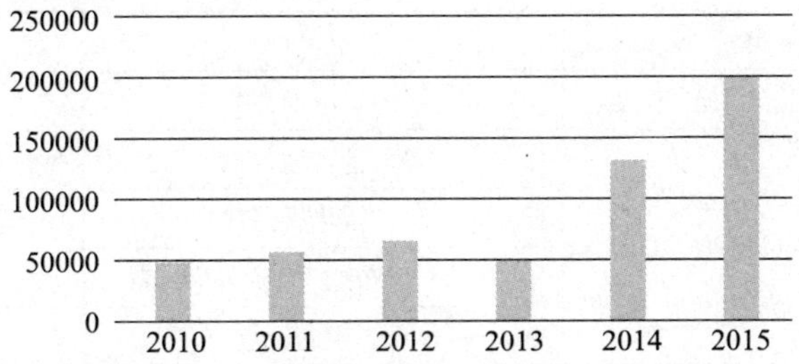

图 4.35 上海莱士营业收入（单位：万元）

（二）江苏恒瑞医药股份有限公司

1. 企业概况

江苏恒瑞医药股份有限公司始建于 1970 年，2000 年在上海证券交易所上市，是国内最大的抗肿瘤药和手术用药的研究及生产基地、国内最具创新能力的大型生物制药企业之一，位列医药上市企业最具竞争力前三。2011 年组建的国家靶向药物工程技术研究中心，成为江苏省医药企业建立的第一家国家级工程技术中心。

本着“诚实守信，质量第一”的经营原则，恒瑞医药致力于抗肿瘤药、手术用药、造影剂、心血管药及抗感染药等领域的创新发展并逐步形成品牌优势，是国内首次通过国家新版 GMP 认证的制药企业之一。同时，它也是国内第一家注射剂获准在欧美上市销售的制药企业，在我国制药发展史上具有里程碑的意义，目前已有 3 个注射剂、2 个固体制剂、5 个原料药通过美国 FDA 和欧盟认证。

恒瑞医药所获荣誉众多，是国家“重大新药创制”专项创新药孵化器基地，是“中国抗肿瘤药物技术创新产学研联盟”的牵头单位；连续多年被列为全国化学制药行业十佳效益企业，是国家火炬计划新医药研究开发及产业化基地的骨干企业之一。

2. 产品简介

恒瑞医药主营业务涉及药品研发、生产和销售，主要产品涵盖抗肿瘤药、手术麻醉类用药、特色输液、造影剂、心血管药等众多领域。产品详情如表 4.7 所示。

表 4.7　江苏恒瑞主要产品及用途

产品种类	产品名称	治疗领域
原化学药品第二类	厄贝沙坦片	高血压
原化学药品第四类	多西他赛注射液	抗肿瘤
	克拉霉素缓释片	抗感染
	酒石酸布托啡诺注射液	镇痛
	吸入用七氟烷	手术麻醉
化学药品第 3.1 类	盐酸右美托咪定注射液	手术麻醉
化学药品第 3.2 类	钠钾镁钙葡萄糖注射液	输液
化学药品第 5 类	注射用顺苯磺酸阿曲库铵	造影
化学药品第 6 类	碘佛醇注射液	造影
品种较早，分类不可查	注射用环磷酰胺	抗肿瘤

3. 研发投入

近年来，恒瑞医药的规模迅速扩大的主要原因在于其对研发投入的逐渐重视。图 4.36 显示，恒瑞医药的研发投入从 2011 年的 4.3 亿元稳步上升至 2015 年的 8.92 亿元，研发经费实现翻番。此外，研发人员在 2015 年大幅提升，单年增加研发人员 283 人，这恰恰说明恒瑞医药对研发进行双管齐下，力争创新型发展。

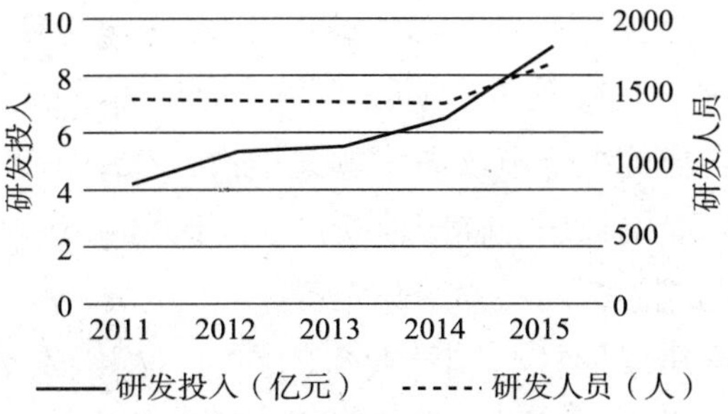

图 4.36 恒瑞医药研发投入（单位：亿元）

4. 营业收入

近年来，恒瑞医药的规模不断扩大，主要体现在公司总资产和主营营业收入的年年攀升。2015 年末，公司总资产达到 114.97 亿元，五年增长率为 138%；相伴而生，主营业务收入稳步攀升至 93.16 亿元，同比增长 25.01%，公司实力渐强。

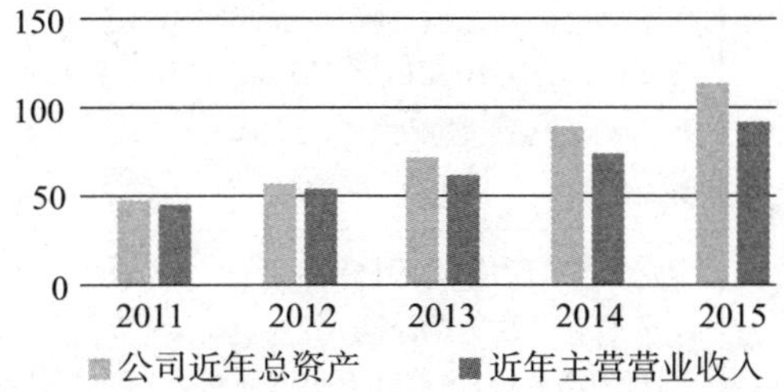

图 4.37 恒瑞医药资产及营业收入（单位：亿元）

（三）上海复星医药股份有限公司

1. 企业概况

上海复星医药股份有限公司于 1994 年成立，分别在 1998 年上海证券交易所和 2012 年香港联合交易所主板挂牌上市，在我国医药行业处于领先地位。复星医药专注现代生物医药健康产业，形成以药品研发制造为核心，同时在医药流通、医疗服务、医学诊断和医疗器械等领域拥有领先的市场地位，在研发创新、市场营销、并购整合、人才建设等方面形成竞争优势的大型专业医药健康产业集团。

复星医药注重创新研发，拥有国家级企业技术中心，并在上海、重庆、美国建立了高效的国际化研发团队。公司研发专注于心血管、抗肿瘤、中枢神经系统、血液系统、新陈代谢及消化道及抗感染等治疗领域，且主要产品均在各自的细分市场占据领先地位：在中国市场，复星医药已取得肝病、糖尿病、结核病、临床诊断产品等细分市场的竞争优势；在全球市场，复星医药成为抗疟药物的领先者。

复星医药在聚焦发展核心制药业务的同时，积极发展医疗服务领域，并进一步巩固在医学诊断、医疗器械等领域的竞争优势。目前，复星医药已在国内高端和专科医疗服务领域建立了坚实的基础。此外，复星医药亦是我国最大药品分销企业国药控股的第二大股东。

2. 产品简介

复星医药包含有八大主营业务领域，各领域代表药物如表 4. 8 所示。

表 4. 8　复星医药主要产品及类别

主营业务类型	主要产品
代谢及消化系统药物	阿拓莫兰（还原型谷胱甘肽制剂） 万苏林、万苏林 30R、万邦林等（胰岛素制剂） 万苏平（格列美脲片） 摩罗丹
抗感染药物	卡狄（注射用氟氯西林钠） 沙多力卡（注射用炎琥宁） ARTESUN - PLUS、ARTSSUN（青蒿琥酯制剂系列） 希畅（注射用头孢美唑钠） 怡诺尼康（抗结核系列 - 乙胺吡嗪利福异烟片 Ⅱ）
心血管及血液系统药物	优帝尔（注射用前列地尔干乳剂） 心先安（环磷腺苷葡胺注射液） 邦坦（替米沙坦片） 可元（羟苯磺酸钙胶囊） 邦之（匹伐他汀钙片） 邦亭（注射用白眉蛇毒血凝酶） 克隆怡宝（注射用重组人促红素） 苏可诺 （注射用低分子量肝素钠）

续表

主营业务类型	主要产品
中枢神经系统药物	奥德金（小牛血清去蛋白注射液） 启维（富马酸喹硫平片）
抗肿瘤药物	怡罗泽（注射用培美曲塞二钠）、可怡（依西美坦片） 朝晖先（比卡鲁胺片）、可弗（去氧氟尿苷胶囊）
疫苗	流行性感冒病毒裂解疫苗 甲型 H1N1 流感病毒裂解疫苗
原料药及中间体	盐酸克林霉素、氨基酸系列、氨甲环酸
医学诊断及医疗器械产品	医用手术器械、医用带线缝合针 BeCe 变色龙——氧化锆全瓷尖端技术 DeBel 德贝尔——生物激光烤瓷牙 一次性使用去白细胞滤器血袋

3. 研发投入

复星医药近五年的研发投入逐年递增且增速渐大，2015 年研发经费达 8.3 亿元，五年增长 165%；研发人员达 1922 人，占公司员工的 10.77%，具体数据如图 4.38 所示。数据显示，复星医药研发经费一直匀速上升，研发人员虽然也在增加，但 2011—2014 年增速较小，2015 年增幅较大至 14.75%。与之对应的研发人员占比梳理后发现，研发人员占比在 2011—2014 年呈下降趋势，直至 2015 年大幅提升恢复至 2012 年 10.77% 的水平。上述数据说明，复星医药近五年来不断扩张，虽研发经费和研发人员不断提升，但强度未得到较大提升，直至 2015 年才实现研发投入和研发强度的双管提升。

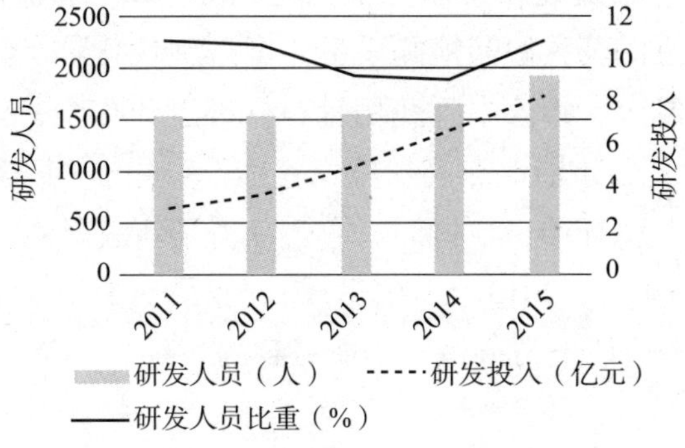

图 4.38　复星医药研发投入（单位：亿元）

4. 营业收入

复星医药集团近五年来匀速发展，稳扎稳打地实现公司规模的扩张。一方面，复星医药总资产增速较缓，2015 年实现 372.03 亿元，同期增长 5.28%；另一方面，复星医药主营业务增长较快，由 2011 年的 64.86 亿元增长至 2015 年的 126.09 亿元，五年增长 94%。

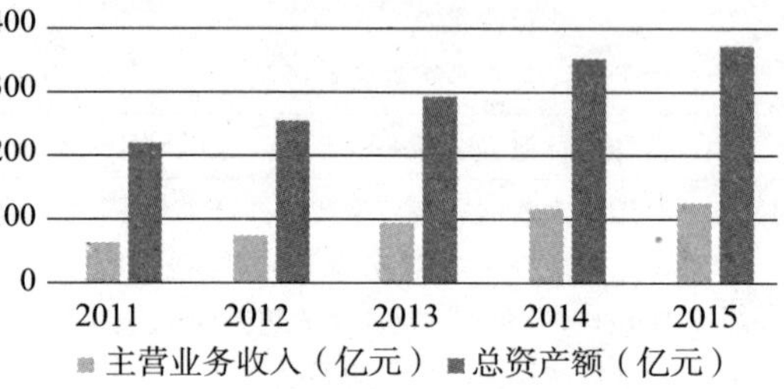

图 4.39　复星医药总资产及主营业务收入

（四）湖南尔康制药股份有限公司

1. 企业概况

湖南尔康制药股份有限公司成立于 2003 年，并于 2011 年在深交所挂牌上市，是国内品种齐全的药用辅料龙头企业，也是国内少数几家拥有新型青霉素类抗生素——磺苄西林钠原料药和成品药注册批件的企业之一。尔康制药现有 120 个辅料品种、43 个原料药品种和 148 个成品药批文，形成了以药用辅料为主，原料药、成品药等产品齐头并进的综合性发展新格局。

尔康制药视产品质量为生命，率先将药品 GMP 标准引入药用辅料生产，拥有国内先进的药品检验检测设备、多条现代化药品生产线及专业研发团队，已参与制定、修订中国药用辅料标准近 300 个，先后被国家科技部认定为“国家火炬计划重点高新技术企业”、中国“国家级药用辅料工程技术研究中心”依托单位。同时，它还获得了新浪财经“2013 年最具潜力创业板上市公司”“2013 年中国医药行业最具影响力榜单百强企业”“2014 年最具投资价值上市公司”等荣誉称号。

2. 产品简介

（1）药用辅料及新型药用辅料

尔康制药经过近 9 年的艰苦研发，完成了淀粉植物胶囊从生产、质控到应用的全套研究，获得了完整的技术工艺，并进行了崩解试验、相容性试验、稳定性试验等一系列应用研究，结果表明淀粉胶囊完全可以替代明胶胶囊使用。淀粉植物胶囊已通过多项国际权威认证，如素食协会认证、美国 FDA 注册和 DMF 备案等，受到全球多家权威机构的一致认可。

此外，柠檬酸及其盐系列产品、柠檬酸酯系列也是尔康制药的主要新型药用辅料。柠檬酸是我国重要的战略物资，医药方面主要用作抗凝血剂、解酸药、矫味剂等，其盐类产品，如柠檬酸钠、柠檬酸钾在医药领域同样可以作为抗凝血剂加入血液保存剂中。柠檬酸酯类增塑剂是目前最安全的增塑剂之一，因具有相容性好、增塑效率高、无毒、抗菌、不易挥发等特点而广受关注，非常适用于食品、医药物品包装、血浆袋及一次性注射输液管等。

（2）成品药

尔康制药拥有各类制剂品种 148 个，主要产品为注射用磺苄西林钠（全部 3 个规格）和复方甘草片。

（3）原料药

尔康制药拥有原料药品种 43 个，主要产品有甘油、稀盐酸、二羟丙茶碱、磺苄西林钠及炉甘石粉，包含湘易康 11 个原料药品种，即磺胺嘧啶、磺胺脒、甲氧苄啶、间苯二酚等。

3. 研发投入及专利产出

（1）研发投入

尔康制药的研发投入整体呈现温暾状态，无显著增长。一方面，研发经费虽整体增加但在 2013 年小幅下降，2014 年实现大幅提升至 6799.99 万元，且增长幅度高达 88.54%；另一方面，研发强度在 2010—2013 年大幅下降，由 5.06% 降至 3.57%，虽在 2014 年回升至 4.96%，但仍未恢复 2010 年的水平，原因可能在于营业收入增速过快。综上所述，尔康制药对研发投入的重视程度有待加强。

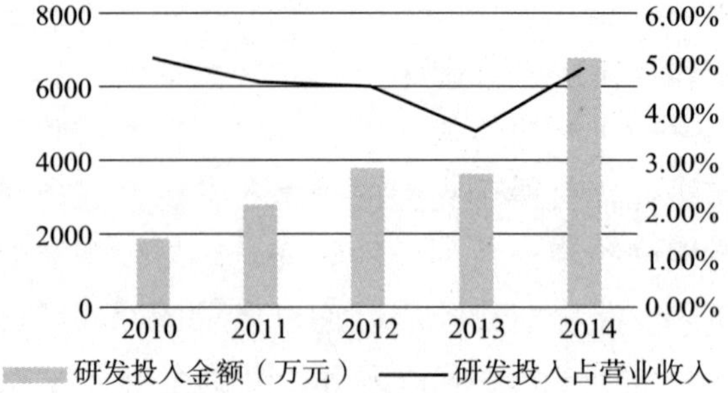

图 4. 40　尔康制药研发投入

（2）专利产出

截止到 2015 年 1 月 1 日，尔康制药共拥有 42 项专利，具体如图 4. 41 所示。此外，截止至 2014 年 12 月 31 日，尔康制药有 50 项发明专利正在申请过程中，其中 1 项发明专利已经得到授权，49 项发明专利已经得到国家药监局受理。

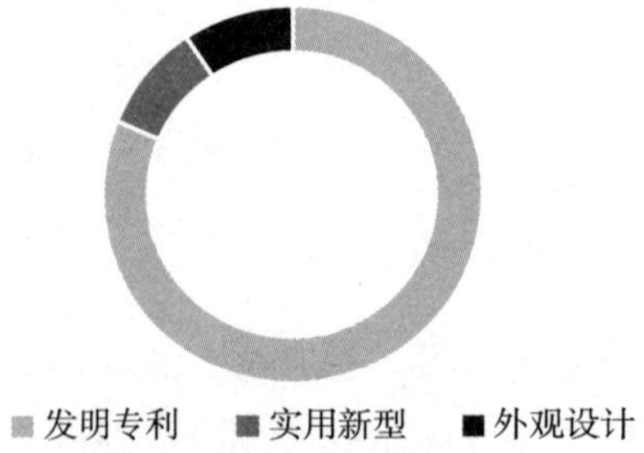

图 4. 41　尔康制药专利产出

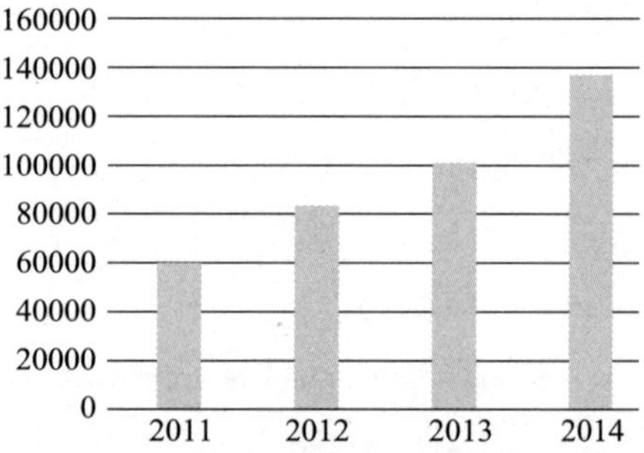

图 4. 42　尔康制药营业收入

4. 营业收入

纵观尔康制药近 4 年的发展历程，在我国经济发展进入“新常态”的背景下，尔康制药顶住了经济持续下行的压力，营业收入逐年递增。2013 年的“整顿提高”之后，2014 年尔康制药以创业者的姿态再次出发，通过一系列举措，推动了转型跨越和再次腾飞，实现营业收入 13. 70 亿元，较去年同期增长 35. 57%。

第五章

chapter 5

美国生物医药产业发展现状分析

一、整体发展现状分析

美国是世界范围内生物医药产业起步最早的国家。自 1971 年第一家生物制药公司在美国成立并开始试生产生物药品至今，经过几十年的发展，美国生物医药产业已确立全球性优势，研发生产的生物药品亦被广泛应用于癌症、糖尿病、慢性疾病等治疗。美国生物医药产业链成熟完整，专利保护得力，资本市场结构合理，已形成多个发展势头良好的产业集群和完整的产业体系，创造了优越的产业创新环境，具体如图 5. 1 所示。

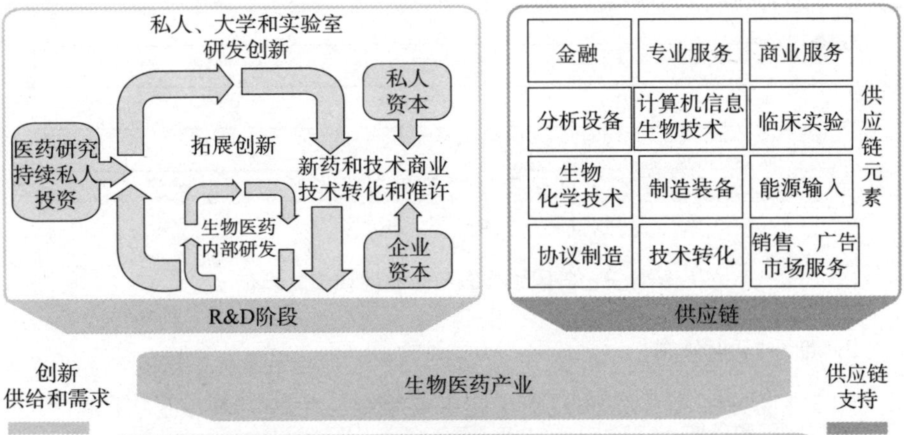

图 5. 1　美国生物医药产业体系

（一）企业分布概况

为清晰真实地分析美国生物医药企业分布情况，本课题选择截止到2016年4月13日在美国纳斯达克上市的以BIO为关键词的183家生物（技术、制药和设备等）公司，并对其进行位置标记，以此推断美国主要生物医药企业在美国本土的分布情况。

1. 地理位置分布

图5.2显示，美国生物医药企业集中分布于加利福尼亚州（CA）、马萨诸塞州（MA）、纽约州（NY）、马里兰州（MD）、宾夕法尼亚州（PA）和华盛顿州（WA）六个地区，累积占比74%。其中，加利福尼亚州（CA）和马萨诸塞州（MA）聚集了美国过半的生物医药企业，是美国生物医药企业的主要集中地。

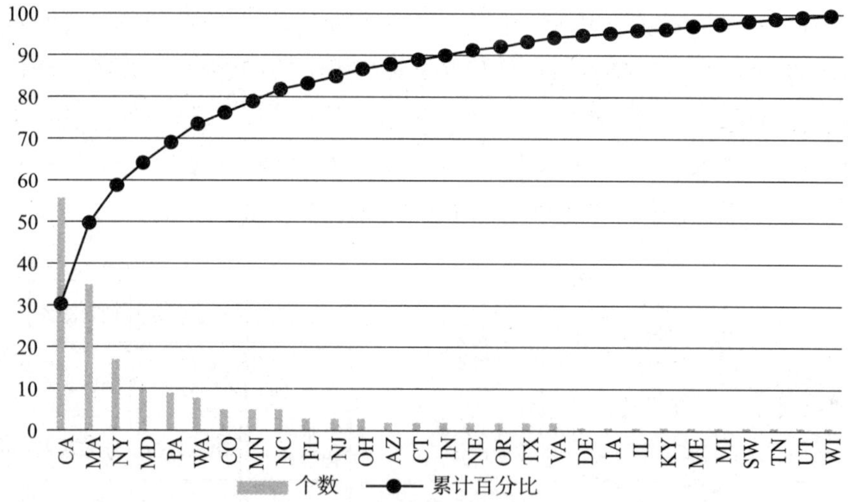

图5.2 美国生物医药企业地理位置分布

2. 细分行业分布

图5.3显示，美国生物医药企业主要集中在生物制剂、生物药品制造、生物电子医疗及设备、生物研究和生物实验五大行业，共集中了美国90%的生物医药企业。

3. 综合分布

从地理位置和细分行业两个维度进行综合定位，得出美国生物医药企

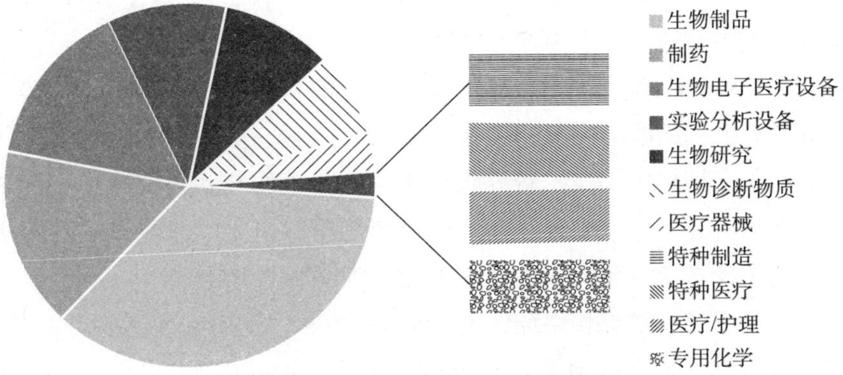

图 5.3　美国生物医药企业细分行业分布

业的综合分布情况。图 5.4 显示，加州和麻省作为美国生物医药产业的主要集中地，内含各类生物医药企业，其中加州分布了全美近一半的生物制剂公司和生物电子医疗公司。

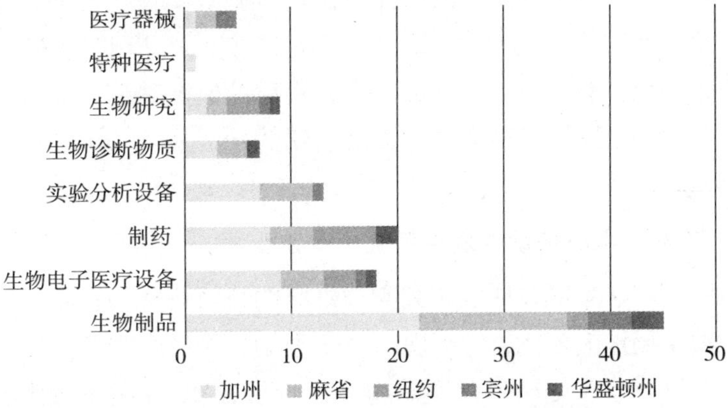

图 5.4　美国生物医药企业综合分布

（二）集群发展模式

生物医药产业作为美国新型的技术密集型产业，对美国的经济发展产生重大影响，高度集聚的产业集群是美国生物医药产业发展的重要特征，许多州和地区把发展生物医药产业集群作为重要的发展战略。目前，美国已形成旧金山、波士顿、华盛顿、北卡研究三角园、圣迭戈五大生物技术产业集聚区。其中位于旧金山的硅谷生物医药产业从业人员占全国从业人员总数的一半以上，销售收入占美国生物医药产业的57%，R&D投入占59%，其销售额每年以近40%的速度增长，发展态势良好。

此外，依托世界领先的教育环境、完善的科技转化政策机制，美国成功建立了一批创新能力强大的生物医药科技园区，如斯坦福生物技术研究园、北卡罗来纳州生物技术研究园、弗吉尼亚生物技术研究园、马萨诸塞州生物技术研究园等，并正在逐步取代传统的以电子、微电子、计算机为代表的高新技术产业园而成为支撑美国经济发展的重要载体。

依据集群形成基础和路径，笔者将美国生物医药集群分为以下三类：

1. 以生产为中心带动的传统发展模式——纽约

纽约生物医药产业集群的形成建立在其核心优势上。纽约是美国乃至全球的制药中心，全美最大的10家制药公司中有7家总部位于纽约，如Merck & Co. Inc、Bristol - Myers - Sauibb Co.、Schering Plough Corp等公司不仅拥有大量的生物技术专利，并在过去的30年中，尤其是近10年来大规模增加研发投入，使其成为纽约生物医药创新的主体。另外，纽约的众多研究机构，如哥伦比亚大学、耶鲁大学等高校也从20世纪80年代开始增强了生物技术专利的开发。总而言之，良好的制药基础、丰富的人才资源、雄厚的金融资本以及研究实力造就了纽约地区成为一个重要的生物医药产业集群。

2. 以研发为中心带动的发展模式——波士顿

生物医药产业集群往往以研究实力雄厚的科研机构为核心，以其中的典型代表波士顿地区为例，曾涌现出众多推动生物技术产业发展的重大技术突破，并培养了5位诺贝尔奖获得者。哈佛、MIT、波士顿大学、Mass综合医院、新英格兰医学中心等世界顶尖的高校和研究机构都集中于波士顿环剑桥地区，这使波士顿地区成为美国获取NIH资助和建立R&D联盟最多的地方。与纽约不同，波士顿地区的生物医药创新主体主要是研究机构或医院，绝大部分的生物技术专利都集中掌握在他们手中，集群内的生物医药企业多与当地高校有深厚渊源，其中包括Biogen这样的支柱企业。

3. 以风投和创业群体为中心带动的发展模式——旧金山

旧金山能够成为和波士顿齐名的美国生物医药产业集群领导者，其关键倚靠基础是集聚于该地区的活跃的风险投资公司和具有冒险精神的创业者群体。无论从风险投资总额、活跃的风险投资公司数还是 IPO 数，旧金山均远远领先其他地区。具体来说，旧金山地区的风险投资总额占比近三分之一，IPO 数相当于其他八大地区之和。基于此，旧金山成为美国生物医药产业发展最为活跃的地区，新兴生物医药企业从 1980 年前占美国的 9.4% 上升到 1991—2001 年间的 17.1% 。这些数目众多的新创企业极大地推动了旧金山地区生物医药产业集群的发展。

（三）产业发展特点

1. 研发基础完备

不同于化工等产业由大公司主导 R&D，生物医药产业以学术研究机构为起点，是一个建立在学术研究基础上的产业。高水平研发机构的集聚是美国生物医药产业的发展基础。例如，马萨诸塞生物技术研究园拥有以 8 所大学及研究中心为核心形成的网络，对生物技术研究开发具有强大的支撑作用；为简化生物技术转让流程，加州大学圣迭戈分校成立专门的技术转化和知识成果管理机构，以实现科技成果产业化推广并鼓励技术快速转化，从而产生实际效益，增加当地的就业机会。

2. 风险投资充裕

生物医药产业研发投入大、风险高、周期长，风险投资的进入不仅可以为其提供充足的资金支持，而且分散了企业的研发风险，因此风险投资对生物医药产业尤为重要。旧金山生物医药产业最明显的优势就是云集在斯坦福大学的风险投资公司；北卡研究三角园最初的建设投资主要来自州政府及地方政府，且为帮助一些新小型创科研机构开展业务，政府下属的小企业管理局向在园内开业的小企业提供贷款担保及其他金融服务；马萨诸塞州生物技术研究园则采取财政激励、贷款保障、低还款利息、多渠道的风险投资来源为新公司的成长提供支持。但政府一般不对园区项目进行直接投资，而主要通过设立一定规模的种子基金来鼓励风险投资基金组织的成立与资金运作。

3. 创业氛围活跃

与成熟的医药企业相比，新创生物医药企业在创造性、敏捷性和成长性方面具有突出的优势。生物医药商业化产品的最新发现主要依赖于创造力、集中力和知识更新速度，相比之下，规模对创新所起的作用有限，其是创造力起作用的结果而非原因。因此，新创企业数量是衡量生物医药产业创新活力的重要标准。正因为新创生物医药企业在推动生物医药创新方面的突出能量，一些生物医药产业巨头纷纷与新创企业建立联盟，以获取不断推动企业进步、集群发展的动力和新鲜血液。目前，美国著名的生物医药集群，如旧金山、波士顿和圣迭戈，都在生物医药新创企业方面显示出高度集聚的态势。

4. 核心企业带动作用突出

领军企业在一群新创企业转变成为一个真正的地区性生物医药产业集群的过程中起着决定性作用。通常一个生物医药领军企业的规模在研究阶段是追随者的 5 ~ 10 倍，在商业化阶段可以是追随者的 30 ~ 100 倍。正是这种规模效应为一个生物医药产业集群吸纳和配备了一些关键性的资源，如产业化必需的工艺和管理人才以及配套产业。当前美国主要的生物医药产业集群中均至少有一个商业化相当成功的领军企业，如硅谷的 Genetch 和 Chiron、波士顿地区的 Biogen、圣迭戈的 IDEC、华盛顿和巴尔的摩基因产业集群的 Celera 等。

5. 产学研体系完善

美国生物医药产业比较常见的组织构架是由政府、基金会或银行以及私营企业共同参与投资建设，组成不包括政府的董事会或者理事会，通过招募专业的管理团队对园区物业行使管理权，对于场地的租赁和孵化服务进行企业化的运作。政府通过宏观规划调节及财政投入部分资金参与集群建设，对于园区物业的使用性质给予规定，确保政府在经济和科技发展导向方面的管理和调节作用，但并不具体参与园区的管理和运作，如北卡研究三角园。这种官商学共同管理的模式使政府有计划地与大学和企业相结合，共同确定研究园的发展方向，对提高当地科技经济水平起到关键的作用。这种合作模式一方面利用政府力量弥补了企业发展中后劲不足的缺陷，为企业的发展提供了良性的科研智力环境；另一方面，共同管理也避免了政府行政权力的过多干预，激发了大学和企业界的活力。

6. 知识产权转化效率高

美国大学及研究机构的研究项目往往以市场需要为主导，由企业、风险投资商参与项目研发过程，其中企业、投资商、大学之间的紧密关系使得项目成果市场价值高，且易转化。美国大学普遍设有技术转移转化办公室和大学科技园以积极推动研究成果的转让。此外，美国从国家科技经济的战略高度建立国家技术转让中心，各技术转移转化机构充分掌握市场和企业的需求，对所需的转让专利和技术成果的价值进行科学评估，在此基础上寻求合适的企业进行技术转移转化。技术转移转化专业咨询委员会负责组织高水平的专家、律师和企业家共同参与转化过程，因此大学科研成果转移转化能力强，技术转化时间短，技术转移转化机构也能获得高额利润。例如，在波士顿地区，很多中小企业充分利用了哈佛大学和麻省理工学院等的科研成果，形成了生物制药高科技产业集聚区。

（四）研发及审批

1. 研发审批流程

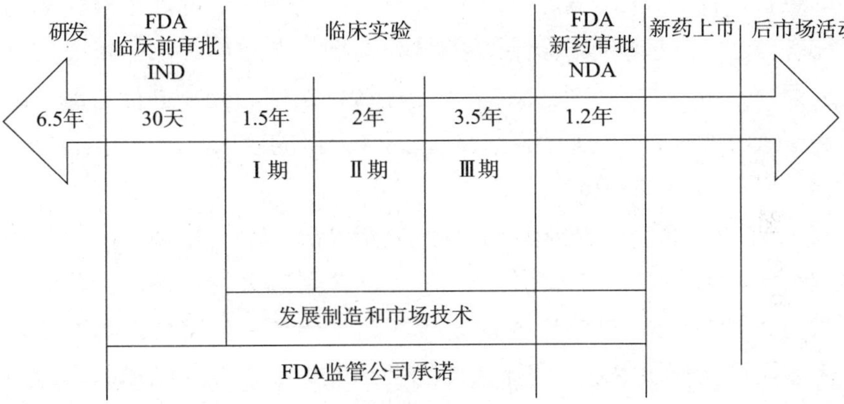

图 5.5　美国生物医药产业研发审批流程

在美国，任何新的处方药在被批准用于患者前均要经过 FDA 的一项广泛审查和批准程序，处方药必须凭借经过许可的卫生保健专业人员授权书才能获取，此外，一些非处方药也由 FDA 的监管。一款药物从最初测试到被 FDA 批准大约需要 8 ~ 10 年的时间，一些潜在特殊新药如果能治疗当前亟待解决的疾病，可进入“加速”或“快速”通道审评，即可以略过某些类似 3 期临床试验的测试，从而快速获得批准。如果一款药物在第一次尝试 NDA 时未获得批准，其申请者可以在处理完批准失败的原因后重新提交

NDA。具体研发审批流程如下：

（1）早期测试

潜在新药被发现后要经历试验室研究到药理学测试（药物对活细胞的相互作用）和毒理学测试（药物对细胞的毒性）。早期测试多采用动物试验的方式来检测药物的安全性（药物可能存在哪些副作用）及有效性的信息（药物在治疗目标适应证时的效果）。

（2）试验用新药（IND）申请

申请者可在药物通过早期测试后向 FDA 提交 IND 申请，IND 申请总结试验室及动物试验信息，并为获得人类患者临床数据而提供一项方案。

（3）临床试验

Ⅰ期临床试验受试者通常不超过 100 人，重点考察药物的安全性，受试者一般为健康志愿者；Ⅱ期临床试验受试者有数百人，重点考察药物最佳用药剂量及治疗特定疾病或病症的能力，受试者一般为患有该种疾病或病症的患者；Ⅲ期临床试验受试者有数百人到数千人，重点考察药物的安全性和有效性。这些临床试验通常将试验药物与安慰剂（如一种没有活性的惰性糖片）或一种已经被批准用于治疗该种疾病的药物进行对比，以期检查更深入的问题，如试验药物对某些患者人群的效果。

（4）新药申请（NDA）

临床试验结束之后，药物申请者可提交一份 NDA，申请批准这款药物在美国销售。FDA 对非常重要的 NDAs 在 6 个月内进行审评，新药的标准审评时间是 10 个月。如果 FDA 决定批准这款药物，要编写该药物的正式标签来描述这款药物用来治疗什么样的疾病或病症，以及已知的副作用和有关该产品的警告。

（5）新药上市后的监测

药物被批准后，药品的标签可能进行变更，内容包括药物副作用的新信息。药物申请者需要提交安全性变更，医生或患者也可以向 FDA 报告有关药物的严重不良事件。引起更严重、超出预期副作用的药物在必要的情况下要从市场撤出。

2. 新药审批数量

生物医药市场的繁荣和持续发展需要强有力的研发支撑，纵观全球研发强度前 10 位的公司，研发投入占比均在 10% 以上，促使源源不断的新药问世。2015 年，FDA 共批准 45 个新药，包括 33 个新分子实体（NME）和 12 个生物制品许可申请（BLA），高于 2014 年的 41 个和 2013 年的 27 个，创下近十年来新药批准数量的新高。其中，肿瘤治疗领域有 14 个药物获得批准，成为获批药物最多的治疗领域。庞大的新药获批数量对制药企业来说是机遇，包括那些发明和研制多种药物的小型生物技术公司。

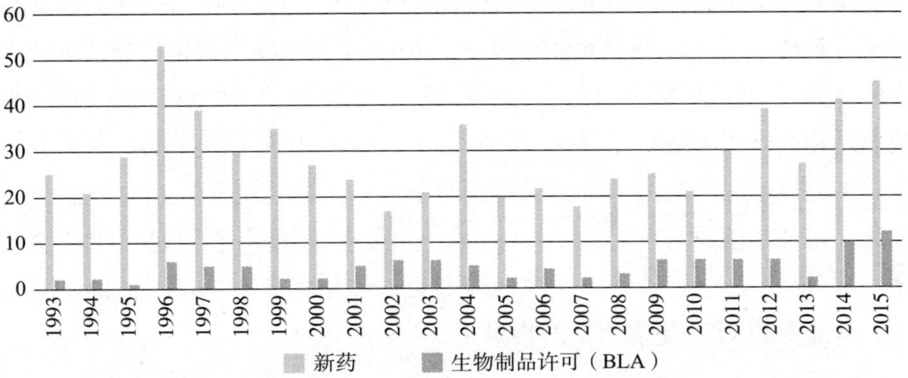

图 5.6　1993—2015 年美国 FDA 新药审批情况

数据来源：http：//www. sinohealth. com/2014/0207/1222. shtml

FDA 数据显示，2015 年 FDA 的新分子实体（NME）首轮获批率保持历史性高位。新药申请（NDA）和生物制品许可申请（BLA）的整体首次行动获批率为 95%，优先审评 NDA/BLA 申请的首次行动获批率为 93%，标准 NDA/BLA 的首次行动获批率为 100%。在完成处方药生产商付费法案（PDUFA）规定的目标方面，2015 年 FDA 继续完成或超越该法案规定的几乎所有申请的审评目标。

新药的突破点源自寻找高度未满足需求的领域。2015 年 FDA 批准的抗肿瘤、心血管、抗感染三大类新药分别有 14 个、6 个和 2 个。抗肿瘤药，尤其是抗肿瘤的罕见病用药被业界追逐，预计到 2020 年，肿瘤药物将增长到 1531 亿美元，复合增长率达到 11.6%；心血管系统重磅新药将强势回归，2015 年批准的 6 个心血管系统药物分别为诺华 Entresto、安进 Repatha 等，预计 2020 年 Entresto 的销售额将达到 47.59 亿美元，增速较快，预示在后他汀时代沉寂的心血管新药研发已经复苏。大公司正逐渐回归抗菌药研发，2015 年共有 2 个抗感染药物获批，分别是安斯泰来的 Cresemba 和阿特维斯子公司 Cerexa 的 Avycaz，鉴于抗菌药研发的重要性与紧迫性，美国现行抗生素激励（GAIN）条款作为FDA安全与创新法案的一部分被写入法律，那些获得合格传染病产品（QIDP）认证并用于治疗严重或危及生命感染的药物，在专利期外还享有额外5年的市场独占权。美国传染病协会（IDSA）已和数十家机构合作，目标是在2020年能开发出10个新的抗生素药物。

此外，获批的突破性药物数量激增。2015年通过突破性疗法通道审评的药物有8个，占年度获批新药总量的18.2%。突破性疗法通道是2012年9月FDA首创的一种新药审评方式，2013年首次使用该审评方式加快药物的审批。与快速通道一样，突破性疗法通道也是为了加速严重或致死性疾病药物的研发与审批，而二者的不同点在于取得认定所需要提供的证据。突破性疗法通道的认定需满足两个条件：药物适应证是严重或致死性疾病，以及有证据显示目标药物在某一重要临床效果上明显优于现有药物。突破性疗法通道的认定比快速通道更加严格，享有快速通道的所有优势，并能得到FDA更加密切的指导。

（五）发展水平

世界多国均选择生物医药产业作为新的经济增长点进行培育，加速抢占“生物经济”制高点。目前，美国在生物医药及其产业化方面处于世界领先地位，生物医药产业已成为美国高技术产业发展的核心动力之一。美国拥有世界上约一半的生物医药公司和一半的生物医药专利。2014年，美国生物医药产业R&D支出512亿美元，产品销售额达7866亿美元，占全球生物医药产品市场的50%以上。

1. 市场规模

2010年来，美国生物医药产业稳定增长，增长率保持在8%左右，市场规模由2010年的582.2亿美元增长到2014年的786.6亿美元。

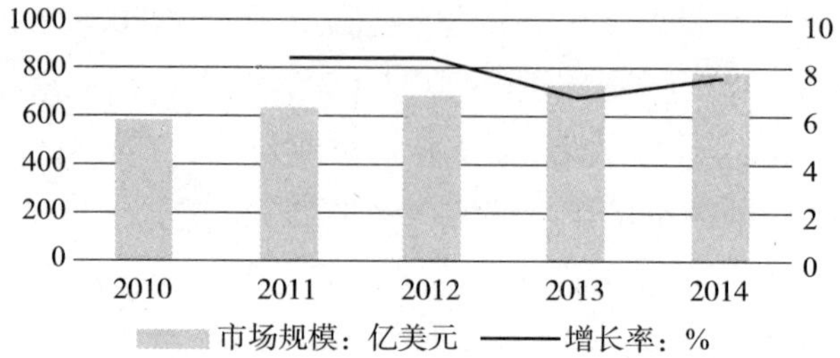

图5.7 美国生物医药产业市场规模

2. 并购及 IPO

(1) 并购 (M&A)

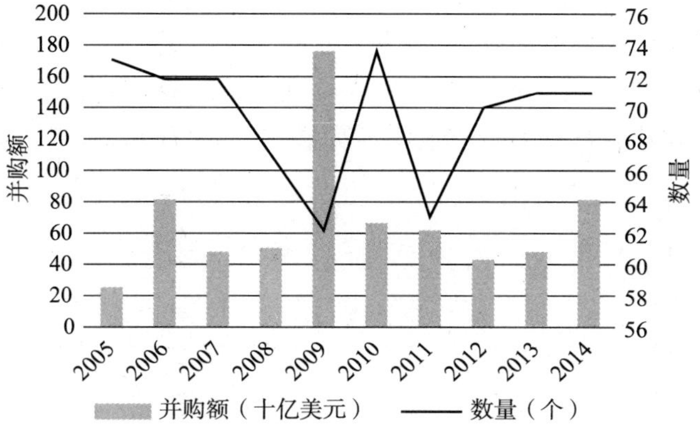

图 5.8 美国 2005—2014 年生物医药并购额及数量

数据来源: http://www.biospace.com/News/frenzy-the-life-science-ma-in-2015-compared-to/396335

截至 2015 年 9 月 4 日,美国共有 302 起生物技术与医药行业并购,总金额达 2350 亿美元,而在 2014 年,并购金额仅为 818 亿美元。回溯到 2005、2006 年,据 HBM 医药/生物技术报告,并购金额更少,分别为 255 亿美元和 814 亿美元。2009 年,美国生物医药产业并购出现爆发性增长,交易额达到 1767 亿美元;2010 年以来,并购趋势相对稳定。

进一步,生物医药企业并购主要有五个关键驱动因素,分别为收购创新、专利悬崖、聚焦关键领域、财务避税、赚钱牟利。其一,大型生物医药企业并购的关键原因在于想获取小公司的技术或前景药物,依靠外部创新实现"轻研究,重开发"(small R,big D)模式;其二,并购可在一定程度上解决专利药到期导致的仿制药占领市场问题,形成专利悬崖;其三,并购能够帮助企业实现撇除非核心业务并增强核心单元,且重组后公司可将总部搬迁至海外享受低税率待遇。当然,并购最直接且根本的目的是提高经济效益,实现收入增长从而提升股价。

(2) IPO(首次公开募股)

2013 年是美国生物医药企业 IPO 最为繁荣的一年,已有 39 家美国本土生物医药企业上市。此外,5 家欧洲公司和一家加拿大生物公司也于

2013 年成功 IPO。在这 45 次 IPO 中，42 家在美国证券交易所上市，其数目是 2012 年的两倍之多。往年的生物医药企业首次公开募股往往难以达到其事先预期的募集数额，而 2013 年大大改善，多数公司的募集总额达到甚至多于其预期的募集资金。

2012 年以来，已有 8 家处在临床 I 期前的生物技术公司成功 IPO，这表明投资者开始愿意承担投资临床前和临床一期公司所带来的附加风险。

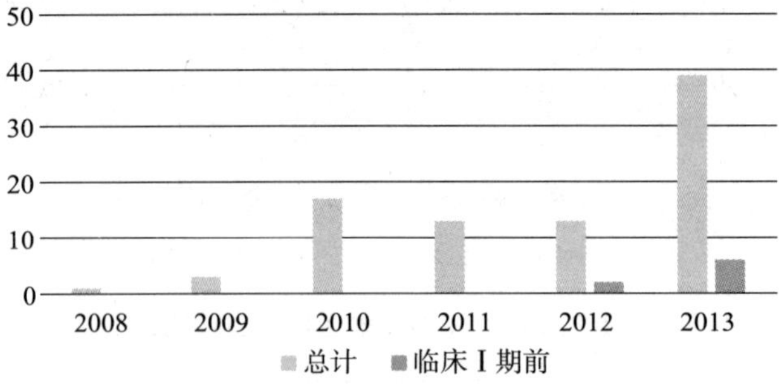

图 5.9　美国生物医药 IPO 情况

数据来源：http：//www. hbmpartners. com/wAssets/docs/industry - reports/HBM - Pharma - Biotech - MA - Report - 2014. pdf，http：//www. bioon. com/industry/information/591387. shtml

3. 就业带动

美国生物医药产业极大地促进了美国的就业情况。1996 年以来，美国生物医药产业至少新增了 30 万直接就业岗位和近一倍的总就业岗位。

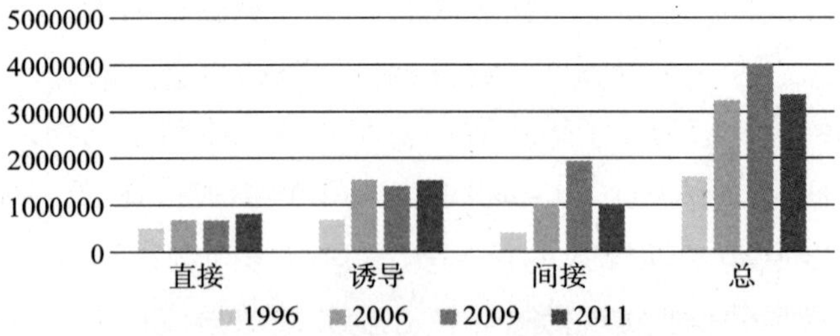

图 5.10　美国生物医药产业就业人数

4. 经济影响

1996—2011 年，美国生物医药产业经济影响持续增长，总经济影响由 1996 年的 1488 亿美元增长到 2011 年的 3836 亿美元，间接和诱导影响也由 1996 年的 839 亿美元增长到 2011 年的 2241 亿美元。

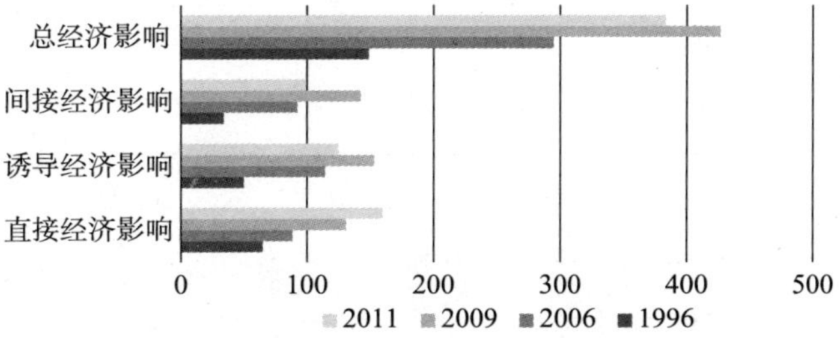

图 5.11　美国生物医药产业经济影响（单位：十亿美元）

5. 税收贡献

2006 年以来，美国生物医药产业发挥着持续稳定的税收贡献，在供应链各环节对美国联邦、州和地方提供超过 400 亿美元的税收收入。此外，税收能够在一定程度上反映职工的工资和福利状况。

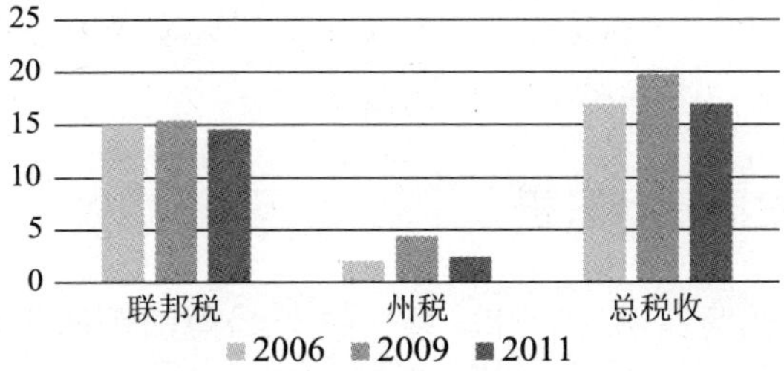

图 5.12　美国生物医药产业税收贡献（单位：十亿美元）

（六）知识产权

图 5.13 显示，美国生物医药产业知识产权领先全球，占全球的三分之一以上。

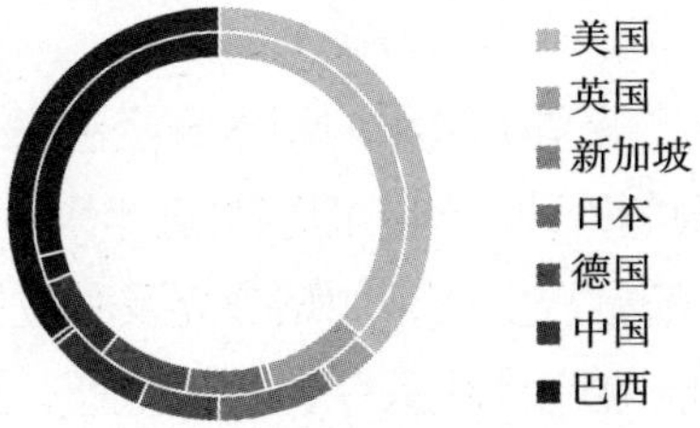

图 5.13　美国生物医药产业知识产权

数据来源：http：//www. phrma. org/sites/default/files/pdf/2014 – economic – futures – report. pdf，美国生物医药产业：未来增长前景和驱动因素（2014）

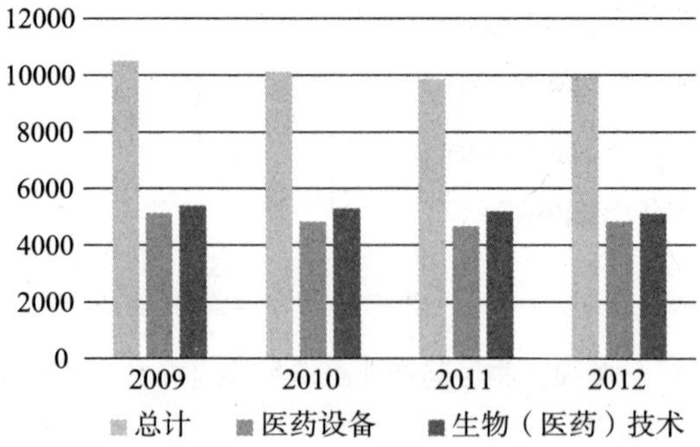

图 5.14　美国生物医药产业专利

数据来源：2014 - global - life - sciences - report - JLL. pdf

美国生物医药产业发展的驱动力不仅来源于生物技术的创新，还依赖于配套资源的创新。图 5.14 显示，2009 年以来，美国生物医药产业专利保持稳定趋势，其中生物医药技术方面的专利基本保持在 4800 件，占比近 50%；医药设备专利数量略高于生物技术。

二、集群发展现状分析

美国生物医药产业领先全球，其生物医药年销售额占全球药品市场销售额 50% 左右。在空间布局上，高度集聚的产业集群是美国生物医药产业发展的重要特征，许多州和地区把发展生物技术产业集群作为重要的发展战略。目前已形成了加州、波士顿和北卡研究三角园等生物医药产业集聚区。

（一）加州生物医药集群

1. 基本概况

美国加州生物医药产业是美国和加州本身经济发展的重要支柱之一，虽然受到 2007 年以来金融危机的影响，但随着近年来生物技术、纳米技术和互联网技术与医疗技术不断融合发展，加州公立及私立医疗研究机构对生物医疗的投入不断加大，加州在个性化医疗、再生医疗、远程医疗和纳米技术的运用方面都有新的突破和发展。从人工心脏支架到基因工程，以及干细胞研究等数千个发明在加州诞生，许多跨学科的生命科学研究项目，如人类基因图谱、纳米技术应用、生物信息学等也在加州研究机构进行。

加州生物医药产业基础雄厚，已形成旧金山湾、洛杉矶和圣迭戈三大生物医药集群。其中，众多加州知名大学的研究所、私立研究机构在医药技术经济与管理研究、技术转让和促成新型企业的形成方面起到了重要作用。加州有两大生物医药协会，致力于为生物医药和生命科学企业提供服务，并起到政府与企业的沟通桥梁作用，截止到 2016 年北加州生物制药协会拥有近 1000 余家会员企业，南加州生物医药协会有 750 家会员企业。此外，加州拥有世界前 100 名的 11 所大学，比位列第二的纽约州多出 6 所；在生命科学领域获得博士学位的人数为 1228 人，而纽约州同类人数不足 900。

2013 年，加州共有 2636 家生命科学公司，不仅创造了 27 万以上的就业岗位，并且实现了 1010 亿美元的收入（包括出口 222 亿美元），同时缴纳 72 亿美元的联邦税和 37 亿美元的州税和地方税。此外，加州生物医药产业共获得风险投资 38 亿美元和来自国家健康学会的 32. 1 亿美元拨款。

2. 发展基础

（1）产学研合作

生物医药产业建立在学术研究的基础上，需要专门的科技人才和科技设施，产学研合作创新在加州生物医药产业的发展中发挥了重要作用。加州有 100 多所高校和研究机构，知名研究机构有斯坦福大学、加州大学、伯克利大学以及旧金山加利福尼亚大学的分校区，其与加州内 1000 多个研究公司进行多方位的产学研合作，利用知识创造的新公司数量每年都保持在 40 多家。大学对生物医药产业的技术突破和产业发展至关重要，为生物医药企业提供技术、研究工具以及专利等智力成果。

高校或科研机构充裕的研发资金大力推动加州生物医药产业的研发过程，直接促进研发成果的转化，促进了生物技术的“知识外溢”，其中旧金山大学、斯坦福大学和加州贝克利分校是加州高校研发的主要知识外溢主体。美国国家卫生研究院（NIH）对加州高校和研究机构的资助是加州生物医疗业的基础。2012—2014 年，NIH 对加州十所高校的研究资助总额分别为 25 亿美元、23. 66 亿美元和 24. 48 亿美元，在全美大学中科研资助最多，具体如图 5. 15 所示。

（2）风险投资

生物医药产业研发具有高风险、高成本的特征，需要专业设备、高效的管理和熟练的员工，但高投入的研发能否产出有效产品却存在较大未知

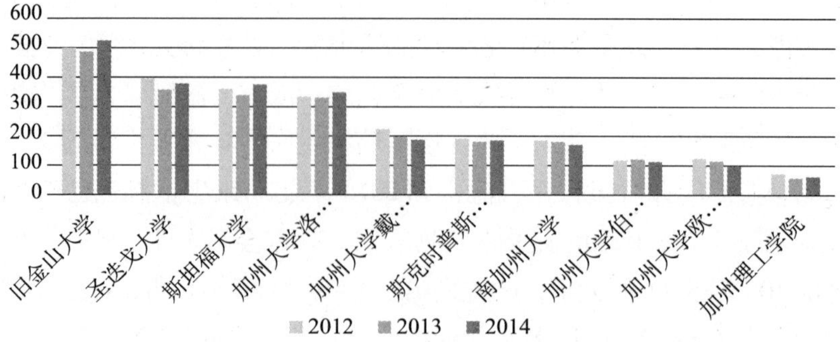

图 5.15　NIH 对加州高校和研究机构的科研资助（单位：百万美元）

数据来源：California Biomedical Industry Report（2013、2014、2015）

数。由于大多数研究都以失败告终，一项新药的平均研发成本通常达到上千万乃至数十亿美元，经济衰退更增加了生物医药产业寻找投资的难度。尽管上市能够募集资金，但对大多数生物医药企业而言，上市作为退出机制的可能性很小。

2011 年，美国风投协会（NVCA）的一项调查显示，39% 的生物医药领域风险投资公司减少了其在该行业的投资，且该趋势仍在持续，这一趋势在加州更为明显，其他大型药厂或医药企业在收购新公司或新产品时也更为谨慎。尽管如此，与其他州相比，加州生物医药产业获得的风险投资仍居第一，如图 5.16 所示。

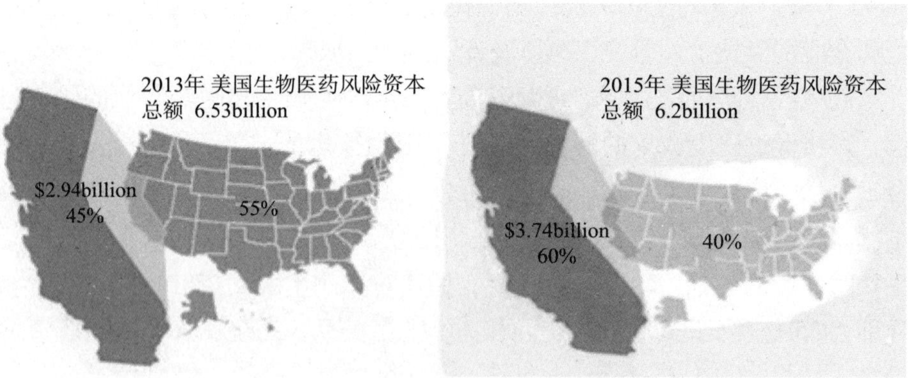

图 5.16　加州生物医药产业风险投资占比

2005 年以后，加州生物医药产业风险投资在 2007 年时达到顶峰

(44.1 亿美元)，2012 年达到谷底（26.79 亿美元），目前在缓慢回升。其中，生物技术风险资本一直高于医疗设备，且两者之间的差距在 2010 年之前逐年缩小，之后又呈逐渐拉大的趋势，具体如图 5.17 所示。

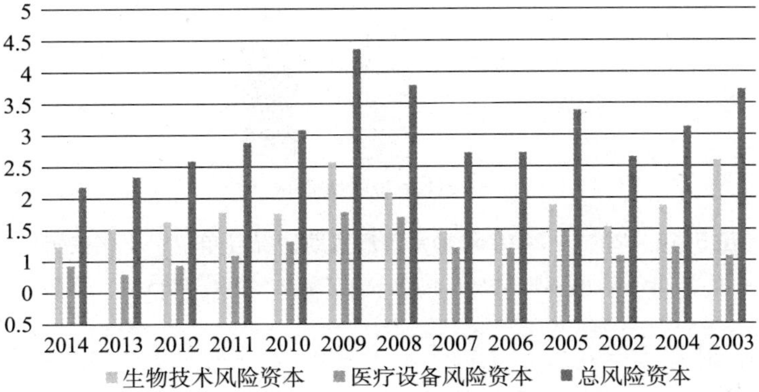

图 5.17　2002—2014 年加州生物医药产业风险投资情况（单位：十亿美元）

数据来源：http：//www.mofcom.gov.cn/article/i/dxfw/nbgz/201311/20131100374140.shtml，California Biomedical Industry Report（2012、2013、2014、2015）

进一步分析，在不同领域的不同阶段，风险投资的侧重也有所变化。2010 年底，风投公司从之前热衷于投资起步阶段的生物医药企业转变为更倾向投资成熟的生物医药企业，这点在医疗设备上的表现尤为明显。从全美范围看，起步阶段获得投资的医疗设备公司从 2010 年的 56 家骤降至 2011 年前三季度的 19 家，降幅达 66%；就加州而言，2010 年起步阶段获得投资的医用设备公司有 17 家，而 2011 年前三季度仅为 4 家，降幅为 76%。

（3）政府支持

政府支持对美国生物医药产业发展起到关键性的支撑作用，政府资金投入一般占其 GDP 的 1.5% ~3%。美国政府担负了美国生物医药研究总成本的 36%，通过美国国立卫生研究院拨付，主要提供给从事生物医药研究的大学教员、博士后及毕业生。这些受资助对象往往会创立公司，为社会提供就业机会，同时这些成功楷模又会激励更多的科学家投入创业大潮。就加州而言，其生物医疗科研人员大多依赖国立卫生研究院提供的资金开展研究工作。

2004 年，加州获得联邦政府拨款 36 亿美元，为历年最高，2011—2014 年政府资助如图 5.18 所示。2014 年，加州获得 32.9 亿美元的政府资金，全美占比超过 15%，比排名第二的马萨诸塞州（24 亿美元）高 36%，其中 32 亿拨付给 6366 位项目申请人，剩余资金大部分用于大学教师的相关培训项目。

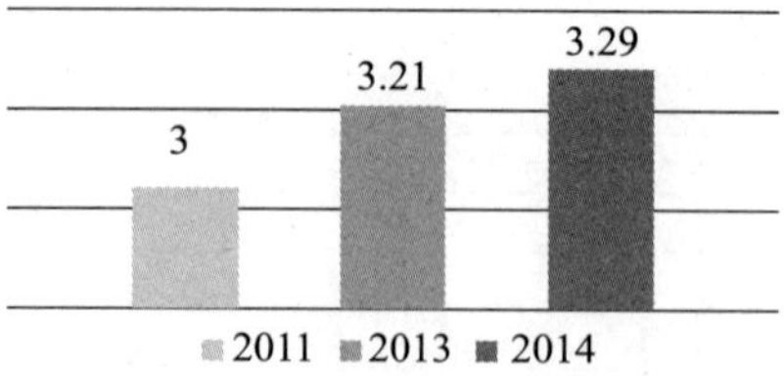

图 5.18　2011—2014 年加州政府资助情况（单位：十亿美元）

数据来源：California Biomedical Industry Report（2012、2014、2015）

此外，联邦政府对加州生物医药产业的支持还源于美国联邦小企业管理局，并通过两个项目向加州高科技小企业提供资助。一是小企业创新研究资助（SBIR），该项目强制 11 个有大量研究外包预算的联邦部委花费不低于 2.5% 的预算支持小企业，加州 2010 年获得 SBIR 资助 1 亿美元，为全美最高；二是小企业技术转让资助，联邦部委中外部研究预算超过 10 亿美元的部门，须留足 0.3% 用于资助美国小型高科技企业。这些资助用于支持小企业与非营利性机构的合作研究项目。

（4）专注领域

加州生物医药产业专注于癌症治疗，并且在神经药物和免疫药物等方面也具有持续的研发能力。2012 年，加州市场有超过 1400 种生物医药产品处在开发阶段，其中 278 种针对癌症治疗，且 2012 年 FDA 批准加州的新分子实体（NME）中有四分之一是新型药；截至 2013 年 10 月中旬，加利福尼亚公司在开发阶段有治疗癌症、心脏病、神经和传染病等共计 1158 种药物；2015 年，加州公司引领 1235 种新药物开发，其中包括 366 种癌症治疗药物、151 种治疗传染病的药物和 109 种针对中枢神经系统的药物。具体如图 5.19 所示。

3. 创新绩效

加州生物医药产业发展较好，以旧金山为例，硅谷生物技术产业从业人员占美国生物技术产业从业人员的一半以上，销售收入占美国生物产业的 57%，R&D 投入占 59%，其销售额每年以近 40% 的速度增长。

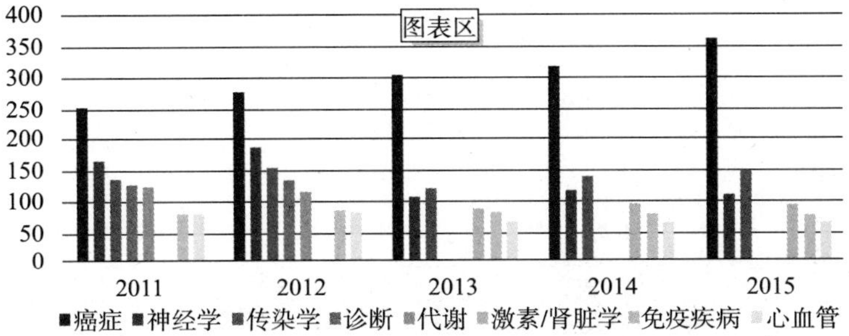

图 5.19　加州生物医药产业研究领域及产品数量

数据来源：California Biomedical Industry Report（2012、2013、2014、2015）

（1）就业

加州拥有生物医药产业研究和发展的最佳环境，生物医药产业也为加州带来更多的就业机会，高就业率和高收入也刺激了长久低迷的房地产、建筑和金融服务市场的复苏。图 5.20 为加州生物医药产业就业分布图，图 5.21 所示的集聚区汇聚了加州生物医药产业 71% 的从业人员，相比于 2009 年，2013 年加州生物医药产业新增就业岗位 5015 个。

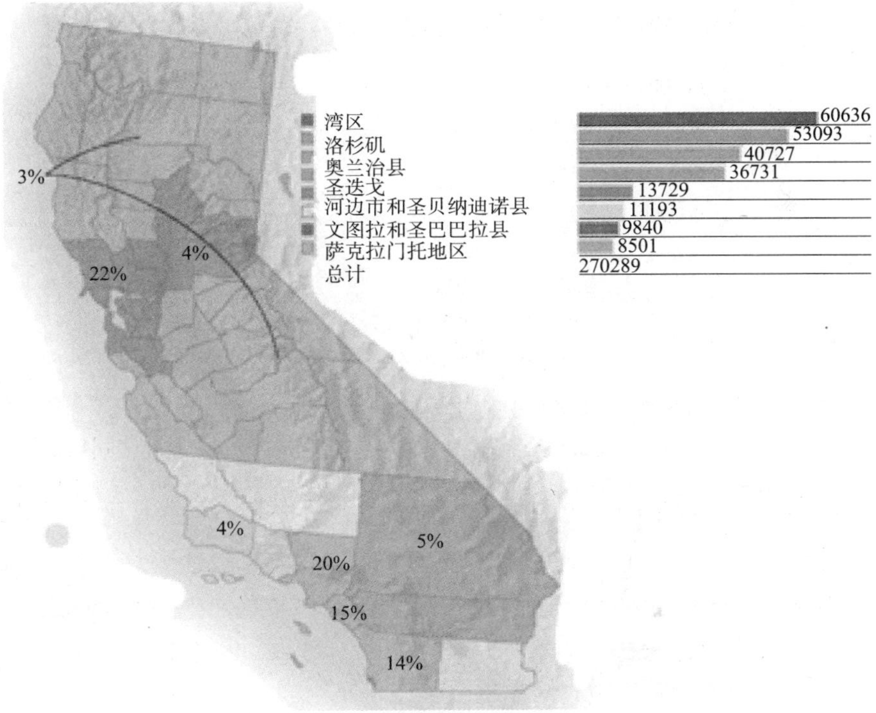

图 5.20　2013 年加州生物医药产业就业分布

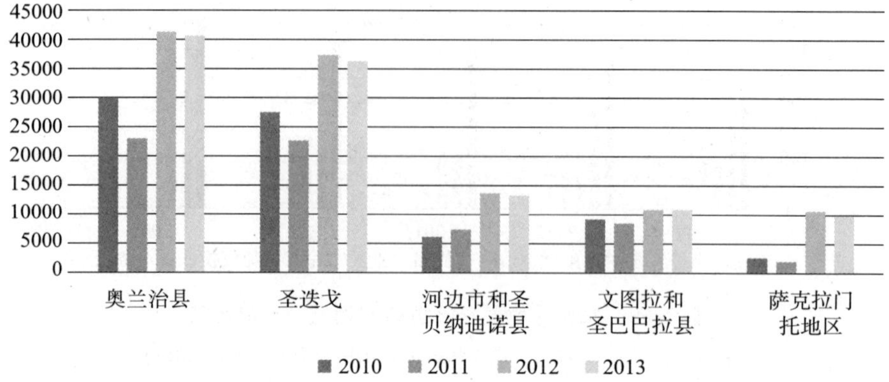

图 5.21　加州生物医药产业集聚区从业人员数（单位：个）

数据来源：California Biomedical Industry Report（2011、2012、2013）

生物医药产业主要从直接就业和非直接就业两方面带动加州就业。2010 年以来，加州生物医药产业每年提供超过 26000 个直接就业岗位，并且在相关产业创造 50000 个间接就业岗位，影响比例达 1∶2。2014 年，加州生物医药产业从业人员总计 862000 人，其中直接从业人员 281000 人，间接从业人员 581000 人，具体数据如图 5.22 所示。

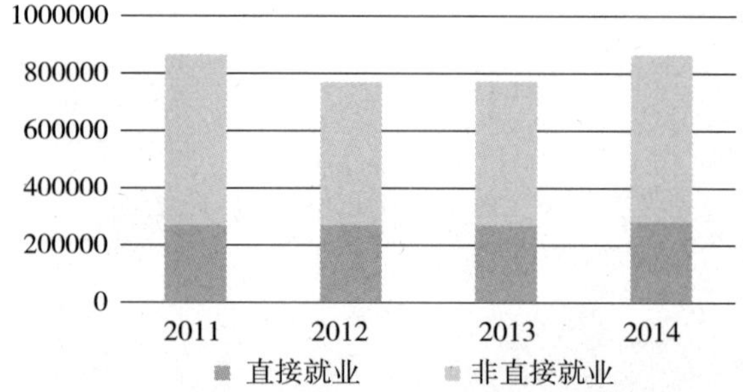

图 5.22　加州生物医药产业从业人员（单位：个）

数据来源：California Biomedical Industry Report（2011、2012、2013、2014、2015）

近年来，加州生物医药产业的薪酬水平有所提高，不同地区和不同子产业的收入水平具有明显差异。以 2013 年为例，生物医药产业人均薪资为 101538 美元，其中生物制药子产业人均薪资水平最高，达到 153801 美元；学术研究子产业最低，仅为平均水平的 60%，具体如图 5.23 所示。

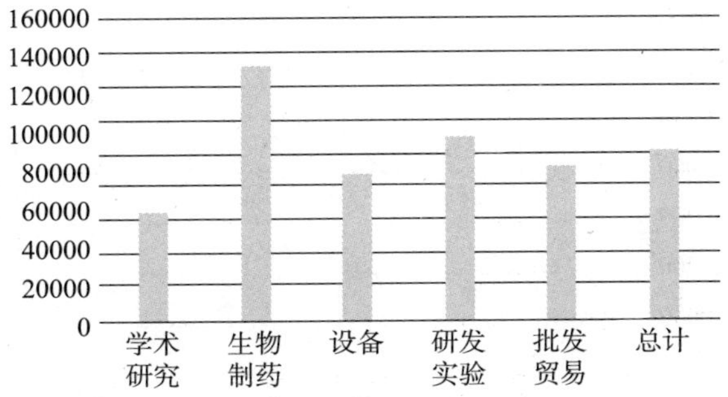

图 5.23 2013 年加州生物医药产业人均薪资（单位：美元）

数据来源：Final - 2014 - CHI - Calif. - Biomed - Report. pdf

（2）经济影响

笔者主要从加州生物医药产业的税收、出口、总收入等方面分析其对加州整体经济发展的贡献，数据表明，三者均呈现逐年增长的态势。2011 年，加州生物医药产业创造直接经济利益 710 亿美元，间接经济利益 1050 亿美元。2011 年以来，年均增加生物医药公司 200 家，加州生物产业总收入和出口产值逐年增加，并在 2014 年分别达到 130.2 亿美元和 23 亿美元。此外，2014 年生物医药产业为加州带来税收收入总计 132 亿美元，其中州税收入 37 亿美元，联邦税收入 95 亿美元。

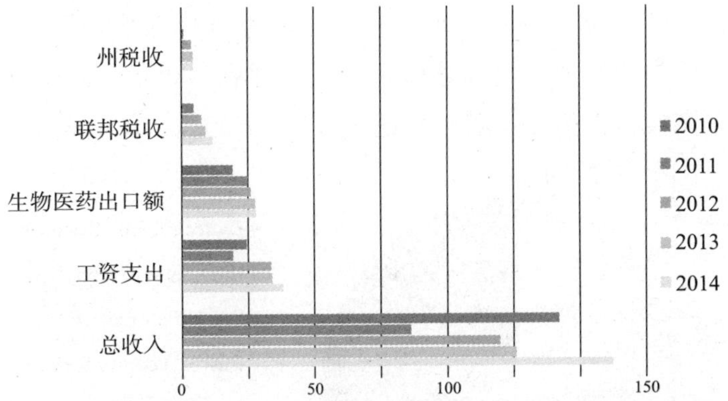

图 5.24 加州生物医药产业经济影响（单位：十亿美元）

数据来源：California Biomedical Industry Report（2011、2012、2013、2014、2015）

其中，加州出口交易在企业资本市场异常活跃。具体出口交易数量及交易额如图 5.25 所示。

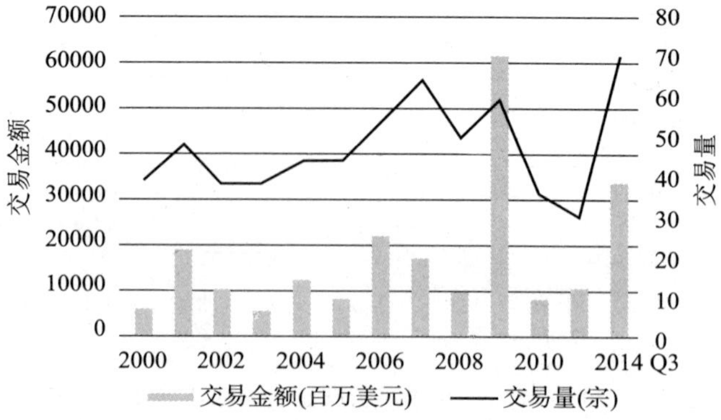

图 5.25　加州生物医药产业出口交易情况

（二）RTP 生物医药集群

1. 基本概况

北卡三角洲生物医药集群，即 RTP（Research Triangle Park），是美国最大的科技园区，与斯坦福工业园的“硅谷”、德克萨斯研究院并称为美国三大科研中心。园区占地约 7000 亩，已成为世界科技园区翘楚之一，成功完成美国 24% 的重要科研项目、21% 的顶级科研论文及 29% 的技术专利。目前，RTP 依托的 3 所大学每年所获合同研究项目总金额超过 15 亿美元。RTP 每年研发投入超过 2.96 亿美元，是美国平均研发投入的两倍，此外园区企业更是集聚了大批高端科研人才，现有 200 多个公司或机构、超过 46000 个高技术人员，年薪总和超过 27 亿美元，平均年薪 5.6 万美元，高出美国全国平均水平的 45%。

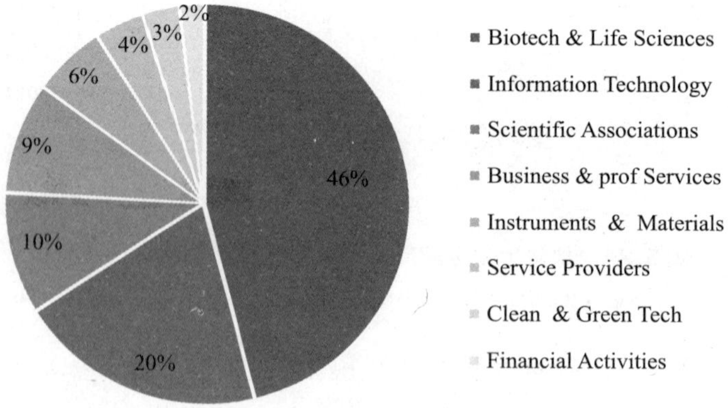

图 5.26　RTP 产业分布图

RTP 的历史悠久，自 1959 年建园至今已有近 60 年，其发展重点亦随时代要求不断变更。1959 年，RTP 委员会把化学、纤维作为发展重点，20 世纪 60 年代中期重点引进电子行业，20 世纪 80 年代进一步明确把微电子和生物工程视为最有前途的技术领域并确定产业集群发展战略。特别是 20 世纪 90 年代，随着生物技术蓬勃兴起，园区又设立了北卡生物研究中心（NCBC），为初创的生物技术及制药公司提供每年 400 万美元的资金支持，吸引了许多生物技术公司进驻 RTP 并成为生物医药产业的集聚区。2001—2010 年，RTP 就业增长率高达 23.5%，远超其他国家及地区的生物技术行业平均水平。目前，RTP 已成为世界公认的生命科学和生物技术科研创新能力最强的科技园区之一，葛兰素史克、百健艾迪等全球著名的生物医药公司都在 RTP 设有研发机构。为支持创新平台建设，每年联邦政府在 RTP 投入的研发资金高达 20 亿美元，RTP 从事生物医药产业的机构占园区机构总数的 46%。

RTP 的生物医药产业价值链由发现、产品开发、产品生产和销售四大部分组成，具体内容如表 5.1 所示。

表 5.1　RTP 生物医药产业价值链

价值链	具体内容
发现	进行初步研究并确定一个基因或化学靶，随后分析将化学靶转化为相应的化合物并进行详细的筛选和优化流程
产品开发	进行临床前试验和临床研究，临床研究主要分为临床Ⅰ、Ⅱ、Ⅲ阶段
产品生产	临床试验成功和批准后进行产品大规模的生产制造
销售	将生产好的产品分销给消费者

2. 发展基础

RTP 拥有优越的大学、科研和劳动力资源，吸引着世界顶尖的生物技术、制药和生命科学机构聚集在此，其生物医药产业的发展基础如表 5.2 所示。

表 5.2　RTP 生物医药产业发展基础

优势	具体内容
国家支持	近 10 年国家针对 RTP 生物医药产业在大学科研、设施、员工培训等方面投入超过 10 亿美元
产业增长快	2001—2010 年，RTP 生物医药产业增长速度最快，高达 23%，产业发展能力一直名列前五

续表

优势	具体内容
人才聚集	RTP 拥有强大的人才库，全美博士人口密度最高，员工数达 58000 人，其员工生产力比其他州高出 36%
成本低	根据梅肯研究院经营成本指数，RTP 经营成本最低
操作性强	RTP 鼓励企业家奖想法付诸实验室，临床试验后生产及测试，最终在全球市场进行生产和分发
丰富的教育资源	RTP 拥有世界上最好的教育系统，每年培养 30 万名学生，杜克大学、北卡罗来纳大学教堂山分校等丰富的教育资源奠定产业发展基础

（1）人员投入

为满足 RTP 生物医药产业对人才的需求，北卡罗来纳州与当地大学、社区学院和北卡罗来纳生物技术中心（NCBC）创立了“NCBIOIMPACT”教育联盟，为各层级员工提供生物技术相关的课程和培训，每年从该组织毕业的专业人员达到5500 人以上，有效推动了生物医药产业的发展。此外，RTP 州政府对该组织的投资超过一亿美元，目前该组织逐渐发展壮大，形成 BTEC、BioNetwork 和 BRITE 三大核心机构，其中 BTEC 提供高技术教室、高技术实验室和多尺度生物加工设备，BioNetwork 与 58 所社区学院形成网络并为该行业的各层级职工进行培训，BRITE 提供药物科学本科和研究生学位课程。

2010—2014 年，生物医药产业人员总数由 29434 增至 31327，增长了 6.05%（图 5.27）。2013 年，北卡罗来纳州拥有 536 个生命科学领域博士学位，相比于 2012 年增加了 53 个博士学位。同时，根据 JLL 公司公布的结果，北卡罗来纳州地区 2014 年生命科学产业的雇佣率比 2013 年增长了 18% 之多。

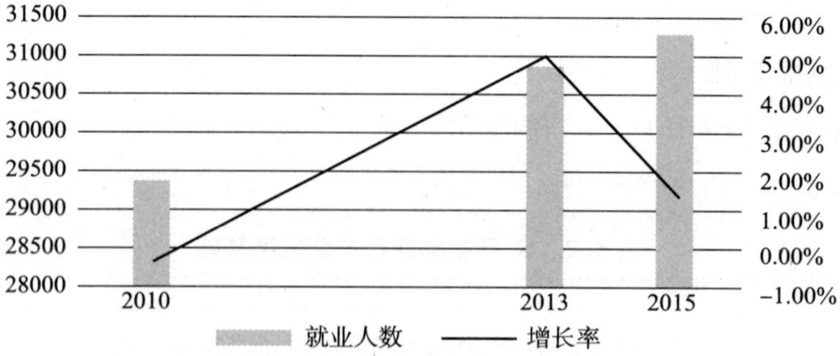

图 5.27　RTP 生物医药产业人员投入

（2）政府 R&D 税收抵免

1981 年，美国联邦政府颁布的 R&D 税收抵免政策规定，允许符合资格的高新技术产品的13%研发支出享受免税优惠，符合条件的费用包括员工工资、材料成本、测试成本、合同费用、专利开发成本等。同时，生物技术公司从事以下任何一项活动都可能有资格获得研发税收的抵免，如研究无法治愈或复发性疾病的疗法和疫苗、利用创新技术来测试药物（特别是针对人类细胞）、新的或改进的药物和药物生产流程（如高效药物管道）、生物修复、生物膜控制、集成生物系统、个性化的治疗方法、抗病农作物研发、多应用的方法来合成微生物、生物降解包装材料、从植物废料中生产生物燃料等。

（3）机构及风险投资

2013—2015 年，RTP 共计获得美国国立卫生研究院（NIH）6273 次补助，共计 28.39 亿美元（图 5.28）。

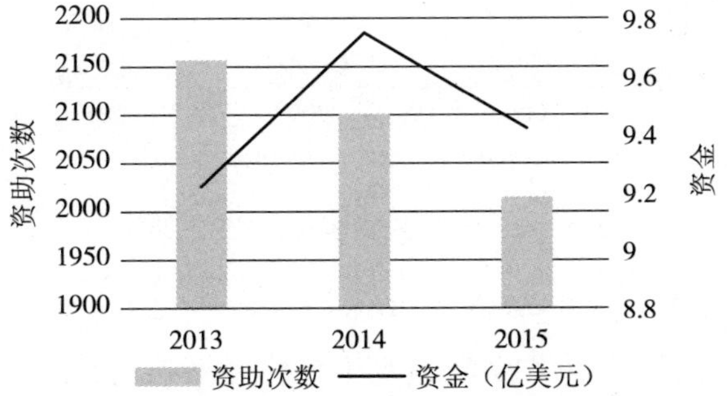

图 5.28　生物医药产业 NIF 资助情况图

数据来源：California Life Sciences Industry 2016 Report，California Biomedical Industry Report 2015

2011—2015 年，RTP 共计获得风险投资 9.03 亿美元（图 5.29）。

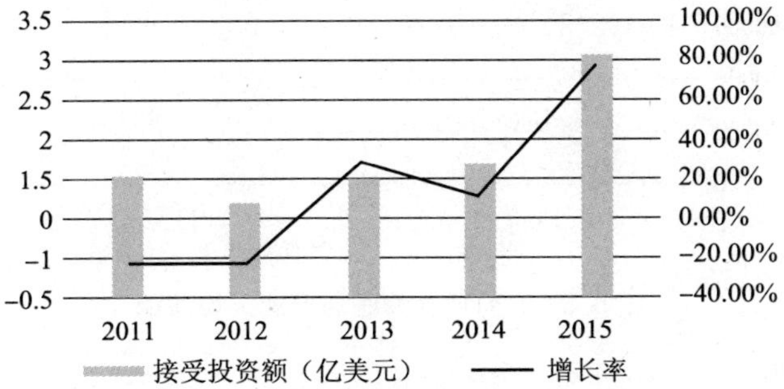

图 5.29　RTP 生物医药产业风险投资

数据来源：2014 California Biomedical Industry Report，California Life Sciences Industry 2016 Report

3. 创新绩效

（1）就业

2011 年，位于 RTP 的生物医药研发机构直接增加美国就业岗位 52938 个，这些岗位都具有高技能和高薪的特点。除上述直接岗位外还额外提供 173175 个工作岗位（总计 226113），这些额外提供的岗位主要是建筑公司、IT 公司等供应商和部门员工产生的工作，如日托中心、餐馆等。图 5. 30 显示，RTP 生物医药产业的就业带动作用逐渐增大。

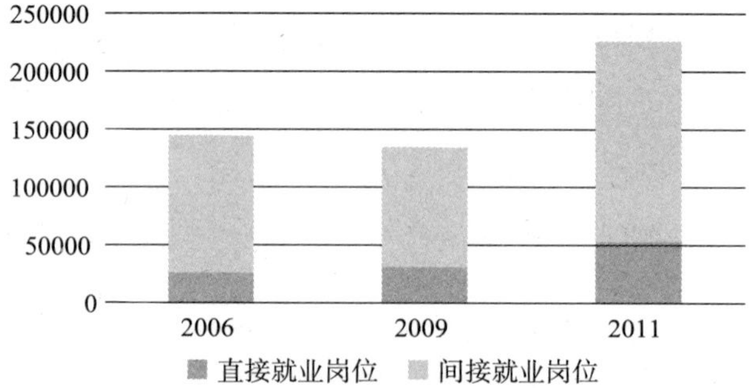

图 5. 30　RTP 生物医药产业就业情况

2006 年，RTP 员工的薪资达 20. 88 亿美元，2011 年增至 54 亿美元。生物医药产业直接员工人均薪酬远高于整体经济人均薪酬，为整体经济人均薪酬的两倍，具体数据如图 5. 31 所示。

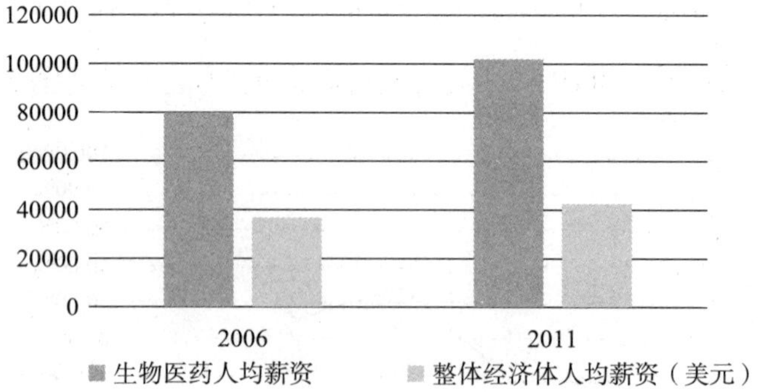

图 5. 31　RTP 生物医药产业人均薪酬

（2）税收

RTP 生物医药产业在税收方面贡献较大，且对联邦税的拉动作用逐年增加，由 2006 年的 4. 9 亿美元增至 2011 年的 7. 9 亿美元，而州税增幅不大，具体数据如图 5.32 所示。

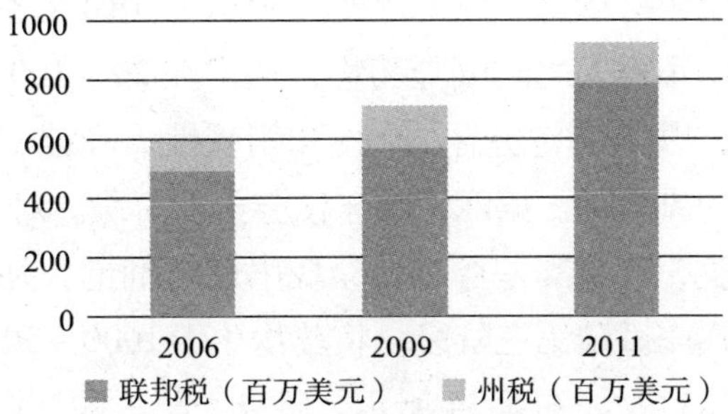

图 5.32 RTP 生物医药产业税收

（3）经济产出

2011 年，生物医药产业直接带来经济产出 258 亿美元，并通过带动和生物制药相关的供应商和员工的经济活动带来额外的 245 亿美元经济产出，总计 503 亿美元；直接员工人均经济产出 487897 美元，而整体行业人均产出 145894 美元。

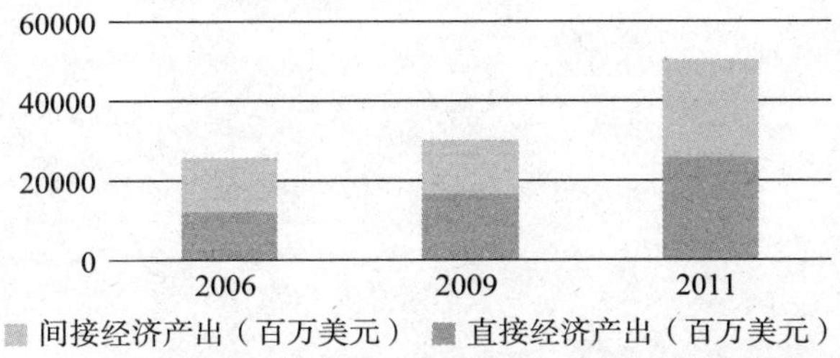

图 5.33 RTP 生物医药行业经济影响

（4）临床试验

1999 年至今，RTP 与大学医学院、临床研究中心和医院合作进行或已进行了超过 6000 种新药物的临床试验。一项临床试验的成本在 6 亿美元左右，需要花费 6 ~ 7 年的时间；一项新药从开发到临床试验再到批准需要经历 10 ~ 15 年，需要花费 12 亿美元。达到临床试验的药物只有 16% 的机会得到最终批准。

药物开发程序如下：第一，临床前试验。制药公司进行实验和动物研究，以证明该化合物对某疾病的生物活性并对该化合物进行评估。第二，研究性新药申请（IND）。完成临床前测试后，公司和 FDA 开始在志愿者身上测试该药，所有临床试验必须通过机构审查委员会（IRB）的审查和批准，临床试验报告必须至少每年都要向 FDA 和 IRB 提交。第三，临床试验第一阶段。在一小群人之间试验药物，通常在 20 ~ 100 名健康的成人志愿者中进行试验，以评估其初始安全性和耐受性，确定一个安全的剂量范围，并确定潜在的副作用。第四，临床试验第二阶段。对 100 ~ 500 名的病人志愿者进行试验，确定其是否有效，找出最佳剂量，并进一步评估其短期安全。第五，临床试验第三阶段。将药物用于 1000 ~ 5000 名具有多样性的患者身上。具体过程如图 5. 34 所示。研究表明，提高临床试验多样性于 RTP 而言仍然是一个挑战。

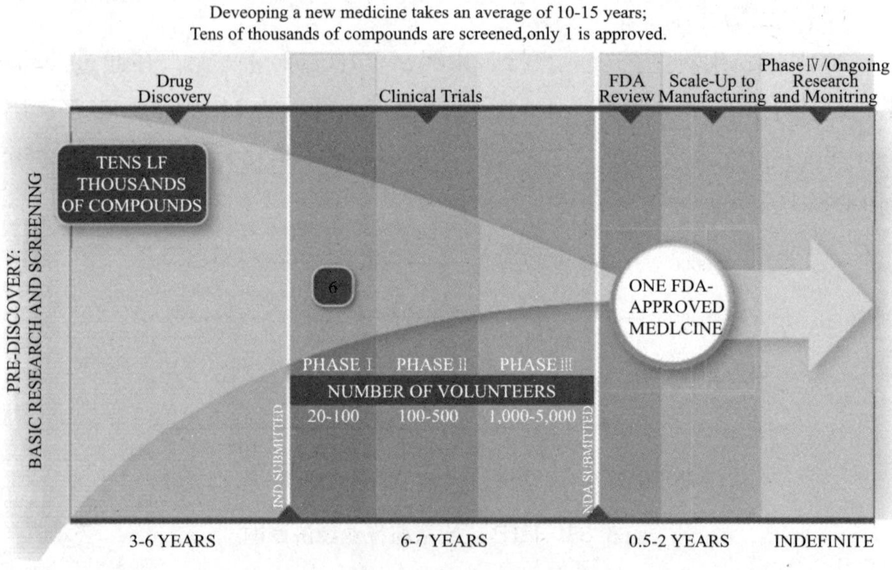

图 5. 34　临床试验流程

（三）NMMN 大区生物医药集群

1. 基本概况

NMMN（New Jersey、Maryland/DC Metro、Massachusetts、New York）大区生物医药集群[①]位于美国东北部，主要包括新泽西州、马里兰州、纽

① 注：NMMN 大区生物医药集群即环新泽西州 - 马里兰州 - 马萨诸塞州 - 纽约州大区生物医药集群。

约州、马萨诸塞州和华盛顿特区五个区域，内含华盛顿生物技术产业集聚区和波士顿生物技术产业集聚区。

（1）新泽西州（New Jersey）

新泽西州是美国人口密度最高的州，被称为“花园州”，位于 NMMN 大区生物医药集群南部，集中了默克（Merck）、罗氏（Roche）、诺华（Novartis）、百时美施贵宝（Bristol - Myers Squibb）、强生（Johnson & Johnson）、赛诺菲（Sanofi）、拜耳（Bayer）、辉瑞（Pfizer）等世界著名制药企业的主要生产基地，是世界闻名的药谷。新泽西州是大发明家爱迪生的家乡，具有发明创新的优良传统，在生物科技、医药技术领域有百年发展基础，拥有普林斯顿大学等多所著名高校，正是这些得天独厚的优势促使世界 500 强医药企业纷纷落户新泽西。

政府支持是新泽西生物医药产业发展的巨大推动力。一方面，新泽西州科委明确规定每年 4000 万美元科研资金中的 60% 用于支持干细胞研究，引领了生物医药产业的研发方向，也为未来生物医药产业提供了新的发展空间。另一方面，为了吸引优秀的人才到中小型生物技术企业工作，新泽西科委专门设立了人才基金为其提供良好的薪酬待遇，且各地都制定了非常详细的产业政策，特别是在税率调整、员工培训以及鼓励工业废弃地利用等方面，来鼓励生物医药产业的发展，扩大就业。此外，与风险投资或者银行不同，新泽西科委不倾向于投资成熟的生物医药公司，而是通过给予前期引导资金的方式来培育早期的、成长型的小企业，特别是拥有自主知识产权的公司。作为商业化企业孵化中心，新泽西经济发展中心的主要任务是通过给予低息贷款的方式扶持那些技术已经达到一定商业化程度、产品比较成熟的小公司。

（2）马里兰州/华盛顿大都会区（Maryland/DC Metro）

马里兰州最大的城市巴尔的摩市距华盛顿仅 50 公里，组成了著名的巴尔的摩—华盛顿大都会区，拥有 700 多万人口的“大华府”经济总量已经超过旧金山湾区，成为紧随纽约、芝加哥、洛杉矶的全美第四大经济中心。根据马里兰州商务部的数据，马里兰州是美国人才聚集地，拥有最多的已获博士学位的科学家和工程师，且是美国生物医药行业监管部门聚集地。美国食品药品监督管理总局（FDA）、美国国立卫生研究院（NIH）、美国药典委员会（USP）、弗雷德里克国家癌症研究实验室（Frederick National Lab for Cancer Research)、沃尔特里德医院(Walter Reed)等皆在此特区。

马里兰州的 Cpatiol 地区作为美国第三大生物医药产业集群，其形成发展的主要因素如下：

人才资源丰富。马里兰州/华盛顿大都会区有许多知名大学，如霍华德休斯医学院研究实验室(Howard Hughes Medical Institute)、马里兰大学(University of Maryland)和约翰斯霍普金斯大学(Johns Hopkins University)等。同时，政府出资建设研发中心、公共实验室，这些机构里的众多科学家、大学研究人员和技术人员，是企业源源不断的人才资源，构成了生物医药产业的强大人才基础。

政府政策条件优越。20 世纪 80 年代，政府对创业企业家优惠政策的出台，促进了开发新技术的企业家的成长，政府通过对生物医药产业的政策倾斜促进当地生物医药集群的发展。为刺激投资，马里兰州允许该州生物医药企业的投资者按投资的 50% 予以抵扣税收，吸引了更多的资金用于马里兰州的生物医药产业。

风险投资企业多。2000 年，24 家风险投资企业投资马里兰州生物医药产业，许多知名的风险投资机构在马里兰州设立了分支机构，其中私有风险资金达 6960 万美元，占所有风险投资的 4%。

完善的合同咨询、孵化器等专业化服务体系。马里兰州集聚了 21 家合同研发的外包机构，为创业企业提供规模化生产、临床诊断以及其他的一般咨询服务，为创业企业专注于技术研发提供了有利条件。集群内的 11 家孵化器，由公共机构和私人资金共同出资，为创业企业提供研发场地和服务。

(3) 马萨诸塞州(Massachusetts)

马萨诸塞州是 NMMN 大区生物医药集群的重要研发区域，拥有百所世界一流的大学和科研机构，如哈佛大学、麻省理工学院等，是全球最具创新优势的地区，几乎所有著名的生物医药公司都在此设立了研发中心。马萨诸塞州拥有数千位世界级的科学家和数十位诺贝尔奖获得者，具有突出的人才优势；整合了世界一流的生物医药研发机构，科学技术竞争力位居全美之首。为了推动生物医药产业的发展，马萨诸塞州政府于 2008 年拨款 10 亿美元来发展生物医药产业，每年全州吸引的生物医药投入资金达 60

亿美元，人均风险基金投资额位居全美首位，是美国研发税收政策最优惠的地方之一，总产业前沿研发开支大约为美国平均值的3倍。此外，马萨诸塞州拥有超过30个技术转化办公平台以支持研究成果的商业化、市场化。

马萨诸塞州主要包括两个生物科技园区，分别为：

①马萨诸塞州生物技术研究园

马萨诸塞州生物技术研究园创建于1985年，位于马萨诸塞州基因城（Genetown）长廊西部，占地面积0.42平方千米，建筑面积约9万平方米，是美国最重要的生物技术研究和生产中心之一。马萨诸塞州生物技术研究园是一个由商业机构推动的园区，目前园区主要由马萨诸塞州生物技术研究所、马萨诸塞州生物医药促进会、伍斯特商业发展公司以及美国联邦生物风险公司经营管理。园区的生物科学研究主要由麻省生物研究所（一个非营利的教育和科研公司）领导进行，并通过吸引大公司和促进小企业的发展，加速了科学技术从学术研究到商业应用的转化。

马萨诸塞州生物技术研究园主要由非营利的研究机构（马萨诸塞州药学和卫生学院、马萨诸塞州大学医学院、塔夫斯大学兽医学院、麻省理工学院医学中心）、生物科技公司（Abbott Bioresearch Center，Via Cell，Athena Diagnotics，Hypnion，Advanced Cell Technology等公司）和一些服务设施（马萨诸塞州立大学公共保健中心、伍斯特医学中心、马萨诸塞州医学院）组成。

为支持生物医药产业发展，马萨诸塞州政府出台了相关的优惠政策，主要包括税收政策和人才吸引政策两方面。其中，税收政策包括投资赋税优惠、经济发展鼓励项目、EOA－ITC、增值税理财、R&D税收优惠等，人才吸引政策包括劳动培训基金、鼓励招聘的培训拨款、激励提供新岗位的资金等。

与其他生物技术研究园相比，马萨诸塞州生物技术研究园的竞争优势主要体现在以下几方面：附近有8所学院和大学，包括在全国医学院排名前20的麻省医学中心，科研力量雄厚；聚集了大量的企业、大型公司、学校、医院等，吸引了世界上很多知名的医药公司在这里建立基础研究基地；贷款保障和低息贷款，以及多渠道的风险投资来源等激励政策为新公司的成长提供支持；可以随时提供相对廉价的土地，可根据用户需要提供一流的实验室和办公场所；马萨诸塞州医学院一流的设施、专家和教学医院以及图书齐全的医学图书馆；有规模较大的包括科学家和熟练工人在内的就业群；有便利的交通、迷人的自然风景和统一规划的建筑，有适用于各种用途的办公设施和便利的生活娱乐设施。

②波士顿—剑桥地区

位于马萨诸塞州的波士顿—剑桥地区是世界上最富历史和文化盛名的地区之一，哈佛商学院校园正处在这个地区的中心。作为美国众多学府的所在地，波士顿—剑桥地区居民中拥有本科以上学历员工比例在全美也首屈一指，且波士顿是美国顶级的制药中心，享有“生命科学产业圣地”的美誉，有超过 100 家制药公司在剑桥和肯德尔广场区域（Kendall Square area），百健等众多生物医药巨头在这一区域中为生物技术人才提供了广阔的天地。2016 年年初，彭博商业周刊（Bloomberg Business）将波士顿评为“最具创新州”的 NO. 1，总分高达 93. 33 分，在全球 CMI 城市中，波士顿的创新能力位列全球第五。2013 年，马萨诸塞州生物技术委员会公布，每年该地区的生物制药公司的人工工资总计 7200 万美元，拥有雇员近 57000 人。

（4）纽约州（New York）

纽约充足的技术人才和资金支持是众多生物医药公司在此安家落户的重要原因。除了不少医药公司外，还有一些知名的医疗器械公司也活跃在这里，例如 Regeneron、Forest Laboratories 以及 VirtualScopics 等都是业内的知名雇主。此外，纽约也是 NIH 等重量级学术机构青睐的地区。据统计，2014 年 NIH 共在纽约投放了 15 亿美元的研究经费，在全美众多的重要城市中排名第二。

2. 创新绩效

（1）资金投入

2006 年，NMMN 大区生物医药集群 R&D 总支出 139. 33 亿美元，风险投资 14. 23 亿美元。和 1996 年相比，十年间 NMMN 大区生物医药集群风险投资平均增长 22. 65%，四个州的投入数据如图 5. 35 所示。

（2）专利产出

2011 年，NMMN 大区生物医药集群专利总数为 3330 个，其中生物医药设备专利 1418 个，生物制药/生物技术专利 1912 个，说明 NMMN 大区

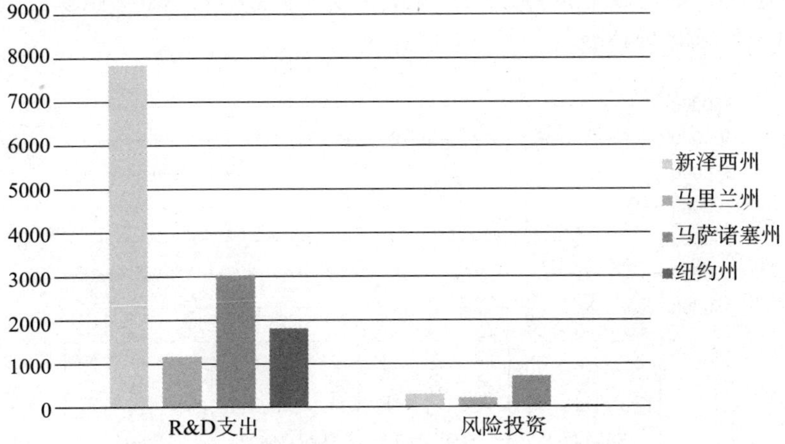

图 5.35 2006 年 NMMN 大区生物医药集群资金投入（单位：百万美元）

生物医药集群的生物制药/生物技术的发展水平较高。具体四个州的生物医药专利如图 5.36 所示，从区域角度可看出，无论是在生物医药设备方面还是生物制药/生物技术方面，隶属于马萨诸塞州的波士顿地区专利成果最多。

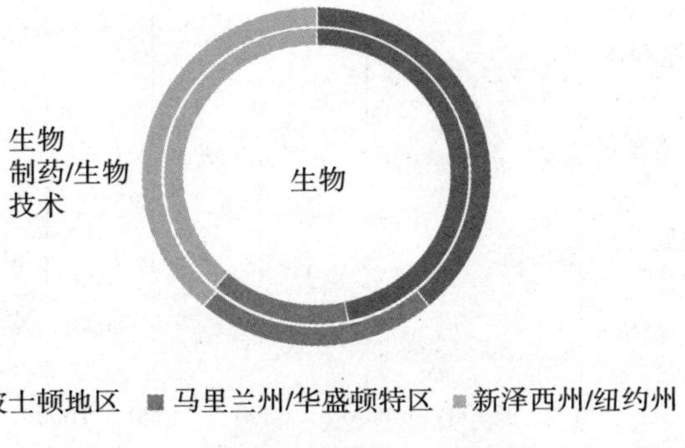

图 5.36 NMMN 大区生物医药集群专利

（3）就业

2011 年，NMMN 大区生物医药集群带动就业岗位总计 795037 个，其中直接就业岗位总计 202315 个，间接就业岗位总计 592722 个，这些间接岗位主要是指建筑公司、IT 公司等供应商和部门工作岗位，如日托中心、餐馆等。图 5.37 反映了 NMMN 大区生物医药集群的四大州在 2006 年、2009 年、2011 年的直接就业岗位和间接就业岗位数量。数据显示，新泽西州生物医药产业对就业的推动力最大，且各州的生物医药产业就业推动力总体呈逐年增长的趋势。

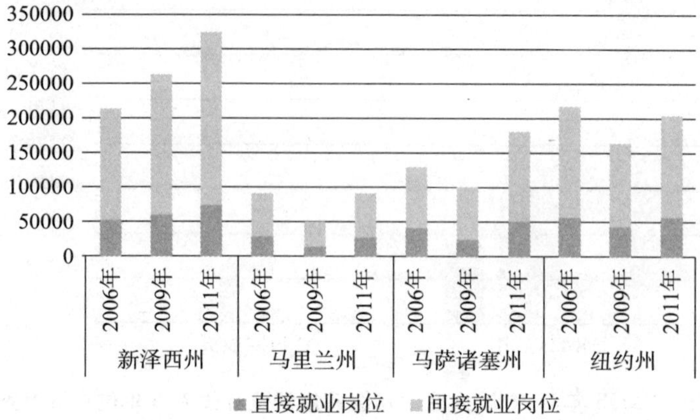

图 5.37　NMMN 大区生物医药集群就业带动效应（单位：个）

除了带动就业，生物医药产业也进一步提升 NMMN 大区的薪资水平。2011 年的 NMMN 大区生物医药产业的员工薪资总额为 245 亿美元，较 2006 年增长 54.75%，其中尤以新泽西州增长最快（图 5.38）。

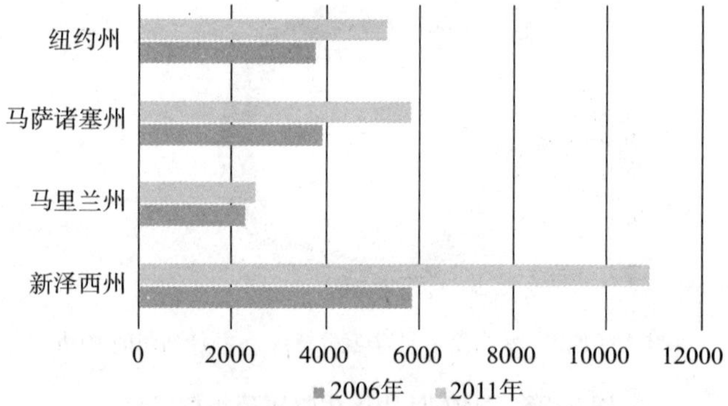

图 5.38　NMMN 大区生物医药集群员工薪资总额（单位：百万美元）

生物医药工作的高技术特性决定了其人均薪资远高于整体经济体的人均薪资。四个州的生物医药人均薪资和整体经济体人均薪资对比如图 5.39 所示。

（4）税收

2011 年，NMMN 大区生物医药集群带来的税收总额为 51.35 亿美元，

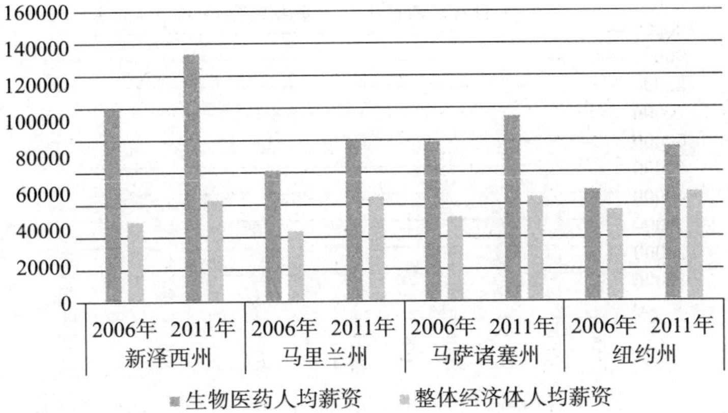

图 5.39　NMMN 大区生物医药集群人均薪资（单位：美元）

其中联邦税总计 42.85 亿美元，州税总计 8.5 亿美元。图 5.40 反映了 NMMN 大区生物医药集群四州在 2006 年、2009 年、2011 年的联邦税和州税具体数据。

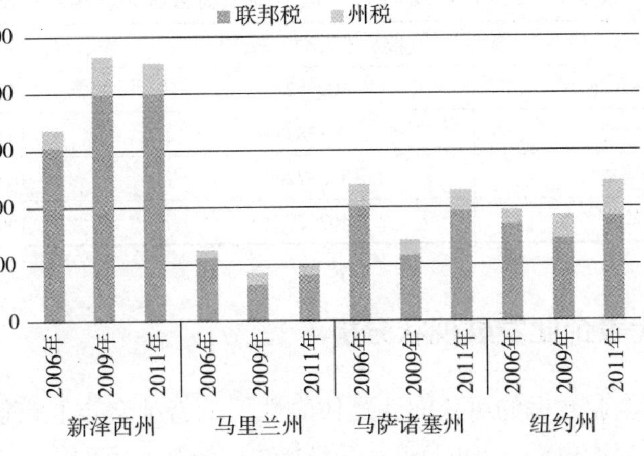

图 5.40　NMMN 大区生物医药集群税收（单位：百万美元）

（5）经济产出

2011 年，NMMN 大区生物医药集群经济产出总计 1955 亿美元，其中直接经济产出总计 938 亿美元，间接经济产出总计 1017 亿美元。图 5.41 反映了 NMMN 大区生物医药集群四州在 2006 年、2009 年、2011 年的直接经济产出和间接经济产出，数据显示，新泽西州生物医药产业带来的经济产出最大，且各州的生物医药产业经济产出总体呈逐年增长的趋势。

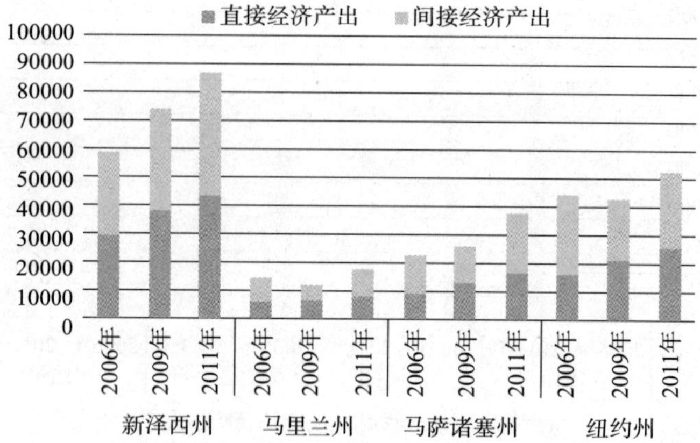

图 5.41　NMMN 大区生物医药集群经济产出（单位：百万美元）

2011 年，NMMN 大区生物医药集群的直接员工人均经济产出为 375262.25 美元，为整体经济体的人均经济产出（133484.5 美元）的三倍。具体四州对比如表 5.3 所示。

表 5.3　2011 年 NMMN 大区生物医药集群人均经济产出（单位：美元）

地区	直接员工人均经济产出	整体经济体人均经济产出
新泽西州	609952	163518
马里兰州	313387	144741
马萨诸塞州	332372	162948
纽约州	462927	160984

三、代表企业发展现状分析

考虑到企业数据的可获取性及代表性，笔者结合企业市值及区域代表性，选取葛兰素史克（美国）①、百健艾迪、新基、辉瑞作为美国生物医药的代表企业进行详细分析。

（一）葛兰素史克

1. 企业概况

葛兰素史克（GSK）是一家在纽约证券交易所上市的以科学为导向的全

① 注：美国生物医药产业分析中的葛兰素史克公司均指葛兰素史克美国公司。

球医药保健公司，其总部位于英国伦敦，2015 年 GSK 被誉为辉瑞、诺华、默克公司、罗氏公司和赛诺菲公司之后的世界第六大制药公司，在国际上占有重要地位。GSK 研发的创新产品主要涵盖处方药、疫苗和消费保健品这三个领域。2015 年，GSK 将经济效益较好的肿瘤部门卖给诺华换取诺华的疫苗业务，同时还与其合资成立了新消费者保健业务。这表明了公司长远的成长策略为增加低风险的疫苗和非处方药，减少高风险的肿瘤药。截至 2015 年 12 月 31 日，GSK 的市值达到 1000 亿美元，并预计未来五年每年增长 3% ~4%。目前，GSK 在全球进行着 150 多个临床试验项目，研发人员超过 15000 名，每小时的新药研发投入约为 56 万美元，每年为新药研究筛选 6500 万种化合物，公司历史上曾有 5 位科学家获得诺贝尔奖，拥有 101255 名员工，业务往来于 150 个国家，供应网络遍布 36 个国家，共有 84 个生产基地，在英国、美国、西班牙、比利时和中国等国家都建立了大型的研发中心。

2. 产品简介

GSK 主要有处方药、疫苗和消费保健品这三大业务。2015 年，处方药业务的营业额占整体营业额的比重最大，为 60%，高于疫苗业务（15%）和消费保健品业务（25%）。

（1）处方药

GSK 的药品研发主要针对慢性和急性疾病，并在呼吸系统疾病、艾滋病病毒的组合创新上处于全球领先地位。其生产的药品主要针对重大疾病领域，如呼吸系统疾病、慢性乙型肝炎、中枢神经系统疾病（比如抑郁、焦虑、癫痫等）、深静脉血栓、心脏病和艾滋病。现已经批准并在市场上销售的产品如表 5. 4 所示。

表 5. 4　GSK 处方药

针对的疾病	产品
呼吸系统疾病	舒利迭、万托林、辅舒酮
中枢神经系统疾病	赛机宁、克韦滋、赛乐特、利必通
深静脉血栓	安卓、速碧林
特发性肺动脉高压	凡瑞克
艾滋病	克韦滋、立妥威、特威凯、益平维、双汰芝、赛进
慢性乙型肝炎	韦瑞德、贺普丁、贺维力

2015 年，GSK 的处方药品业务有 60000 名员工，营业额为 142 亿英镑，占集团营业额的 60%，相比于 2013 年，仿制药品价格及销量的下降导致处方药营业额下降了 18%，具体如图 5. 42 所示。GSK 的新产品销售额达 20 亿英镑，占医药产品营业额的 16. 5%，新产品主要包括艾滋病疫苗、呼吸治疗领域产品和脑膜炎疫苗等。

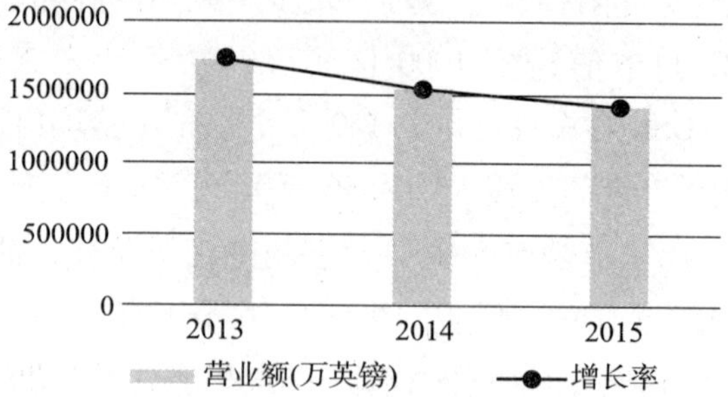

图 5. 42　2013—2015 年 GSK 处方药营业额

（2）疫苗

GSK 的疫苗业务处于世界领先地位，每天在全球分发 190 多万个疫苗。目前，GSK 研发了 39 种疫苗，可对抗 21 种疾病，并且在研发管道中有 15 种疫苗，主要疫苗产品如表 5. 5 所示。

表 5. 5　GSK 主要疫苗产品

商品名称	通用名称
安在时	重组乙型肝炎疫苗（酿酒酵母）
维可思	b 型流感嗜血杆菌结合疫苗
御感宁	流感病毒裂解疫苗
御脑宁	ACYW135 群脑膜炎球菌多糖疫苗
瑞必补尔	人用狂犬病疫苗（鸡胚细胞）

GSK 的疫苗业务有 15000 名员工，营业额为 37 亿英镑，占集团营业额的 15%，且 2015 年营业额相比于 2014 年有一个跳跃式的增长，主要由于这期间 GSK 新收购了一项脑膜炎疫苗。美国整体的疫苗销售增长率为 24%，GSK 为 19%。

（3）消费者保健

GSK 是世界最大的消费保健品公司之一，专业从事日常保健事业。其

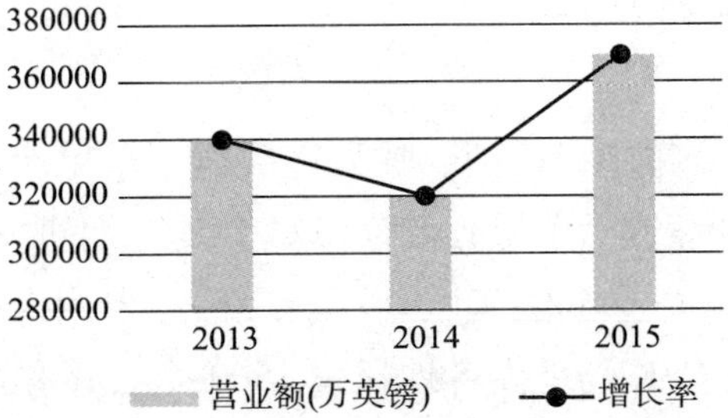

图 5.43　2013—2015 年 GSK 疫苗营业额

消费保健品针对全身健康、皮肤健康、口腔护理和营养等类别的常见病，并进行健康、口腔卫生、营养和皮肤类的产品开发。目前，市场上有 Sensodyne，Voltaren，Horlicks，Panadol 等世界上最值得信赖和畅销的品牌。现已经批准并在市场上销售的产品如表 5.6 所示。

表 5.6　GSK 主要消费者保健产品

针对的领域	产品
疼痛管理	芬必得、必理通、扶他林
呼吸健康	新康泰克、辅舒良、欧太林
皮肤健康	百多邦、兰美抒、霏丝佳
口腔健康	舒适达、保丽净、益周适
胃肠道健康	史克肠虫清

GSK 的消费者保健产品业务有 21000 名员工，营业额为 60 亿英镑，占集团营业额的 25%，且该业务 2015 年的营业额与 2013 年相比，有小幅增长。

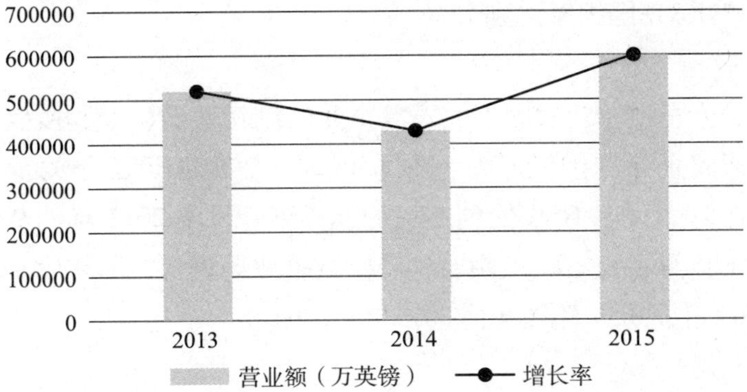

图 5.44　GSK 2013—2015 年消费者保健营业额

3. 研发投入及专利产出

（1）研发投入

GSK 的研发主要集中在疫苗、呼吸道疾病、罕见疾病、免疫炎症、艾滋病毒/传染病、肿瘤这六个核心治疗领域。其近期研发了约 40 种新型的潜在药物和疫苗，预计达到临床试验阶段二的有 20 种，成功进入临床试验阶段三的有 10 种。GSK 与世界各地超过 1500 个公司和学术组织进行研发活动，在英国、美国、比利时和中国拥有大型研发中心。2015 年，GSK 研发支出达到 35.6 亿英镑，其中核心研发支出费用 31 亿英镑，相比于 2014 年减少了 1.1 亿英镑，研发支出的减少主要是由于处方药研发费用的减少，具体情况如图 5.45 所示。

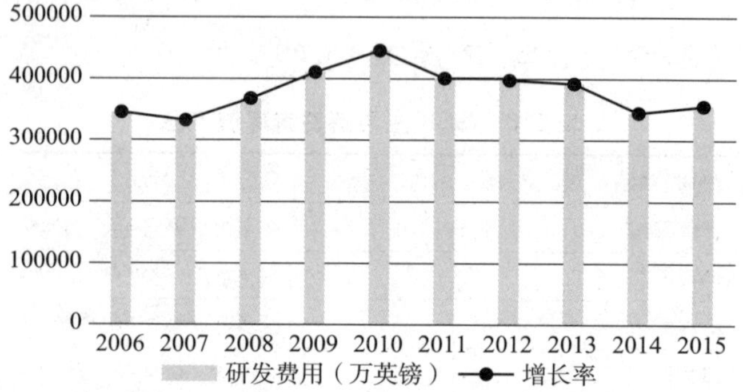

图 5.45　GSK 近十年研发支出情况

其中，2015 年处方药核心研发支出为 23 亿英镑，疫苗的核心研发支出为 5 亿英镑，消费者保健品核心研发支出为 3 亿英镑。此外，2015 年 GSK 的内部 R&D 回报率达到 13%。

（2）专利产出

专利公开量在一定程度上代表着企业的创新意识，专利授权量在一定程度上代表着企业的创新能力。图 5.46 显示，GSK 近五年的发明专利公开量逐年下降，说明 GSK 的创新意识逐年下降，由 2011 年的 902 件降至 2015 年的 655 件；近五年发明专利授权量呈波动趋势，但整体有小幅度提升，由 2011 年的 659 件提升至 2015 年的 704 件。

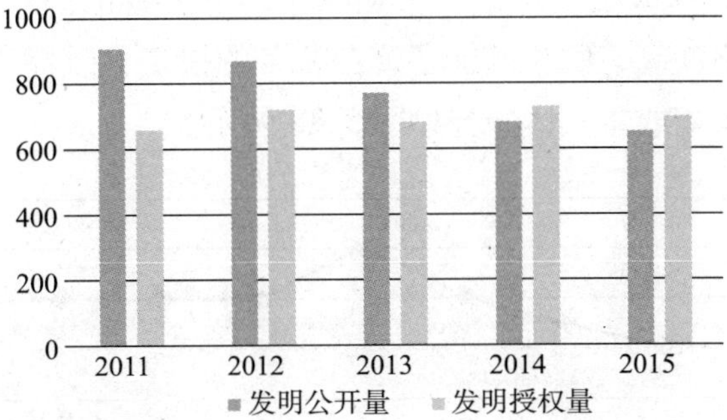

图 5. 46 GSK 近五年发明专利产出

4. 财务绩效

（1）营业额

GSK 专注于通过重组、投资和现代化经营来优化业务，提高盈利能力和效率。2015 年，集团销售额达到 239 亿英镑，相比于 2014 年增长了近 4%，主要是由疫苗业务和消费者保健业务营业额的上升引起的。但 2014 年相比于 2013 年下降了 13%，主要是由处方药、疫苗和消费者保健这三大业务营业额的下降导致的。且由 2006—2015 年的营业总收入趋势可知，GSK 近十年收入的浮动幅度不大，表明其销售情况较为稳定。其变动情况如图 5. 47 所示。

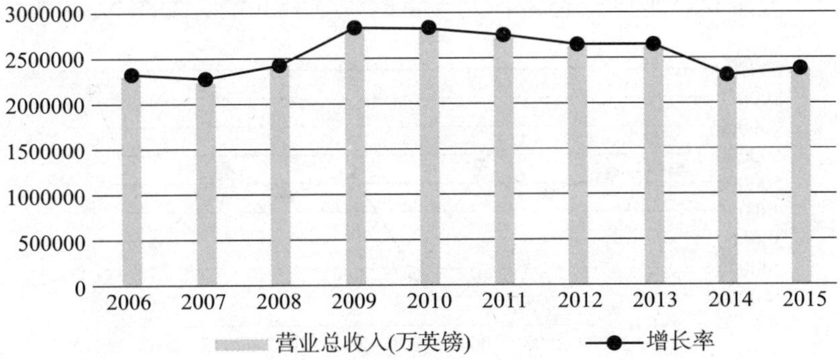

图 5. 47 GSK 近十年营业额

（2）成本费用

2015 年 GSK 的销售成本相比于 2014 年上涨了 15. 3 亿英镑，且 2015 年销售成本占营业收入总额的 37%，比 2014 年高出了 5. 21%。成本的上升一方面是由于 GSK 公司从诺华公司收购其消费者保健业务；另一方面，由于不利的价格波动，GSK 增加了疫苗业务的投资，以提高其可靠性和供应链的能力。销售成本具体情况如图 5.48 所示。

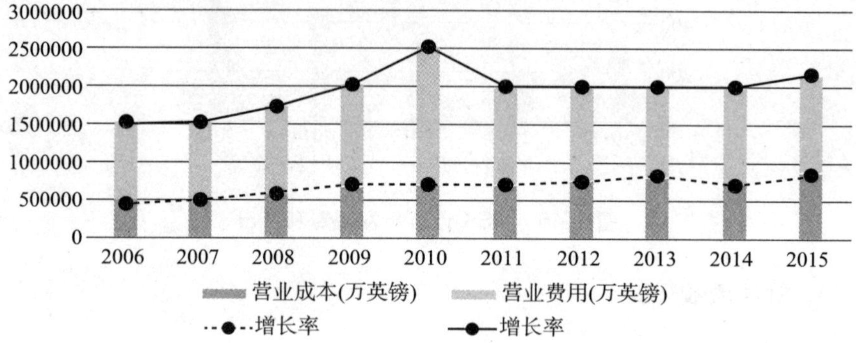

图 5.48 GSK 近十年成本费用

（3）税后利润

2010 年 GSK 的税后利润相比于 2009 年的降幅较大，主要是因为 2010 年 GSK 公司加大新产品的宣传推广费用，导致 2010 年成本费用大幅上升。2014 年税后利润相比于 2013 年减少了 27.97 亿英镑，主要是由三大业务营业额减少导致的。2015 年相比于前两年有一个较好的上升趋势，主要由于 HIV 疫苗营业额的大幅增长。总的来说，近十年，GSK 公司税后利润浮动较大，但总体呈现上升趋势，近十年的税后利润情况如图 5.49 所示。

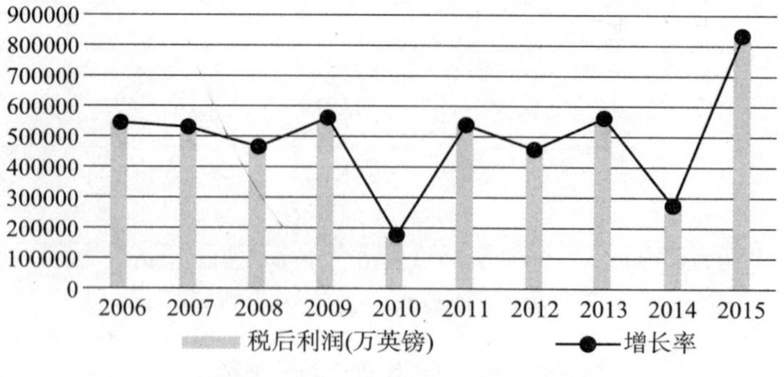

图 5.49 GSK 近十年税后利润

（4）现金流分析

GSK 的现金流在 2006—2015 年较不稳定，呈现波浪式变动。其中，

2006 年、2010—2012 年、2014—2015 年现金流出现负增长，主要是因为该年度投资活动和筹资活动产生了大量的现金流出，大量的现金流出是因为该公司偿还了大量的债务以及巨额的资本性支出。2013—2015 年，期末现金余额发生了大幅度减少，2015 年相比于 2013 年下降了将近 53% 的比率，主要是因为在该期间，GSK 正在执行重组计划，将利润高的肿瘤部门卖给诺华换取营业利润较低的疫苗业务，还合资成立新消费者保健业务。同时，2015 年汇率的不利变动也导致很大一部分现金的流出。现金流具体情况如图 5. 50 所示。

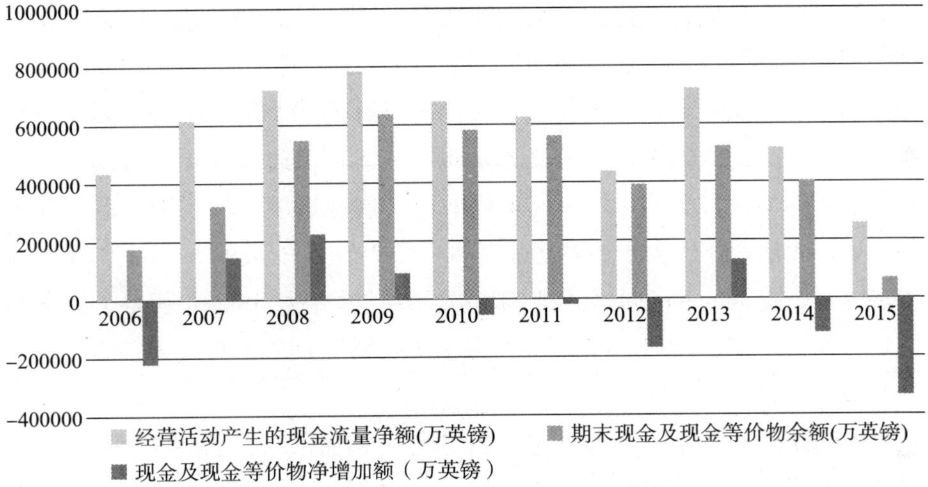

图 5. 50 GSK 近十年现金流

（二）百健艾迪

1. 企业概况

百健艾迪（Biogen Idec）是全球著名的生物制药公司，为纳斯达克上市公司，由 Biogen 公司（成立于 1978 年）与 IDEC 公司（成立于 1986 年）于 2003 年完成了超过 66 亿美元的兼并，催生出全球第三大生物制药公司百健艾迪。其主要开发神经系统疾病、自体免疫性疾病和癌症药物等。因其在多发性硬化症药物产品上的成功，百健艾迪的市场价值在三年内获得了四倍的增长，现已超过 1000 亿美元。2015 年，百健艾迪（Biogen Idec）改名为原来的公司名称（Biogen），因为在合并运营的 12 年来，百健艾迪在抗癌药研发领域少有建树，而在自身免疫性疾病和神经系统疾病领域收获颇丰，此次更名 Biogen 也是该公司调整战略方向传承原百健企业文化并进一步专注神经科学的标志。截至 2014 年 12 月 31 日，Biogen 公司拥有 7550 名员工。

2. 产品简介

（1）研究领域

目前，Biogen 主要集中在神经系统疾病、自体免疫性疾病和血液疾病药物的研发，其实验性阿尔茨海默病药物 BIIB037（aducanumab）的临床试验结果好于预期，该药物第三期的临床试验项目已经启动，如果能够成功，百健将不仅仅是一个专注研究多发性硬化症的公司。目前，Biogen 正专注神经退行性疾病，而 5 年后，如果运气好的话，Biogen 将手握令所有制药巨头垂涎的 AD 药物，届时 Biogen 在 ALS 和其他神经退行性疾病、脊髓型肌营养不良方面的儿科研究也将取得实质性进展。除了神经退行性疾病，Biogen 目前还致力于生物仿制药的开发，包括安进的 Enbrel 和强生的 Remicade。受 aducanumab 药物临床试验结果的激励，Biogen 获得了更多的投资方支持，在"2014 年美国最佳雇主 Top 50"榜单上排名第二。

（2）产品

Biogen 是一家专注于为神经、自身免疫和血液疾病提供发现、开发、制造新的疗法和药物的全球生物制药公司，市场上销售的产品主要如表 5.7 所示。

表 5.7　Biogen 产品分布

药品	治疗的疾病
AVONEX，PLEGRIDY，TECFIDERA，TYSABRI，FAMPYRA	多发性硬化症（MS）
ELOCTATE	血友病 a
ALPROLIX	血友病 b
RITUXAN	非霍奇金淋巴瘤，慢性淋巴细胞白血病

图 5.51 和图 5.52 是 Biogen 主要产品的销售收入及其区域收入的分布情况。

图 5.51 显示，Biogen 的产品销售主要集中在针对多发性硬化症的药品

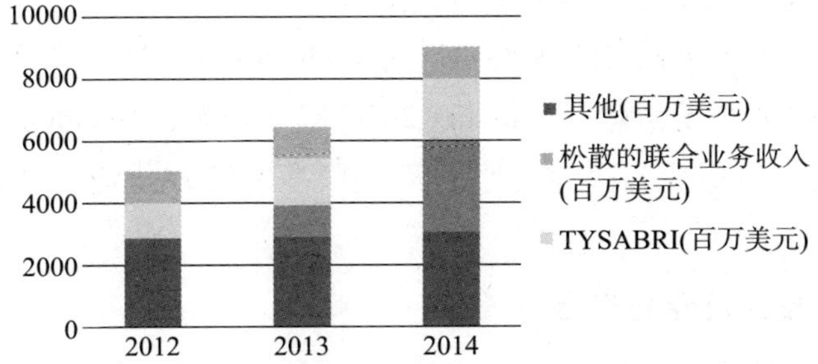

图 5.51　Biogen 主要产品销售收入

销售，Avonex，Tysabri 和 Tecfidera 在 2013 年全球总收入达到了 54 亿美元，占全球多发性硬化症药物市场近 39% 的份额。Biogen 在美国的市场主导地位更是惊人，2013 年美国有 40 万多发性硬化症患者，Biogen 占据 42% 的市场份额且不断增加。Biogen 产品的 2014 年销售额相比于 2012 年增长超过了 81%。其中，Avonex 是百健艾迪最畅销的多发性硬化症药物，位列 MS 市场全球 TOP 2，2013 年销售额高达 30 亿美元，2014 年收入总计 3013.1 百万美元，比 2013 年增加了 0.3%，该产品收入的增加主要是由于价格上涨。

2014 年 8 月 15 日，美国 FDA 批准的新型干扰素 Plegridy，2014 年收入总计 44.50 百万美元。产品 Tecfidera 于 2014 年收入总计达 2909.2 百万美元，比 2013 年增加了 232.1%，产品收入的增加主要是由于销量的上升。产品 Tysabri 于 2014 年收入总计 1959.5 百万美元，比 2013 年增加了 28.4%，产品收入的增加主要是由于价格上涨。2014 年，松散联合业务收入总计 1195.4 百万美元，比 2013 年增长了 6.2%，并且其产品在市场上具有很强的占有率，特别是产品 Tecfidera。

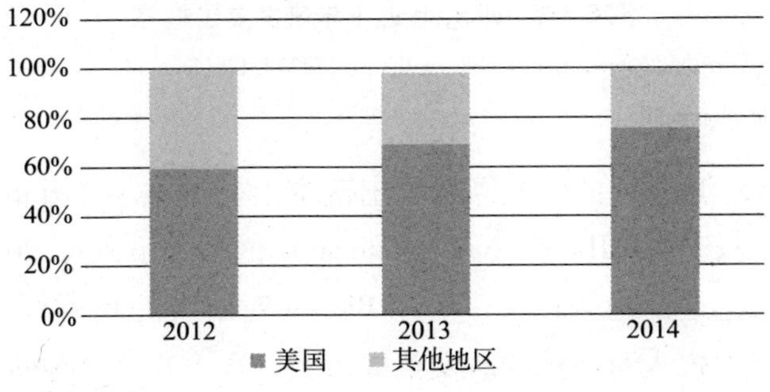

图 5.52　Biogen 主要产品区域收入分布情况

由图 5. 52 可知，美国并不是多发性硬化症药物的主战场，全球超过一半的多发性硬化症患者居住在欧洲，而 Tecfidera 最近才开始在欧洲地区推出，其销售收入主要依赖 Tecfidera。2014 年上半年，Tecfidera 的销量就超过 12 亿美元，有望成为百健艾迪的第三只多发性硬化症“重磅炸弹”级产品。

3. 研发投入及专利产出

（1）研发投入

前述，Biogen 多发性硬化症治疗药物的市场前景不能小觑，但优秀药物的出现大多得益于积极的研发投入。研发是 Biogen 的基本任务和不断发展的基础，随着收入的增加，Biogen 近几年的研发投入都达到了 15 亿美元及以上，其中 70% 投入到神经科学领域，而其中三分之二又投入到多发性硬化症。同时，Biogen 利用自身在生物制剂上的专业知识和不断增长的研发能力，通过寻找和研发分化分子来改善当今医药需求的安全性和有效性，除了目前已经批准的药物，Biogen 仍继续投入大量资源进行研发和临床试验，以推进新医药产品和技术的发展。2006—2015 年，Biogen 的研发支出如图 5. 53 所示。

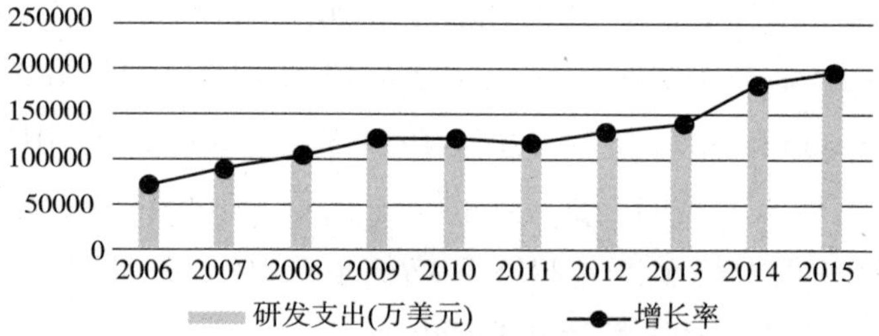

图 5. 53　Biogen 近十年研发支出趋势

数据来源：http：//www. statista. com/statistics/274274/biogen - idecs - spending - on - research - and - development

数据显示，Biogen 的研发经费支出基本上呈现逐年上升的趋势，由于阿尔茨海默病药物 BIIB037（aducanumab）的研发试验，2013—2015 年 Biogen 研发支出上升趋势较大，可知 Biogen 对研发的重视程度非常之大。与此同时，研发投入对新药的研发至关重要，表 5. 8 为 Biogen 目前正在投入临床试验的研发项目。

表 5.8　2015 年 Biogen 的研发项目情况

研究领域	候选产品	针对的疾病	临床试验阶段
神经内科	ZINBRYTA	多发性硬化症（MS）	阶段 3 已完成
	TYSABRI	继发进展性多发性硬化症	阶段 3
		急性缺血性中风	阶段 2
	ISIS – SMNRx	脊髓性肌肉萎缩症	阶段 3
	Anti – LINGO	急性视神经炎	阶段 2
		多发性硬化症（MS）	阶段 2
	Neublastin	神经源性疼痛	阶段 2
	BIIB037	阿兹海默氏症	准备进行阶段 3
	BAN2401	阿兹海默氏症	阶段 2
	E2609	阿兹海默氏症	阶段 2
	ISIS – DMPKRx	强直性肌营养不良	阶段 1
	BIIB061	多发性硬化症（MS）	阶段 1
血液学	ALPROLIX	B 型血友病	处于欧洲药品管理局（EMA）的审核中
	ELOCTATE	A 型血友病	处于欧洲药品管理局（EMA）的审核中
免疫学	STX – 100	特发性肺纤维变性	阶段 2a
	Anti – TWEAK	狼疮性肾炎	阶段 2
	Anti – CD40 Ligand	全身性红斑狼疮	阶段 1b
	Anti – BDCA2	全身性红斑狼疮	阶段 1
其他	GAZYVA	非霍奇金淋巴瘤	阶段 3
		狼疮性肾炎	阶段 2

由表 5.8 可知，Biogen 处于临床试验第三阶段的研发项目有 5 项，处于临床试验第二阶段的有 9 项，处于临床试验第一阶段的有 4 项，且这些研发项目多集中在神经系统疾病、自体免疫性疾病和血液疾病药物的研发。这一方面反映了 Biogen 具有极强的研发能力，其正在做的不仅仅是减缓疾病的进展，而且还在努力开发药物用以逆转中枢神经系统损害；另一方面则反映了 Biogen 对这几类药物研发的重视程度。

（2）专利产出

专利数量也从一定程度上反映了 Biogen 的研发能力，2009—2015 年，

Biogen 每年都有专利产出，可知 Biogen 的公司研发能力较强（图 5. 54）。

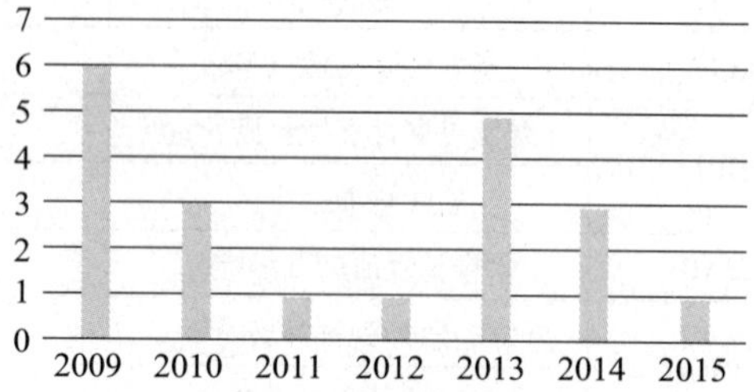

图 5. 54　2009—2015 年 Biogen 专利数量授权情况

数据来源：http：//stks. freshpatents. com/Biogen – Idec – Inc – nm1. php？ archive = 2015

4. 财务绩效

（1）营业额

Biogen 专注于通过研发和现代化经营来优化业务，提高盈利能力和效率。由图 5. 55 可知，Biogen 的收入逐年上升，销售情况较为稳定，且在 2013—2014 年间增长较快，2014 年相比于 2013 年增长了近 40%，其高速的增长主要依赖产品 TECFIDERA 的收入增长和主要产品价格的上涨。从目前来看，Biogen 的收入主要来源于其主要产品的销售，并且可能会持续依赖主要产品的销售。其中，销售增长最快的是产品 TECFIDERA；从长远来说，Biogen 收入的增长将取决于成功的临床开发、新的商业产品以及获得专利的能力。

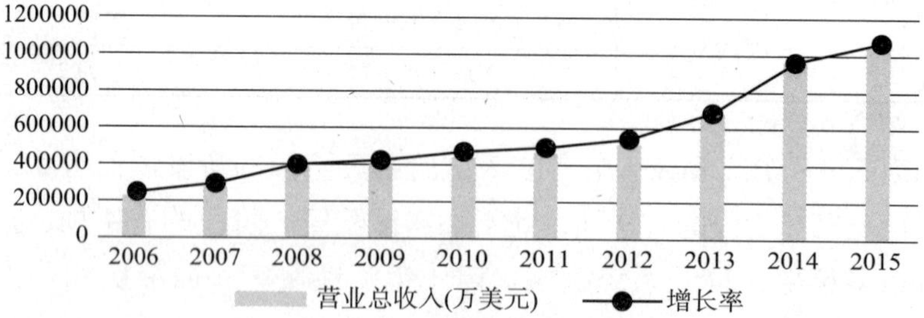

图 5. 55　Biogen 近十年营业总收入

（2）成本费用

随着 Biogen 的规模与业务的不断扩展及其研发活动的进行，经营成本也呈现上升趋势。图 5. 56 显示，Biogen 总成本和费用近十年来呈现上升趋势，2015 年相比于 2013 年上升了 33%，其上涨的原因主要是研发费用投入比重加大、无形资产的摊销、销售成本的上涨导致的；研发费用 2013 年相比于 2015 年增长了近 40%，其上涨主要是研发活动的增加以及研发活动预付款项的增加，其中针对阿兹海默氏症的药物 BIIB037 的研发和针对特发性肺纤维变性的药物 STX-100 的研发费用占很大的比重。无形资产摊销费用 2014 年相比于 2013 年上涨了 42.8%，主要是特许权利和专利费用的摊销，可知 2014 年该公司研发产出了多项专利技术，从一定程度上反映了 Biogen 拥有强大的研发能力和取得了一定的数量的研发成果。营业成本相比于 2013 年上涨了 45%，销售成本的增加主要是由于产品销量的上升导致的，还包括新产品的发布费用和合同费用、仿生物药品生产安排以及更高的版税支付。

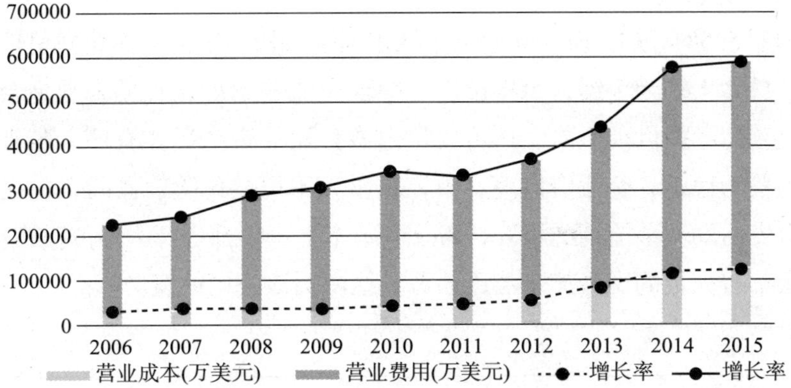

图 5.56　Biogen 近十年成本费用

（3）税后利润

净利润是一项非常重要的经济指标，对于企业投资者来说，净利润是获得投资回报大小的基本因素，对于企业管理者而言，净利润是进行经营管理决策的基础。同时，净利润也是评价企业盈利能力、管理绩效以至偿债能力的一个基本工具，是一个反映和分析企业多方面情况的综合指标。由图 5.57 可知，Biogen 近十年的净利润呈现上升趋势，且 2013 年相比于 2014 年有很大的涨幅，主要是因为产品 TECFIDERA 的收入增长和主要产品价格的上涨以及国外市场的扩展，同时收入的增长速度大于成本费用的上升速度，Biogen 的经营效益表现良好。

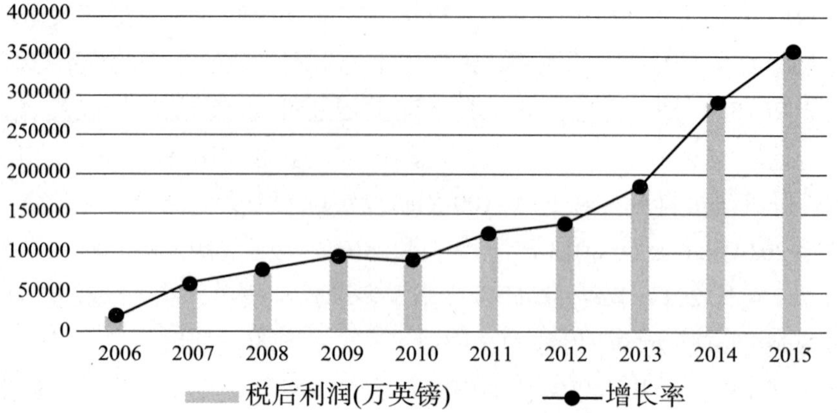

图 5. 57　Biogen 近十年税后利润

（4）现金流

由图 5. 58 可知，Biogen 近十年期末现金流较为正常、充足并呈现递增趋势，总体上较为平缓，每年都产生净现金流的增加，且期末现金余额主要由经营活动提供现金流。这可反映出该公司的资金运作有序，盈利及营运能力较为稳定，企业资信高，不存在重大不可控风险。同时，由投资活动和筹资活动现金流情况可知，Biogen 基本上每年都进行大量的投资活动，且每年都有充足的现金流来偿还债务，这说明该公司的资信较高。

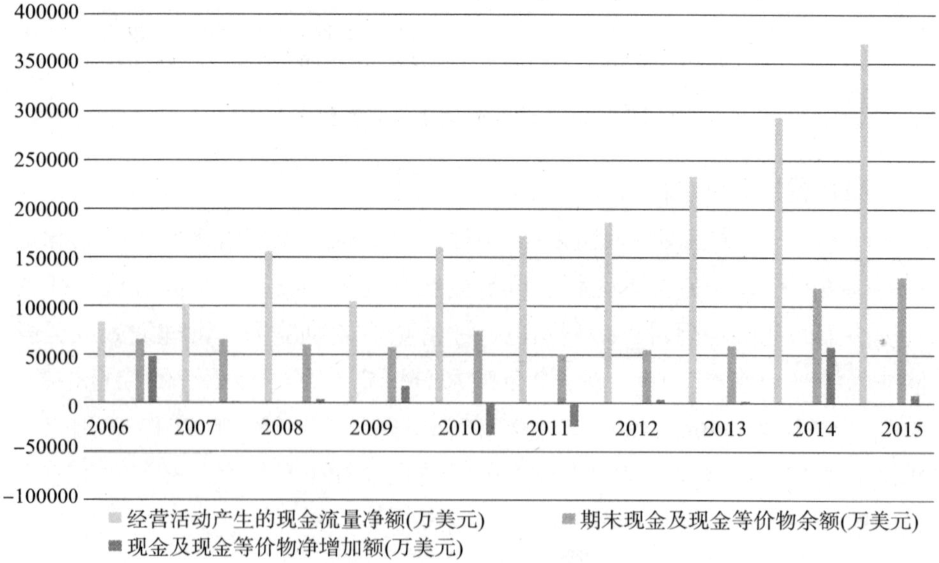

图 5. 58　Biogen 近十年现金流

（三）新基

1. 企业概况

新基（Celgene）于 1986 在特拉华州注册成立，总部位于美国纽约州塞米特，是一家致力于改善全球患者生活的全球性生物制药公司，专注于血液肿瘤、实体肿瘤临床治疗药物的研发及推广，并不断拓展免疫及炎性疾病、干细胞治疗等新的治疗领域，为患者提供真正能够改变生活的创新药物，同时注重药物产品的探索、开发以及商业化。新基致力于新的疗法和参与下一代疗法的研究，针对细胞内信号转导通路，癌症和免疫细胞蛋白质的平衡和表观遗传学，癌症和自身免疫性疾病及调节细胞疗法的治疗应用的研究。

目前，新基的主要医疗中心约有 300 多项采用新基化合物的临床试验，这些研究性化合物正在针对患有无法治愈的血液和固态瘤癌症的患者进行研究，包括多发性骨髓瘤、骨髓增生异常综合征、慢性淋巴细胞性白血病（CLL）、非霍奇金淋巴瘤（NHL）、骨髓纤维化、小细胞肺癌及前列腺癌等。

近两年，由药企巨头牵动的并购风潮狼烟四起，很多企业都希望通过强强联合的方式立足于市场并占据更多的市场份额。收入、利润率、每股收益等指标通过并购得到优化，规模、实力等得以跨越式增长，股价随着并购的加快扶摇直上，区域龙头们通过并购在该区域市场巩固优势地位甚至是占领垄断地位。

2015 年，新基收购频繁。其一，新基以 72 亿美元、每股 232 美元的价格对 Receptos 进行现金收购，进一步扩大公司在炎症和免疫治疗领域的业务组合，令公司 2019 年以后的收入实现多元化；其二，新基斥资 10 亿美元、以每股 93 美元的高价收购 Juno 公司 910 万股，拿到该公司 10% 的股份，此举帮助新基争抢到 CAR－T 癌症疗法和 TCT 细胞疗法的高地；其三，新基还和 Agios 制药公司合作，Agios 拥有十分有前景的、正在开发中的治疗白血病药物和其他肿瘤药物。此外，新基在免疫肿瘤学方面和阿斯利康也有合作。

2. 产品简介

（1）免疫调节药

新基的免疫调节药符合专利小分子、可口服化合物、通过多种作用机制调节免疫系统和其他生物目标的三大特点。其中，IMiDs 化合物目前处于审批阶段，来那度胺和 pomalidomide 已获得监管部门的批准并正在进行适应证临床试验评价。新基的免疫调节药已在近 70 个国家中被批准用于多发性骨髓瘤患者，如欧洲、美洲、中东和亚洲的联合地塞米松治疗。

（2）抗炎化合物

继 2014 年 FDA 批准 OTEZLA 治疗后，新基继续开发新的可口服的小分子来抑制多种炎性介质的生产，即抗炎化合物，包括白细胞介素 2（IL－2）、IL－12、IFN－γ、TNF－α、白三烯及一氧化氮合酶。此外，新基的部分抗炎化合物目前处于临床试验阶段，如 GED－0301、寡核苷酸、目标信使 RNA 的蛋白。

（3）激酶抑制剂

激酶是从细胞外环境来调节蛋白控制细胞的生长、分化和生存/死亡的传递生物信号的核基因。激酶抑制剂，如 c－Jun 氨基末端激酶（JNK），旨在结合并阻断基因调节激酶的活性，从而抑制激酶打开特定的基因并导致疾病的能力。

avl－292 是一种新颖、可口服、共价药物靶向布鲁顿酪氨酸的激酶（BTK）。BTK 和活化 B 细胞中的发展起着至关重要的作用，其抑制作用在 B 细胞治疗血液肿瘤上具有治疗意义，如非霍奇金淋巴瘤（NHL）、B 细胞慢性淋巴细胞白血病（B－CLL）、自身免疫性疾病（如类风湿性关节炎）等。

3. 研发投入及专利产出

（1）研发投入

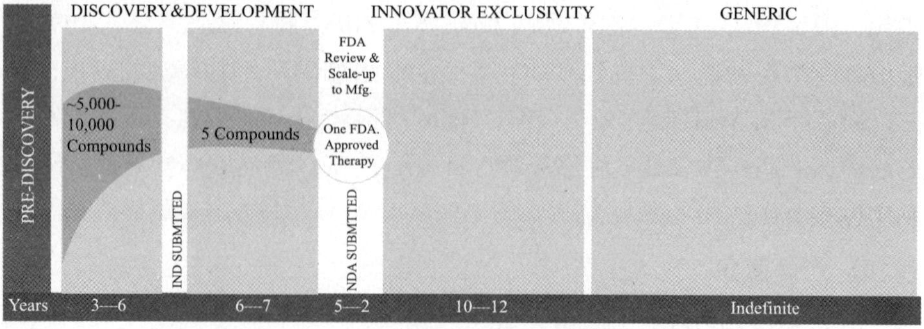

图 5.59　新基医药目标、研发过程及发展阶段

新基十分注重新药的研发工作，其研发是持续的、深度的，以及不同范式变化的创新管道。其战略性研发基地主要分布在美国和欧洲：新基欧洲研究所（CITRE）位于西班牙塞维利亚，是第一个在新基研发过程中发挥美国和欧洲研究社区网络的桥梁作用的研发基地；Celgene Avilomics Research 位于英国贝德福德，为新基提供价药物领导；Celgene Cellular Therapeutics 位于沃伦公司，主要负责研发新基的细胞疗法；Translational Development 位于美国旧金山，主要负责 IMiDs 的研发工作；Drug Discovery & Alliance Development 位于美国圣迭戈，主要负责表观遗传学和细胞内信号转导的研究与开发。

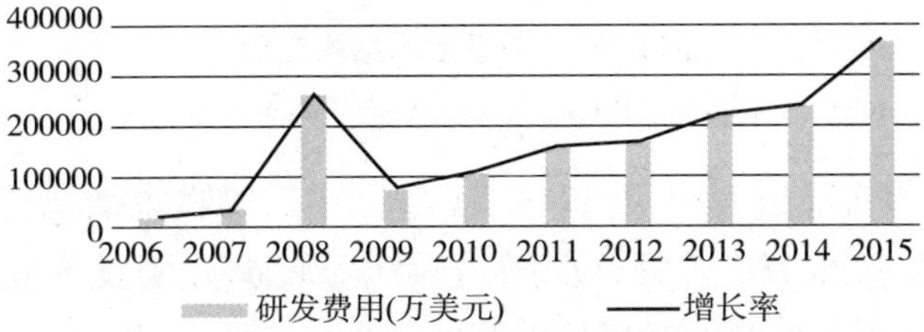

图 5.60 新基近十年研发费用

图 5.60 显示，2006 年以来，新基的研发费用整体呈稳步上升的趋势，由 2006 年的 2.6 亿美元增至 2015 年的 40 亿美元，增长近 15 倍。这说明新基愈发重视公司的药物研发，研发在公司发展中起到愈发重要的关键性作用。

（2）专利产出

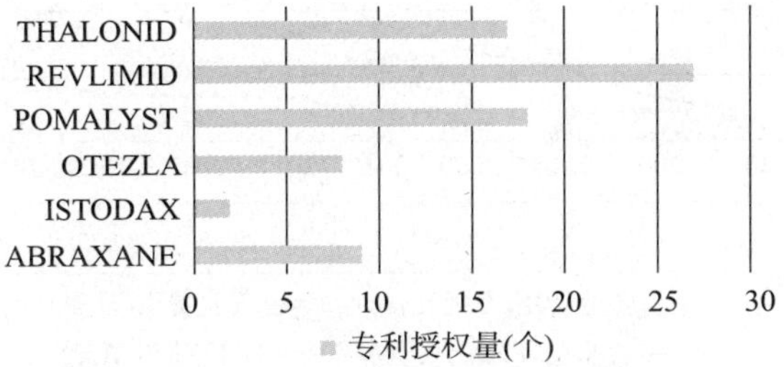

图 5.61 新基主要产品专利授权量

图 5.61 显示，新基的专利保护工作十分完善，其核心产品均拥有多个授权专利以实现全方位的产品保护，即专利族保护，且在专利即将过期时

及时申请新专利，以保证专利的延续性。

4. **财务绩效**

（1）股本变动

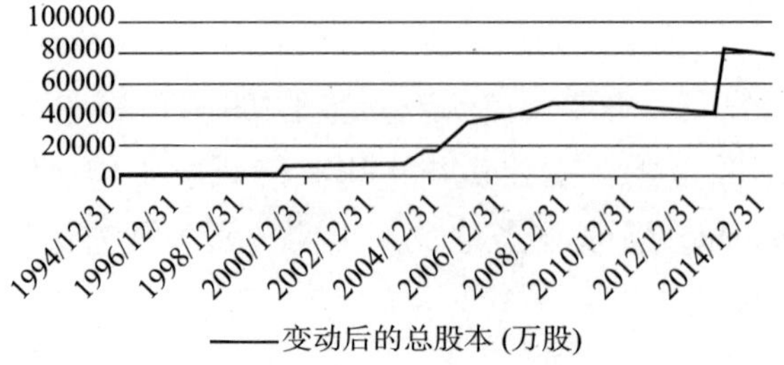

图 5. 62　新基股本结构变动

数据来源：http：//stockpage. 10jqka. com. cn/CELG/equity/

图 5. 62 为新基自 1994 年 12 月 31 日上市后的股本结构变动，上市伊始新基的股本总计 786 万股，在经过几次一股拆分两股等变动后，截至 2016 年 2 月 5 日，新基变动后的总股本为 7. 8 亿股。

（2）营业状况

过去五年内，新基以每年超过 25% 的利润增长率快速发展，五年平均销售增长率为 24. 4% 。

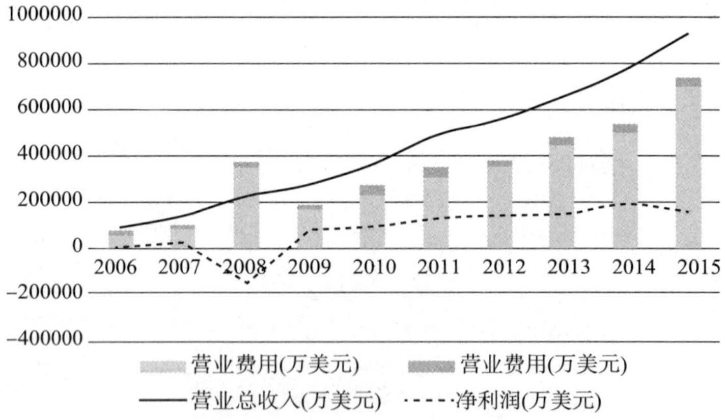

图 5. 63　新基近十年营业状况

图 5. 63 显示，近十年来新基的营业状况良好，剔除 2008 年特殊情况，新基的营业收入和净利润稳步上升，营业收入由 2006 年的 9 亿美元翻十番

至2015年的93亿美元，净利润由2006年的0.7亿美元翻23番至16亿美元。成本费用方面，营业费用所占比重远大于营业成本。

（3）现金流

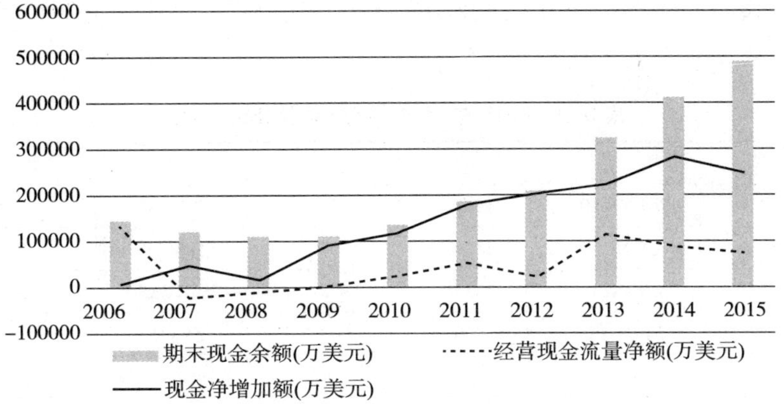

图5.64　新基近十年现金流

图5.64显示，新基近十年的现金状况呈现下降后稳步上升的趋势。期末现金余额从2006年的14亿美元降至2009年的11亿美元后，缓慢反弹至2015年的48亿美元；经营现金流量净额和现金净增加额变动趋势基本一致，在2008年后出现上升趋势并于近两年呈现下降趋势。

（四）辉瑞

1. 企业概况

辉瑞（Pfizer）是全球最大的制药企业，同时也是行业里股票最有价值、最赚钱的公司，在福布斯发布的“2013全球企业2000强：制药企业龙虎榜”中排行第一。辉瑞公司于1942年6月2日在美国特拉华州注册成立，是一家以研究为基础的全球性生物制药公司，主要开发和制造安全与价值标准多样化的全球保健产品，总部位于纽约。公司的多元化医疗保健产品包括人类、动物和生物小分子药品和疫苗，以及营养产品和许多世界最驰名的消费保健产品。辉瑞拥有55个生产基地，业务遍布全球约175个国家和地区，有10种产品的销售额超过10亿美元，且2014年新增200个研发合作机构，在全球有78300余名员工。2015年，辉瑞收入达49亿美元，共7个产品销售额超过10亿美元，员工数达97000。

2. 产品简介

辉瑞的创新产品业务分为两个经营分部，即全球创新药物和全球疫苗、肿瘤和消费者保健，其畅销产品包括降胆固醇药立普妥、口服抗真菌药大扶康、抗生素希舒美，以及治阳痿药万艾可等。具体对应2015年销售收入如表5.9所示。

表5.9 2015年辉瑞热销产品及其销售收入（单位：百万美元）

排名	产品	销售收入	排名	产品	销售收入
1	PREVNAR	6245	6	SUTENT	1120
2	LYRICA	4839	7	PREMARIN	1018
3	ENBREL	3333	8	NARVASC	991
4	LIPITOR	1860	9	ZYVOX	883
5	VIAGRA	1708	10	CELEBREX	830

（1）肿瘤科

辉瑞和默克合作，构建了一个极具竞争力的肿瘤研究平台，重点研究利用机体的免疫系统来治疗肿瘤。2015年，Ibrance被FDA批准用于治疗女性转移性乳腺癌，Xalkori被FDA批准作为分子亚型的非小细胞肺癌的一个潜在的治疗。此外，avelumab预计可用于治疗膀胱、肾、头部、颈部、胃方面的肿瘤。

（2）炎症与免疫

针对类风湿性关节炎、银屑病、溃疡性结肠炎等炎症，辉瑞开拓使用JAK抑制剂干扰炎症过程。始于XELJANZ，辉瑞在JAK科学领域方面世界领先，目前正致力于研发前景巨大的JAK3和JAK1/TYK2双重作用的化合物以解决炎症性肠病以及红斑狼疮。

（3）心血管与代谢性疾病

心脏监护方面，bococizumab——一种单克隆抗体，其目标蛋白的干扰与低密度脂蛋白（LDL）的去除密切相关，其降脂临床试验在2016年完成。代谢性疾病方面，辉瑞和默克合作开发ertugliflozin——新一类糖尿病药物SGLT2抑制剂。

（4）神经学科与疼痛

近30年来，帕金森病未取得创新疗法，辉瑞目前正在推进研发帕金森疗法。辉瑞正在探索跨诊断领域的概念，相同的治疗原则可以应用于一系列的心理障碍，如了解大脑的 AMPA 受体运作可以深入了解用于治疗严重精神类的新的潜在性药物条件，AMPA 受体计划主要用于治疗与精神分裂症有关的学习和记忆方面的困难问题。慢性疼痛治疗方面，辉瑞和礼来研发的 tanezumab 被 FDA 批准用于继续测试后期临床效果。

（5）罕见的疾病

辉瑞拥有 20 年的罕见病治疗经验构建，产品线主要包括由镰状细胞疾病影响的潜在治疗方法，TTR 心肌病，生长激素缺乏症，Duchenne 型肌营养不良症、亨廷顿病、囊性纤维化和其他罕见的疾病。此外，Rivipansel 镰状细胞危象于 2015 年进入 3 期研究；2015 年，FDA 批准雷帕霉素用于治疗淋巴管平滑肌瘤病。

（6）疫苗

Prevnar 13 是适用于婴儿和成年人的肺炎球菌疾病的预防疫苗。2015 年，辉瑞开始进行金黄色葡萄球菌疫苗和梭状芽孢杆菌疫苗的 2 期临床试验。此外，由于缺乏保护孕妇和新生儿的许可性疫苗，辉瑞正在研发防止危险感染的母体接种疫苗，如 B 组链球菌、呼吸道合胞病毒、巨细胞病毒等疫苗。

3. 研发投入及专利产出

（1）研发投入

一种新药从研发到临床使用，成本及工序十分复杂。以 PREVENAR 13 为例，每生产一剂量，需要 1700 名员工、678 次质量检测、400 种不同的原材料、580 道制造工序，共耗时 2.5 年。

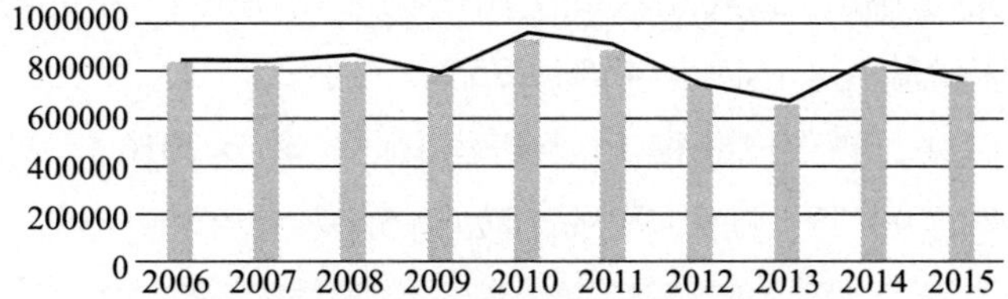

图 5.65 辉瑞研发费用

图 5.65 显示，2006 年至今，辉瑞的研发费用整体较稳定但呈现小幅下滑趋势，2006 年的研发费用为 84 亿美元，2015 年的研发费用为 80 亿美

元，减少4亿美元，2010年的研发费用最高，达到了95亿美元。

（2）专利产出

2015年，辉瑞在美国专利数为129个，其他地区为1807个。

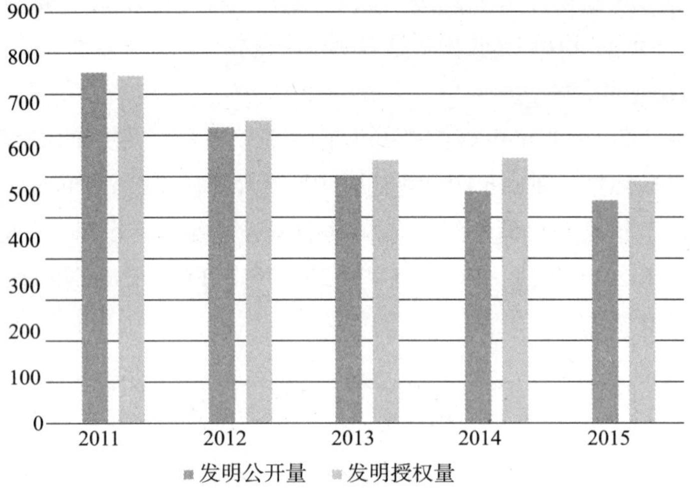

图5.66 辉瑞近五年发明专利产出

专利公开量在一定程度上代表着企业的创新意识，专利授权量在一定程度上代表着企业的创新能力。图5.66显示，辉瑞近五年的发明专利公开量和发明专利授权量均逐年下降，这说明辉瑞的创新意识和创新能力逐年下降。

4. 新药审批

新药审批是一个十分漫长的过程，临床试验在其中发挥着至关重要的作用。从发现药用机理到药品获批使用平均需要花费12年的时间和12亿美元，而临床试验几乎占比为45%～75%。

2011年以来，辉瑞已获得15个新药审批；截至2016年2月，辉瑞产品线在研新药共90个，具体所处阶段如图5.67所示。

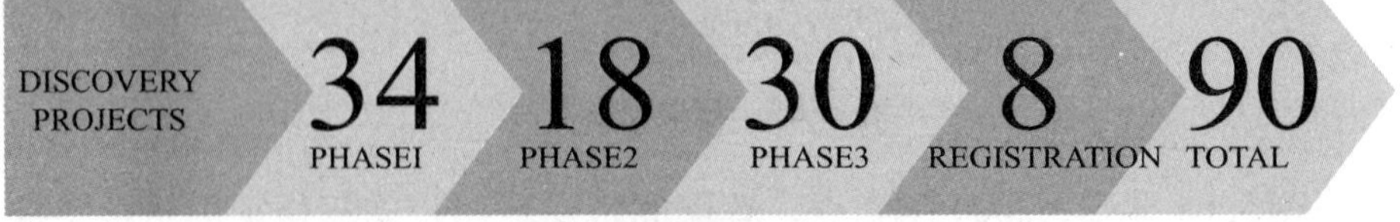

图5.67 辉瑞新药审批现状

数据来源：https：//www.pfizer.com/files/investors/financial_reports/annual_reports/2015/pipeline.html

5. 财务绩效

（1）营业状况

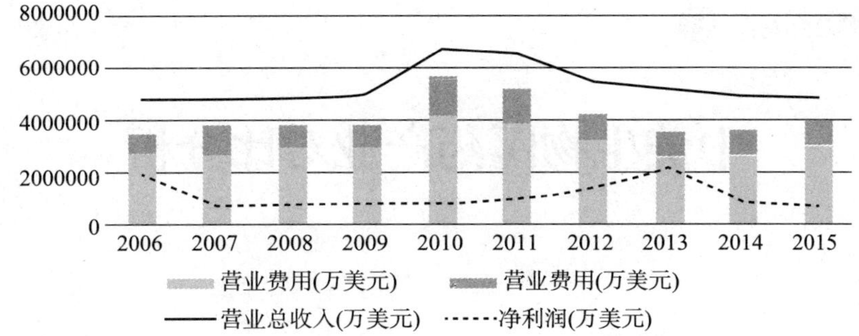

图 5. 68 辉瑞近十年营业状况

图 5. 68 显示，近十年辉瑞的营业状况呈现步入高峰期后逐渐降低的趋势，营业总收入和成本费用的巅峰期在 2010 年，净利润的巅峰期在 2013 年，高达 220 亿美元。

（2）现金流

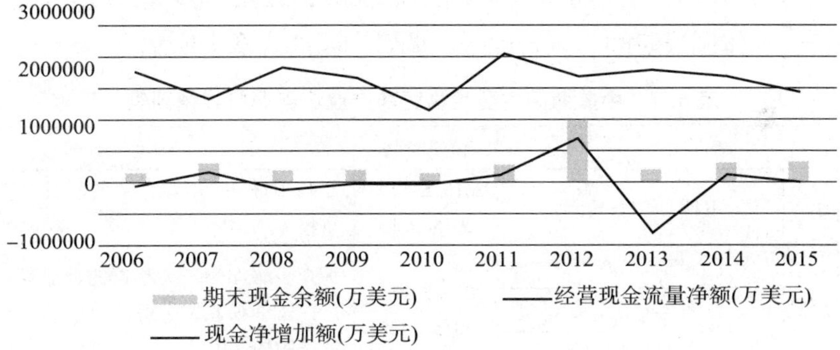

图 5. 69 辉瑞近十年现金流

图 5. 69 显示，辉瑞近十年的现金状况较不稳定，在这个过程中，辉瑞的现金流状况不增反减，尤其是经营现金流量净额，从 2006 年的 175 亿美元降至 2015 年的 14 亿美元，最低时为 2010 年的 11 亿美元。再看期末现金余额和现金净增加额，虽然波动较大，但十年发展的结果是小幅增长。其中，期末现金余额从 2006 年的 18 亿美元翻番至 2015 年的 36 亿美元，现金净增加额从 2006 年的 -4 亿美元增至 2015 年的 3 亿美元。

第六章

chapter 6

中美生物医药产业对比分析

一、国家层对比分析

笔者自 2014 年 10 月正式开始，对中国生物医药产业创新发展较好的省份的产业基地、集群进行了实地调研和走访，如北京的大兴生物医药基地、中关村生命科学园以及北京经济技术开发区；上海张江药谷；深圳生物医药产业集群等。同时，实地考察了美国加州旧金山湾、洛杉矶、圣迭戈、北卡的 RTP 研究三角园以及美国东北部新泽西、马萨诸塞州等地的产业集群，具体调研时间、调研地区、调研内容如表 6. 1 所示。

表 6. 1 中美两国主要生物医药产业集群调研详情列表

调研地区			调研时间	内容
美国	北卡	RTP 研究三角园	2015. 5. 12—2015. 5. 13	了解 RTP 三角园的发展特征、企业规模
	加州	旧金山湾	2015. 7. 13—2015. 7. 25	调查了解加州三大集群的产业环境和产业发展模式，了解风险资本在产业发展中的作用
		洛杉矶		
		圣地亚哥		
	美国东北部地区	著名生物医药生产企业	2015. 8. 3—2015. 8. 12	考察波士顿生物技术产业集聚区生物医药产业发展特征；新泽西州生物医药产业发展规模及政策；走访部分生物医药企业
		波士顿生物技术产业集聚区		
		马萨诸塞州生物技术研究园		
	北卡	RTP 研究三角园	2015. 8. 17—2015. 8. 18	去了解北卡三角园生物医药产业集群的发展历史、特征等
	北卡	RTP 研究三角园	2016. 6. 17—2016. 6. 19	走访 RTP 三角园的知名企业如 GSK、Biogen Idec 等生物医药企业

续表

<table>
<tr><th colspan="3">调研地区</th><th>调研时间</th><th>内容</th></tr>
<tr><td rowspan="4">中国</td><td>江苏</td><td>某生物医药企业</td><td>2014. 12. 13—2014. 12. 14</td><td>了解生物医药行业发展的现状、问题</td></tr>
<tr><td>北京</td><td>大兴生物医药基地</td><td>2016. 5. 22—2016. 5. 23</td><td>走访企业了解其研发网络和影响其创新积极性的因素</td></tr>
<tr><td>上海</td><td>张江高科技园区；部分生物医药企业</td><td>2016. 6. 16—2016. 6. 23</td><td>了解上海产业发展特征；张江发展情况；部分企业走访</td></tr>
<tr><td>北京</td><td>中关村生命科学园</td><td>2016. 6. 24—2016. 6. 26</td><td>了解现有政策法规对企业发展的影响及其改善点</td></tr>
</table>

期间，历经近两年进一步对中美生物医药产业发展较为典型的地区、基地、研究中心的部分著名企业进行了实地调研和走访，如中国的北京、上海、深圳、武汉四大生物医药产业集群的部分研究基地和著名企业。同时，实地考察了美国加州旧金山湾、洛杉矶、圣迭戈、北卡的 RTP 研究三角园以及美国东北部的新泽西、马萨诸塞州等地的产业集群以及部分著名企业，具体调研地区、调研基地，以及调研企业如表 6. 2 所示。

表 6. 2　实地调研中美两国生物医药产业集群及企业列表

<table>
<tr><th>国别</th><th>地区</th><th>生产基地</th><th>企业</th></tr>
<tr><td rowspan="6">中国</td><td rowspan="3">北京</td><td>大兴生物医药基地</td><td rowspan="6">上海莱士；
江苏恒瑞；
上海复星；
湖南尔康</td></tr>
<tr><td>中关村生命科学园</td></tr>
<tr><td>北京经济技术开发区</td></tr>
<tr><td>上海</td><td>张江药谷</td></tr>
<tr><td>深圳</td><td>八大区域板块</td></tr>
<tr><td>武汉</td><td>光谷生物医药产业园</td></tr>
<tr><td rowspan="4">美国</td><td rowspan="3">加州</td><td>旧金山湾</td><td rowspan="4">葛兰素史克；
辉瑞；
百健艾迪；
新基</td></tr>
<tr><td>洛杉矶</td></tr>
<tr><td>圣地亚哥</td></tr>
<tr><td>北卡</td><td>RTP 三角园</td></tr>
</table>

续表

国别	地区	生产基地	企业
美国	新泽西	默克、罗氏、诺华、强生、赛诺菲、拜耳、辉瑞等著名生物医药制造企业	葛兰素史克；辉瑞；百健艾迪；新基
	马里兰州	Cpatiol 生物医药产业集群	
	华盛顿特区	华盛顿生物技术产业集聚区	
	马萨诸塞州	波士顿生物技术产业集聚区	
		马萨诸塞州生物技术研究园	
	纽约州	Regeneron；Forest - Laboratories 等医疗器械公司	

中美生物医药产业实地调研和访谈一方面检验了前期理论的研究成果，同时对于笔者客观全面地认识中美两国生物医药产业创新能力的现状提供了有利条件，也为后期差距对比分析及建议提出提供了有力佐证。笔者通过理论及对著名生物医药产业园区（基地）、产业集群以及辖区企业实地调研分析，从国家层面、产业集群（基地）和企业三个层面层层解构，对比分析了中美生物医药产业发展的现状及创新能力差距，具体分析结果如下。

（一）企业分布

为准确进行中美生物医药企业分布对比，笔者以部分中美上市生物医药相关企业作为主要的分析对象。美国方面，截至 2016 年 4 月 13 日，笔者以 BIO 为关键词筛选得到 183 家在美国纳斯达克上市的生物（技术、制药和设备等）公司，以该 183 家公司的地域分布情况推断美国生物医药企业的分布情况；中国方面，笔者标识 151 家上市生物医药企业的分布情况，并以此推断全国生物医药企业的分布情况。对比分析结果如图 6.1 和图 6.2 所示。

生物医药产业具有明显的集聚特征。美国是全球生物医药产业的重要集聚地，其生物医药产业销售收入占全球市场销售额的 50% 左右。在空间布局上，美国生物医药产业高度集聚，加州和麻省两州集聚了美国 50% 以上的生物医药企业，还形成了集聚美国 76% 生物医药企业的加州、波士顿、华盛顿和北卡等著名产业集群；而中国的生物医药企业分布相对分

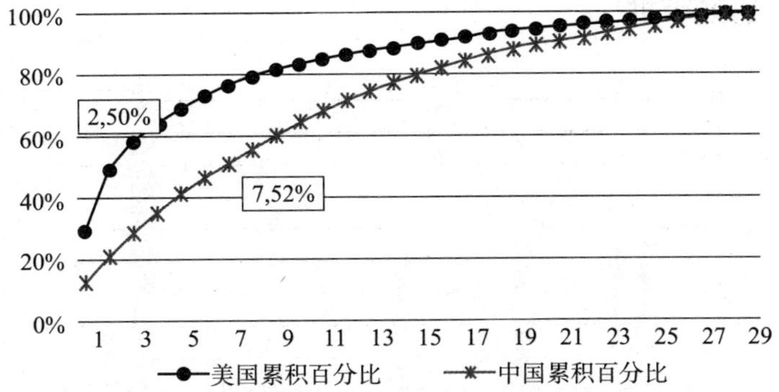

图 6.1　中美生物医药企业分布累计百分比

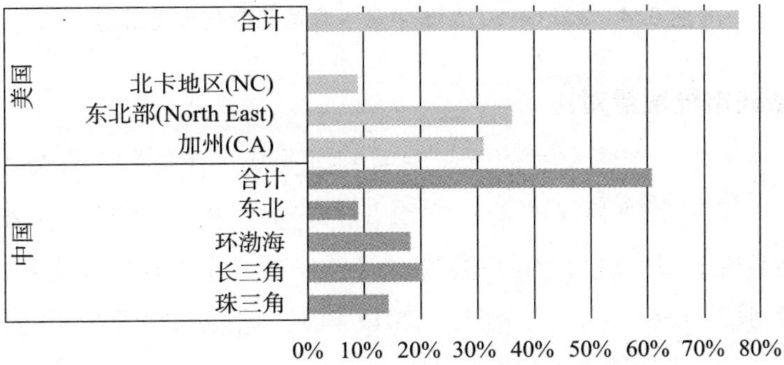

图 6.2　中美生物医药企业分布密度

散，集聚程度普遍较低，广东、北京、浙江、江苏、上海、山东和吉林七个省市集聚了中国生物医药企业的 52%，形成了珠三角、长三角、环渤海和东北等产业集群，但也仅集聚了中国 61% 的生物医药企业。图 6.3 清晰显示，中美生物医药产业集聚特征具有明显的差异，美国生物医药产业高度集中，而中国生物医药产业集中度相对较低。

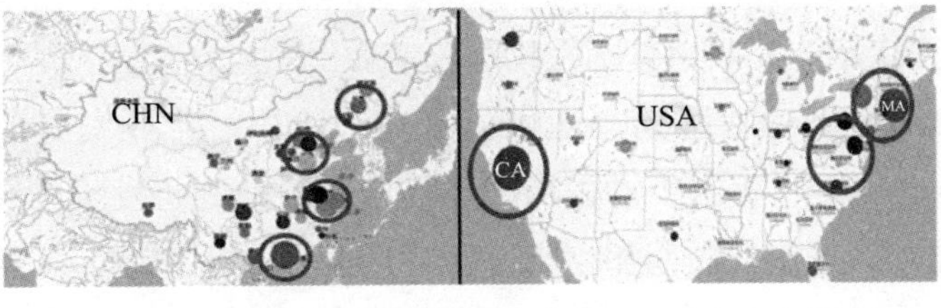

图 6.3　中美生物医药企业分布

（二）医药审批

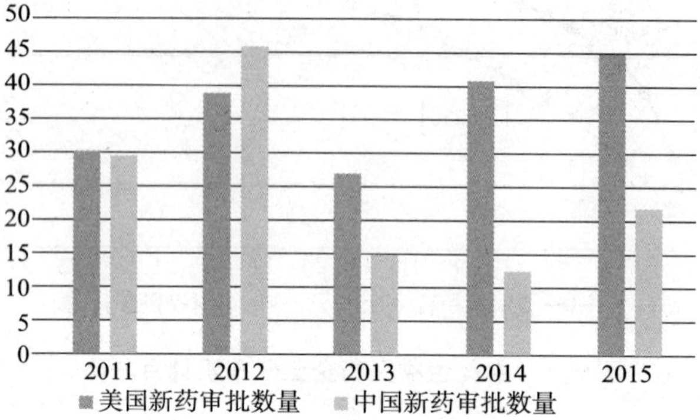

图 6.4　2011—2015 年中美生物医药新药审批数量

1. 新药审批数量对比

药物创新是一个国家医药行业发展的排头兵。美国作为创新药实力最强的国家，领先全球并保持着稳定增长的趋势；相比之下，在 2011 年和 2012 年中国新药审批数量和美国基本保持一致，但 2013 年以来，中国新药审批数量减少 50% 以上（相比于 2012 年），这说明中国在新药领域创新的持续性不足，缺乏稳定持续的创新。

2. 新药研发及审批周期对比

表 6.3　中美生物医药新药研发及审批周期对比

研发阶段		临床研究申请（IND）	临床实验			新药申请（NDA）
			临床Ⅰ期	临床Ⅱ期	临床Ⅲ期	
美国	6.5 年	30 天	1.5 年	2 年	3.5 年	1.2 年
中国	5.3 年	150 ~ 170 天	7.4 年	1.5 年		

经过近 50 年的发展，美国生物医药产业已形成一条完善的新药研发及审批程序，而中国生物医药产业仅处于初级阶段，产业发展范式尚未形成。如表 6.3 所示，美国生物医药产业临床实验前的研发阶段经历时间明显高于中国，医药审批周期和临床试验周期明显少于中国，新药申请审批阶段，美国表现得更加有效率。从整体来讲，美国生物医药产业新药研发及审批程序有条理、安排合理，并形成了一个发展范式，而中国有待摸索

出一个适合中国背景的产业发展范式。

（三）R&D 投入

生物医药产业 R&D 支出能够反映产业的创新投入情况，进而反映产业的创新能力，因此中美生物医药产业 R&D 支出对比是中美生物医药产业创新能力研究的重要内容之一。笔者选取美国 phRMA 成员国的 R&D 支出数据代表美国生物医药产业的 R&D 支出情况。具体数据如图 6.5 所示。

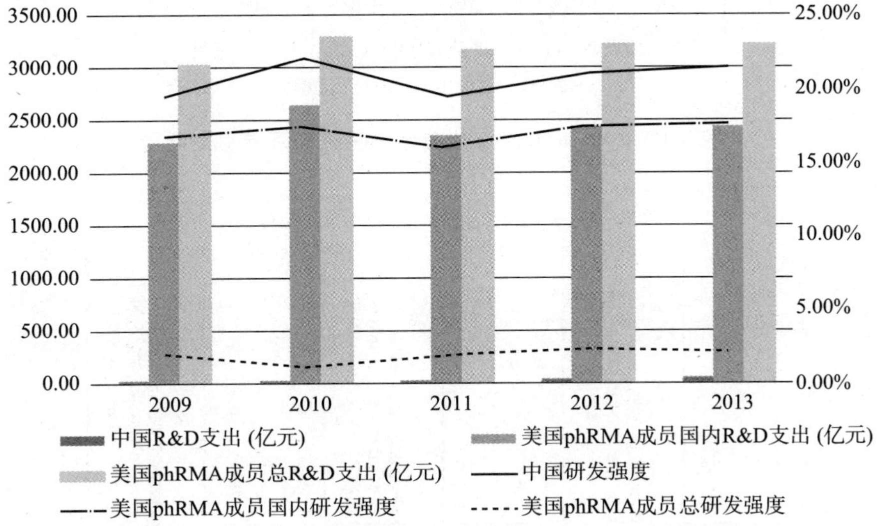

图 6.5　中美生物医药产业 R&D 支出及投入强度对比图

数据显示，中美生物医药产业研发投入总量和研发强度均差距巨大。在研发投入总量方面，美国 R&D 总支出在 3000 亿～3300 亿元波动，基本维持在 3200 亿元左右，其中美国国内 R&D 支出在 2400 亿元左右波动，占美国总 R&D 支出的 75%；相比之下，我国 R&D 支出基数小，但呈逐年上升趋势：2013 年生物医药 R&D 支出达到 53.73 亿元，是 2009 年的三倍。在研发强度方面，2013 年中国生物医药产业研发投入强度仅为 2.24%，远小于美国的 21.34%。整体来讲，我国生物医药产业研发投入总量严重不足，企业研发投入强度也有待增大。

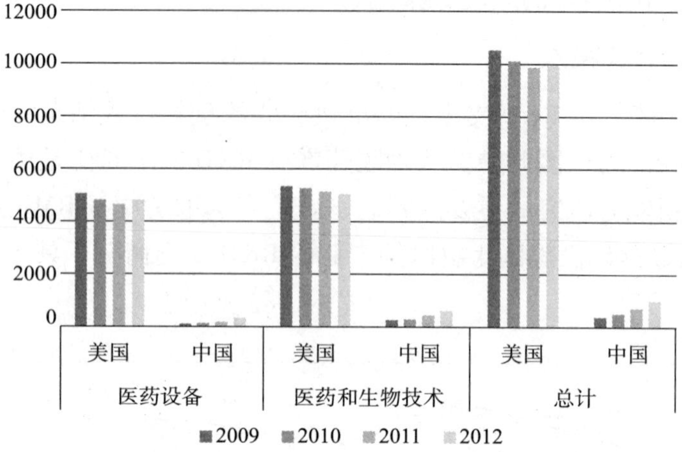

图 6.6　2009—2012 年中美生物医药 PCT 专利对比

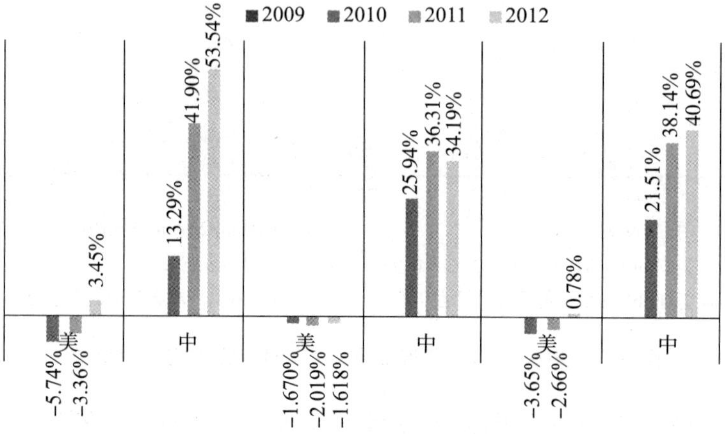

图 6.7　2009—2012 年中美生物医药 PCT 专利增长率

（四）专利产出

截至 2011 年，美国、欧洲、日本在生物医药领域的专利申请数量分别占全球生物医药领域专利申请总量的 53%（79989 件）、19%（28646 件）和 14%（20565 件），而我国仅占 7%（11011 件）。图 6.6 和图 6.7 为 2009—2012 年中美两国在生物医药领域获得注册的 PCT 专利数量及增长率，可以发现中国在生物医药领域专利数量和美国存在巨大的差距，但美国专利数量出现微弱减少，而中国保持快速追赶：中国专利数量由 2009 年的 451 件（不足美国专利数量的 1/20）增长到 2012 年的 1065 件（美国专利数量的 1/10 以上）。此外，中国在医疗设备和医药与生物技术两个领域的专利构成为 1 ∶ 2，而美国基本保持为 1 ∶ 1，中美两国专利结构存在差异，反映出我国生物医药产业发展不均衡，甚至是对生物医药设备发展存在忽视。

（五）产值税收

1. 产值

总产值是指在一定时期内企业生产最终产品的总价值量，表明企业工业生产的总规模和总水平。对中美生物医药总产值进行对比，分析中美生物医药产业规模和实力的差距，对比结果如图 6. 8 所示。

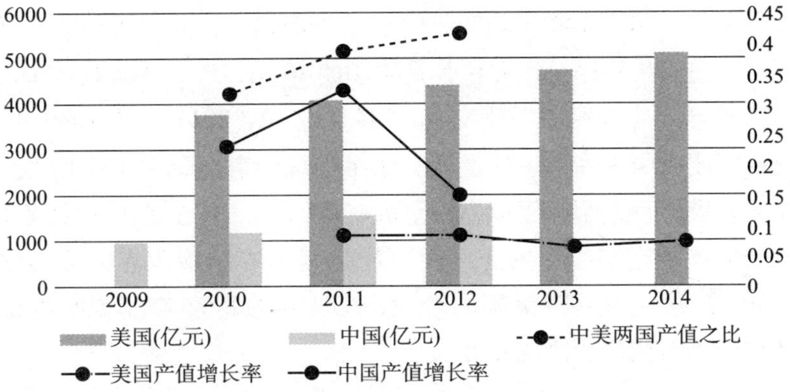

图 6. 8　中美生物医药产业总产值对比图

数据显示，中美两国生物医药产业总产值均呈逐年上升趋势。相较于美国的平稳发展，我国生物医药产业发展增长极不稳定：美国生物医药产业产值增长率在 7. 5% 的水平上下波动，增速稳定；而我国生物医药产业产值增长率在 15% 以上，但增速变化巨大。综上可知：中国生物医药产业目前处于快速发展期，美国生物医药产业目前处于成熟期，发展速度已经放缓。

2. 税收

生物医药产业税收情况可以在一定程度上反映产业的规模和对社会的贡献水平。中美生物医药产业税收数据对比结果如图 6. 9 所示，其中中国生物医药产业数据源于《中国科技统计年鉴》统计的利税数据和利润数据，根据“税收 = 利税 - 利润”计算出中国税收的情况。

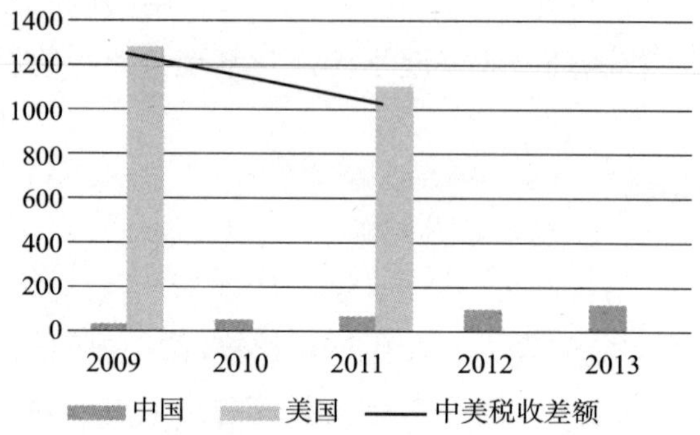

图 6.9　中美生物医药制造业税收情况对比图

数据显示，美国生物医药产业税收呈下降趋势，而中国税收在逐年增长。同时，美国生物医药产业税收是中国的 10 倍以上，中美税收情况差距较大。2009 年，中美税收差距高达 1244.1 亿元，2011 年为 1030.9 亿元，虽较之前相比有所下降但也处于较高水平。总而言之，中美生物医药产业税收差距较大，且差距在逐年缩小。究其原因，一方面是因为中美生物医药产业产值差距在减少；另一方面可能是美国的政策优惠力度在逐步增大。因此，中国应该紧跟美国的步伐，加大生物医药产业税收的优惠力度，扶持生物医药产业快速发展。

二、集群层对比分析——上海 VS 加州

（一）R&D 投入

R&D 投入主要来源于政府资金和企业资金，需要特别说明的是，加州生物医药集群的风险投资相当于上海生物医药集群的企业资金。图 6.10 和图 6.11 分别为 R&D 投入中，美国加州生物医药集群和中国上海生物医药集群的政府资金对比和企业资金对比。

数据显示，美国加州和中国上海的生物医药 R&D 投入差距较大，加州仅从政府和风险投资获得的投资注入额就高达四百亿以上。2014 年，政府和风投资金总额 525 亿元，而上海仅有不超过 25 亿元，差距超过 20 倍。投资来源比例方面，加州 R&D 投入的政府资金和风险投资几乎各占 50%，

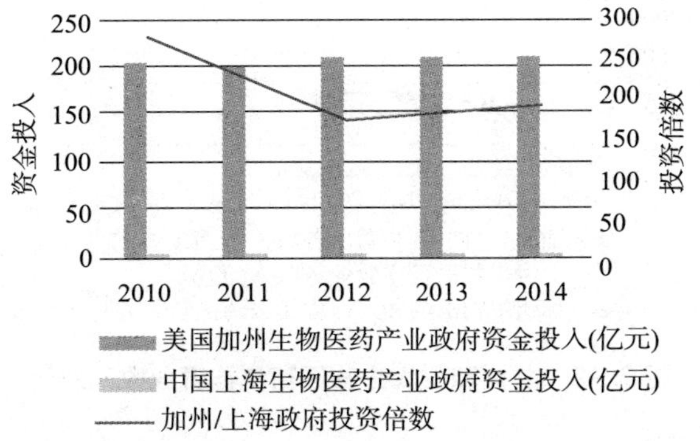

图 6. 10 加州和上海生物医药集群政府资金对比

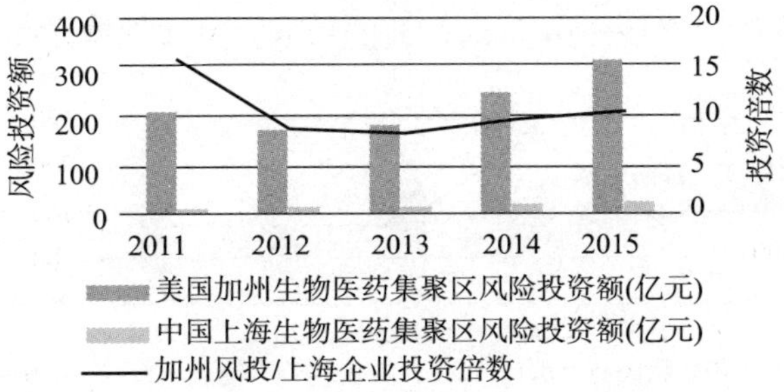

图 6. 11 加州和上海生物医药集群企业资金对比

而上海 R&D 投入几乎完全依靠企业资金，政府的扶持力度非常微弱。R&D 投入的巨大差距也反映出两个生物医药集群的创新投入差距。

综合分析，上海生物医药集群需要立足优势，培育融资环境，吸引投资，增加创新投入，以促进创新能力的提高；政府应该增加资金扶持，增进风险资本投入，为产业创新能力提高发挥积极作用。

（二）营业收入

主营业务收入是指企业经常性的、主要业务所产生的基本收入，是体现客体生产规模和水平的重要指标。对其进行分析可体现美国加州和中国上海集群的产业规模和实力差距，对比结果如图 6. 12 所示。

数据显示，加州生物医药产业的主营业务收入远高于上海。虽然两个集聚区都保持着稳定发展的趋势，但差距依然明显：2014 年，加州生物医药产业业务收入已超过上海生物医药的近 10 倍。

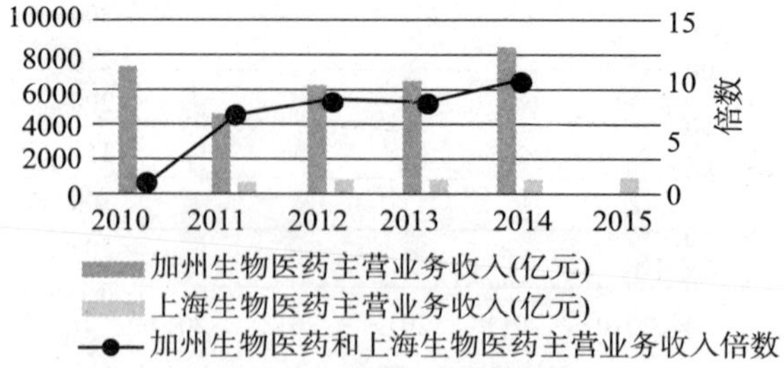

图 6.12　加州和上海生物医药集群营业收入对比

（三）出口情况

生物医药集群的出口情况能够反映该集群产品的接受程度，对其分析可以侧面体现出两个生物医药集群对行业的影响，具体数据如图 6.13 所示。

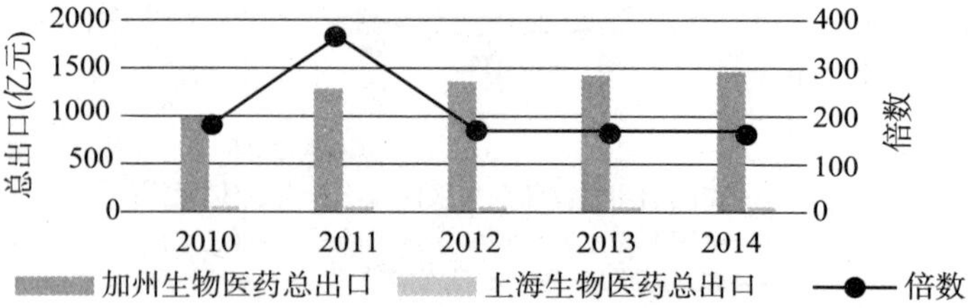

图 6.13　加州和上海生物医药集群出口情况对比

相较于加州生物医药产业出口额，上海生物医药新产品出口额几近为零，这在一定程度上反映了我国生物医药产业缺乏国际竞争力。

三、企业层对比分析

按照公司市值排名选取前四名中国生物医药企业，参考福布斯公布的生物医药板块排名选取前四名美国生物医药企业，笔者按照顺序对比原则，对相关指标进行一一对比分析，即第一名 VS 第一名、第二名 VS 第二名、第三名 VS 第三名、第四名 VS 第四名，随后再根据各指标加和平均后的结果进行比较。

（一）R&D 投入

1. 上海莱士——辉瑞

作为一家发展较为成熟的生物医药企业，辉瑞拥有先进的技术实力、

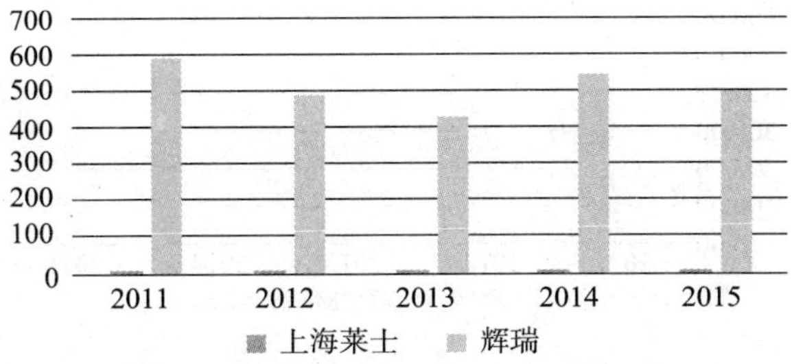

图 6. 14　辉瑞和莱士的研发投入数量对比（单位：亿元）

雄厚的资本实力，每年稳定投入 500 亿元左右的研发资金；而上海莱士以经营血液制品为主，其在血液制品方面的技术较为成熟，依靠现有的成熟产品开发市场，对现有研发市场并不重视，虽近年来研发投入金额增幅较大，但由于固有观念等的限制，2015 年的研发投入金额仅为 1 亿元。

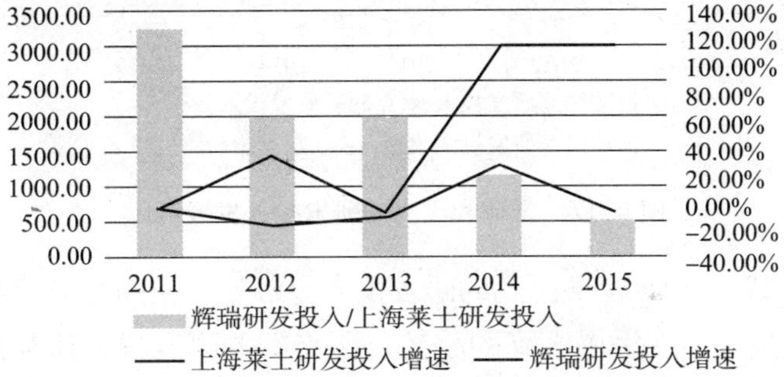

图 6. 15　辉瑞和莱士的研发投入发展对比

图 6. 15 显示，辉瑞制药研发投入/上海莱士研发投入的历年比值说明近年来莱士和辉瑞之间的差距正逐渐缩小，由 2011 年的 3276. 72 倍缩至 2015 年的 494. 9 倍。差距缩减部分源于辉瑞研发投入的负增长，更多地归因于莱士在企业规模和研发投入意愿两个方面的明显提升：2011 年莱士研发投入增速为 -5. 26%，2015 年已高达 114. 89%。

2. 恒瑞——默克制药

图 6. 16 可直观地反映恒瑞医药和默克制药在研发投入方面的巨大差异。恒瑞医药作为国内抗肿瘤药物研发的排头兵，投入了大量的资金用于创新药物的研发，发展迅速并在业内赢得了良好的信誉。近五年来，其研发投入由 4. 3 亿元稳步增长至 8. 92 亿元。即使是这样，恒瑞医药的研发投

图 6.16　恒瑞和默克的研发投入数量对比（单位：亿元）

入总额依然不能与研发投入逐年减少的默克制药相比。

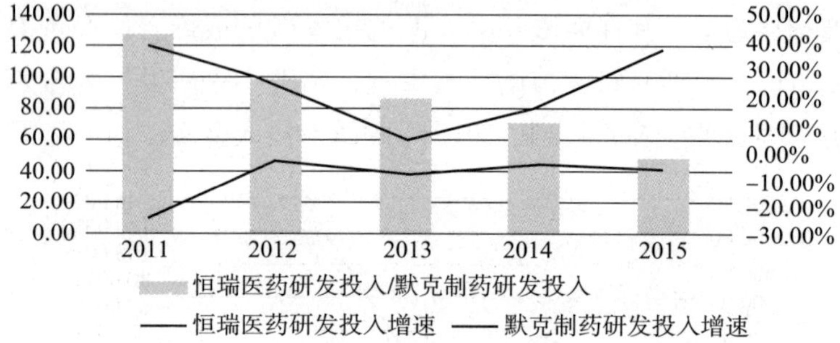

图 6.17　恒瑞和默克的研发投入发展对比

由图 6.17 可知，恒瑞医药的研发投入金额处于较高的增长水平，默克制药的研发投入呈现缓慢下降的趋势，两者间的研发投入比从最高的 127 倍下降到 2015 年的 48 倍。

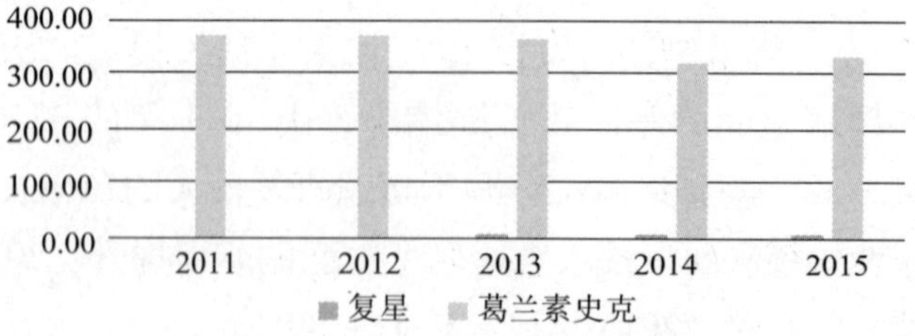

图 6.18　复星和葛兰素史克的研发投入数量对比（单位：亿元）

3. 复星——葛兰素史克

图6.18 显示，虽然近五年葛兰素史克的研发投入呈略微下降趋势，复兴医药的研发投入增长较快，但复兴医药和葛兰素史克之间的差距仍然非常大。

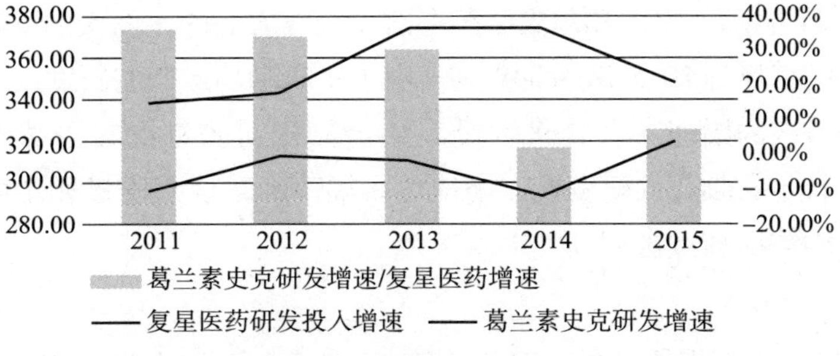

图 6.19　复星和葛兰素史克的研发投入发展对比

由图 6.19 得知，复星医药和葛兰素史克之间的研发投入比值波动较小，仅从 2011 年的 373 倍缩小到 2015 年的 325 倍。即使葛兰素史克近五年研发投入略微下降，复星医药对研发投入的重视程度仍有待提高。

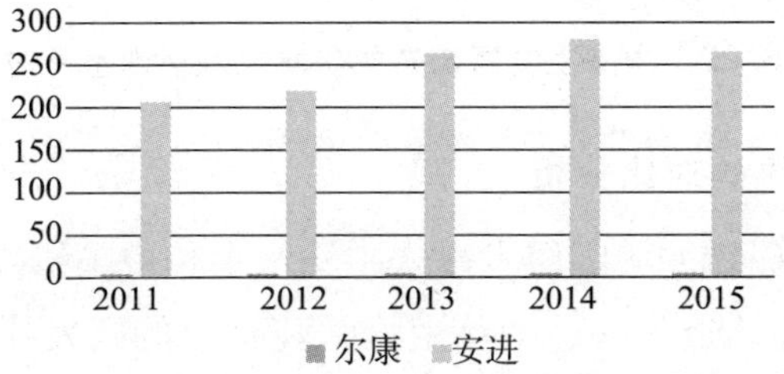

图 6.20　尔康和安进的研发投入数量对比（单位：亿元）

4. 尔康制药——安进

图 6.20 可以看出，近五年安进和尔康制药研发投入的资金均呈现增长的趋势，但两者间的投入金额差距非常之大。2015 年，尔康制药研发投入的金额尚没有超过 1 亿元，而安进已经超过了 260 亿元。

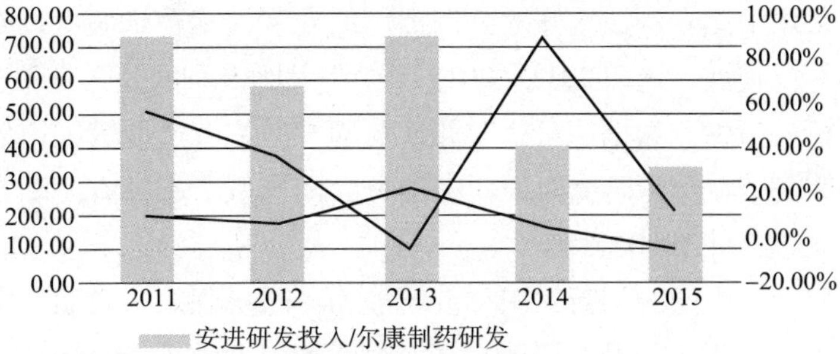

图 6.21　尔康和安进的研发投入发展对比

图6.21显示，安进和尔康制药在研发投入方面的比值大幅下降，从最高的737倍下降到2015年的348倍。由于尔康制药最初的研发投入金额非常少，在较高的增速下，其研发投入的金额相对安进而言依然不多。此外，安进和尔康制药的研发投入增速均大幅下降，说明安进和尔康制药对研发投入均需提高重视程度。

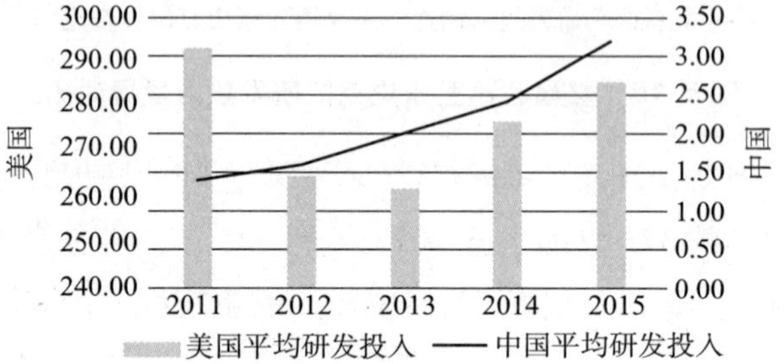

图6.22　中美生物医药企业研发投入平均水平对比

5. 研发投入平均对比分析

从图6.22中显示的美国研发投入平均水平和中国研发投入平均水平来看，差距非常明显。近年来，中美生物医药企业的研发投入均呈现上涨的趋势，中国生物医药企业在研发资金投入方面增长较快，年均增速为21.6%，而美国生物医药企业由于发展较为成熟，其在研发资金投入方面较为稳定，平均增长率为 -0.47%，基本没有出现较大幅度的波动。随着我国生物医药产业的快速发展，企业会更加重视在研发方面的投入，研发资金与国外的差距将逐渐缩小。

（二）专利状况

笔者采用中国专利技术开发公司提供的专利检索咨询服务，专利数据具有较高的权威性，选取2011—2015年中美发明专利的公开量和授权量进行对比分析。考虑到数据的可获取性，美国方面笔者选取美国市值排名前四的生物医药企业作为研究对象，中国方面则选取所有拥有发明专利的生物医药企业，共计3000余家。

数据显示，中国的创新意识和创新能力不断增强。一方面，中国拥有公开专利的企业逐年上升，说明中国生物医药企业的创新意识逐渐形成；另一方面，中国拥有授权专利的企业亦呈稳步上升趋势，说明中国生物医

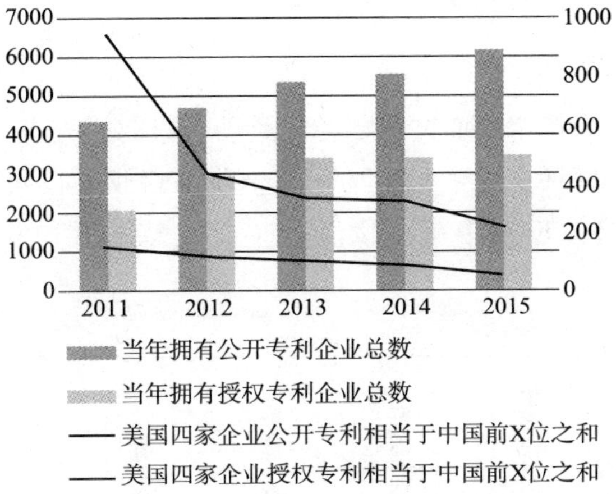

图 6.23　中美生物医药发明专利拥有企业对比

药企业的创新能力逐渐提升。此外，美国市值排名前四的生物医药企业，2011 年的公开专利相当于中国 947 家生物医药企业之和，2015 年已降至 236 家之和；2011 年的授权专利相当于中国 169 家生物医药企业之和，2015 年已降至 60 家之和。上述数据说明，虽然中国生物医药产业发展和美国相比仍存在很大差距，但这个差距在逐年缩小。

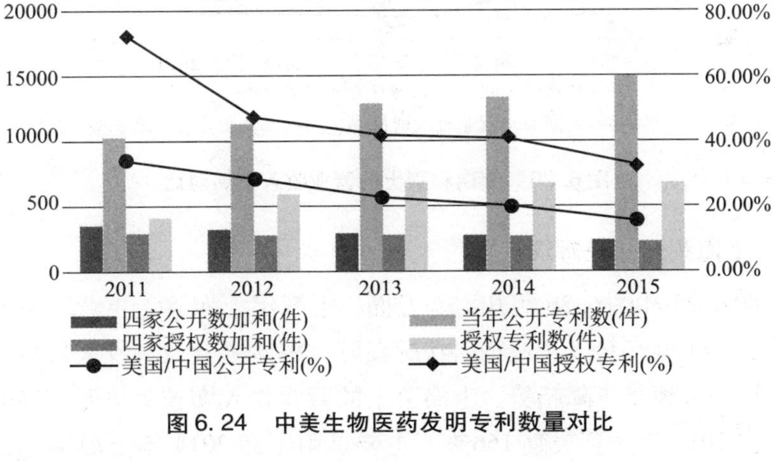

图 6.24　中美生物医药发明专利数量对比

美国四家生物医药企业公开专利逐年减少 8%，授权专利数量逐年减少 3%；而中国生物医药企业发明公开专利总量逐年增加 8%，授权专利总量波动变化。另外，对比中美生物医药企业公开专利和授权专利情况可以发现：美国公开专利和授权专利占中国专利的比例逐年下降，并且发明授权专利比例明显高于发明公开专利比例。

（三）营业收入

主营业务收入指企业通过主要经营活动所获取的收入，表明企业一定时期销售情况的好坏。对中美生物医药企业主营业务收入进行对比研究，在一定程度上可以反映中美生物医药企业收益水平和发展能力之间的差距。

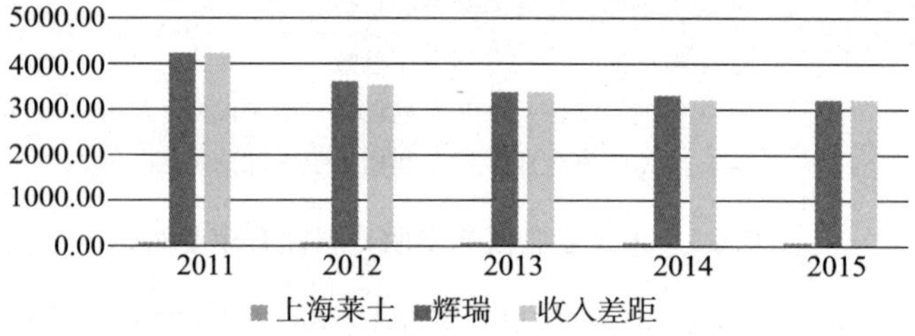

图 6.25　辉瑞和莱士的营业收入数量对比（单位：亿元）

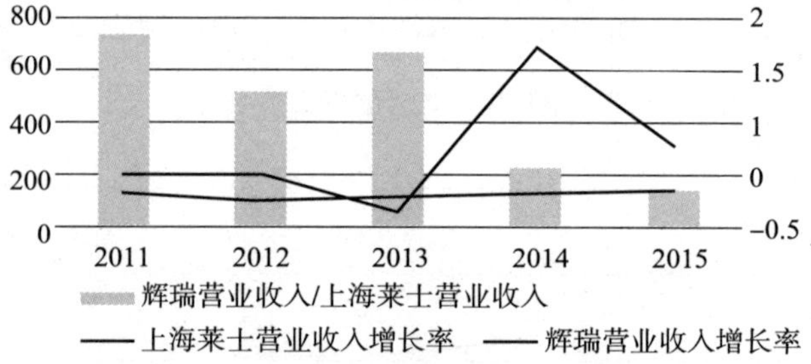

图 6.26　辉瑞和莱士的营业收入发展对比

1. 上海莱士——辉瑞

由图 6.25 和图 6.26 可知，一方面，近五年上海莱士主营业务收入基本上呈逐年上升趋势，企业销售状况良好；辉瑞主营业务收入虽然绝对值较大，但呈现逐年下降趋势。上海莱士的营业收入增长率呈无方向的抛物线状，在 2014 年达到最高 166%，主要是由于在 2014 年上海莱士完成了对郑州莱士及同路生物的并购，成为国内规模最大的血液制品企业之一，是国内同行业中结构合理、产品种类齐全、血浆利用率较高的领先血液制品生产企业，再加上产品安全、优质的品牌形象，深获国内消费者的信赖以及国际市场的认可。而辉瑞的营业收入增长率基本维持在负增长及接近零增长的水平。

另一方面，辉瑞营业收入与上海莱士营业收入差距倍数正逐年缩小，由 2011 年的 747 倍降至 2015 年的 157 倍。整体来说，上海莱士的主营业务收入水平虽然远远不足美国辉瑞，但该差距在逐年缩小，说明美国辉瑞正处于成熟的企业生命周期，经营情况稳定，而上海莱士则处于迅速发展阶段，企业具有一定的持续盈利能力和发展潜力。

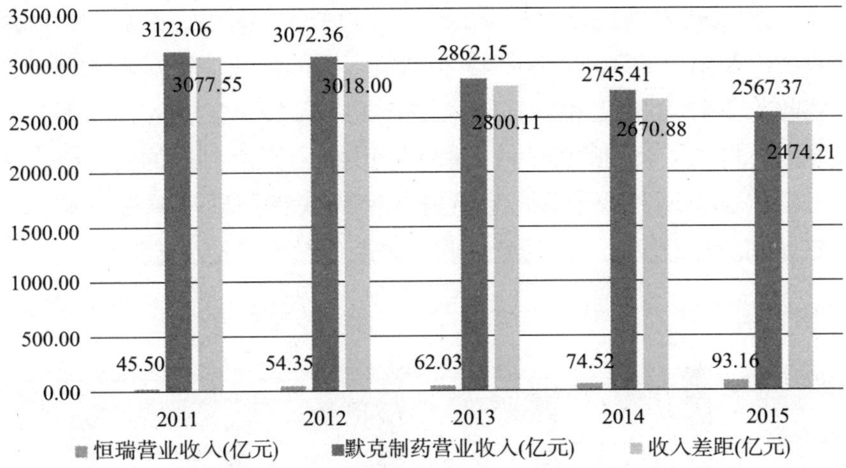

图 6. 27　恒瑞和默克的营业收入数量对比

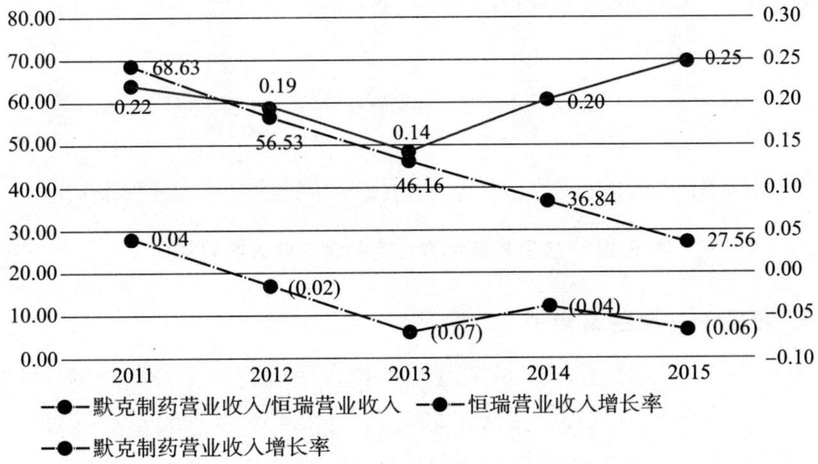

图 6. 28　恒瑞和默克的营业收入发展对比

2. 恒瑞——默克制药

图6.27显示，近五年恒瑞企业的销售状况良好，主营业务收入实现翻番，由45.5亿元增至93.16亿元，但和默克仍存在巨大差距，虽然默克的主营业务收入逐年下降，但凭借其庞大的基数，仍高达2500亿元。

发展速度方面，由图6.28可知，近五年恒瑞营业收入增长率呈深V走势，2011—2013年匀速下降但在2014年初开始呈现匀速上升趋势，2015年达到最高25%。这主要是由于在2014—2015年，恒瑞创新成果的逐步收货以及出口的制剂产品在国外规范市场的销售取得了较大突破，国外销售收入2015年较上年同期收入增长了592.55%，成为公司新的利润增长亮点，推动了公司的营业收入和利润增长。默克制药的营业收入增长率基本维持在负增长的水平，且近五年间增长率呈现小幅度的波动。此外，默克制药营业收入与恒瑞营业收入差距倍数正匀速逐年缩小。

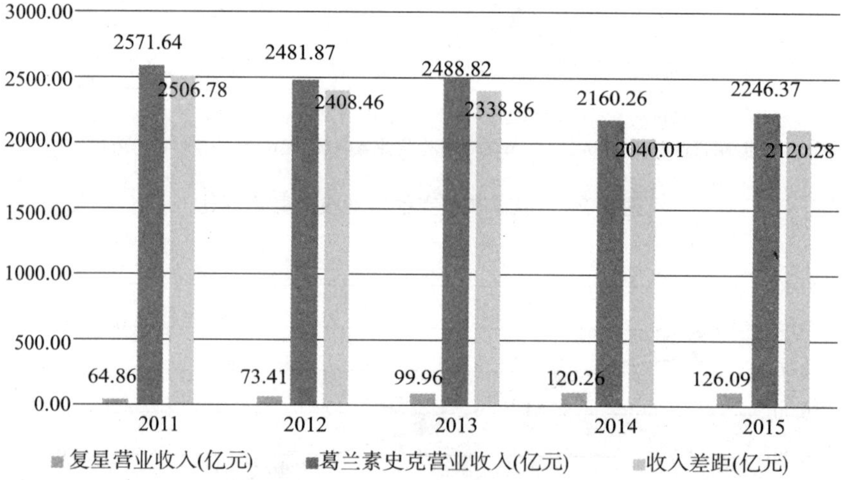

图6.29　复星和葛兰素史克的营业收入数量对比

3. 复星——葛兰素史克

图6.29显示，近五年复星主营业务收入呈现逐年上升的趋势，主要得益于其日益丰富的产品线、强大的研发能力、高度规范的生产管理、高质量的服务、专业化的营销团队以及国际化业务能力的发展。就复星药品制造与研发板块而言，年销售额过亿元的制剂产品已从2012年的11个、2013年的15个、2014年的17个发展到2015年的19个，这些重点产品构

成了复星集团药品制造与研发板块的重要利润来源，也支持了药品制造与研发板块的快速发展。葛兰素史克主营业务收入基数较大，高达 2200 亿元，2011—2014 年逐年下降，但 2015 年开始回升。

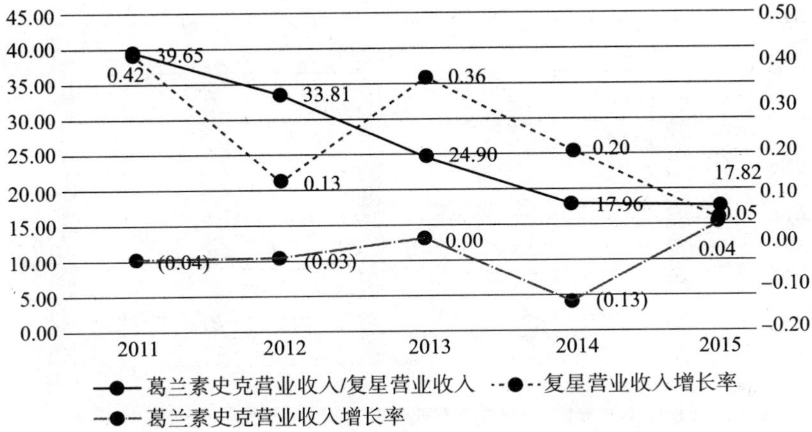

图 6. 30　复星和葛兰素史克的营业收入发展对比

图 6. 30 显示，葛兰素史克和复星之间的营业收入差距倍数缩减一半以上，由 2011 年的 40 倍降至 2015 年的 18 倍。结合复星和葛兰素史克的营业收入增速，一方面，复星营业收入增长率在 2011—2013 年呈现先下降后上升的深 V 状趋势，2013—2015 年开始匀速下降，增速整体下降但均为正值，说明营业收入仍在稳步上升，复星具有一定的持续盈利能力和发展潜力；另一方面，葛兰素史克的营业收入增长率近五年呈小幅度波动，大体上维持在负增长水平，仅 2015 年升到正值，为 0. 4%，说明葛兰素史克正处于成熟的生命周期，经营情况稳定。

4. 尔康制药——安进

图 6. 31 和图 6. 32 显示，2011—2015 年，尔康制药和安进的主营业务收入均呈现逐年上升趋势，企业销售状况均表现良好。增长率方面，2011—2013 年，尔康的营业收入虽然逐年增加但其增长率下降，在 2014 年初至 2015 年末开始呈现先上升再下降的走势，但其增长率均保持在一个较高的水平，主要得益于近几年间，尔康制药在优化传统业务的同时，不断地加大新型业务的推广力度，丰富了公司的产品结构，打造出新的利润增长点，尔康收入的增长潜力巨大。安进的营业收入增长率近五年均呈现

正向增长，增长趋势稳定。此外，图6.32显示，安进的营业收入与尔康的营业收入差距倍数正稳步逐年缩小，但减速放缓。

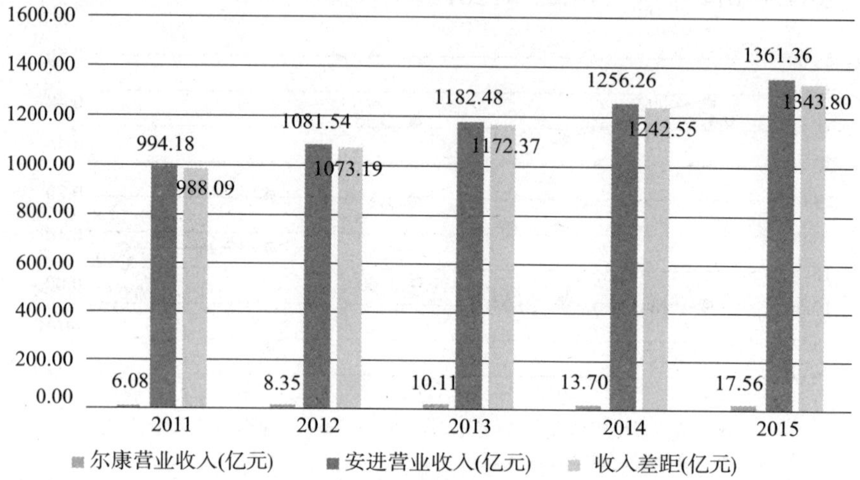

图6.31　尔康和安进的营业收入数量对比

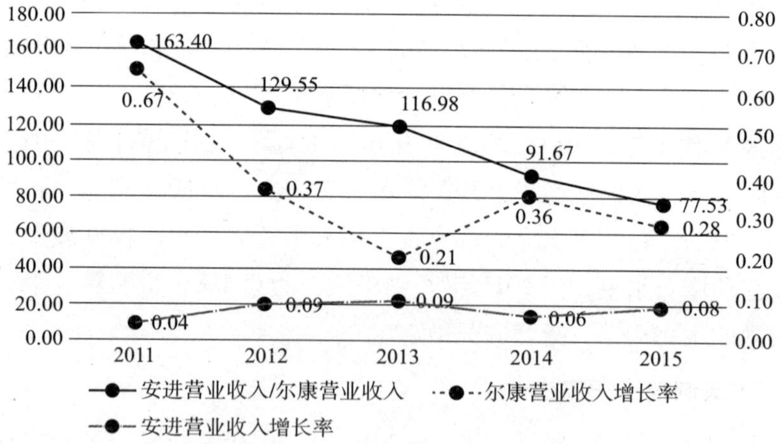

图6.32　尔康和安进的营业收入发展对比

5. 营业收入平均对比分析

从图6.33可知，2011—2015年，中国生物医药企业主营业务收入平均水平呈现逐年上升趋势，但增长幅度较小；美国生物医药企业主营业务收入平均水平较大，且总体上呈现先上升再下降的趋势，导致中美两国生物医药企业主营业务收入平均水平之间的差距呈现先上升后下降的趋势。

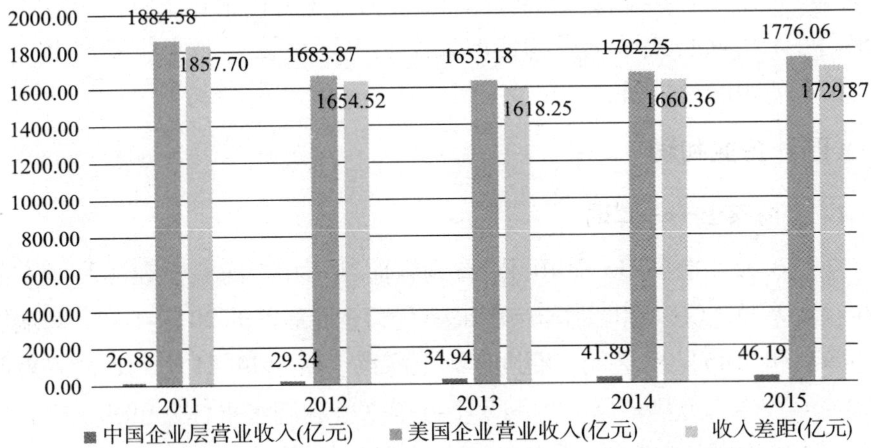

图 6.33 中美生物医药企业营业收入平均水平数量对比

图 6.34 显示，2011—2012 年，中美两国的生物医药企业主营业务收入增长率均呈现下降趋势，但在 2012—2015 年，美国生物医药企业主营业务收入增长率开始呈现匀速上升趋势，而中国生物医药企业主营业务收入增长率大体上处于上升趋势并出现小幅度波动。

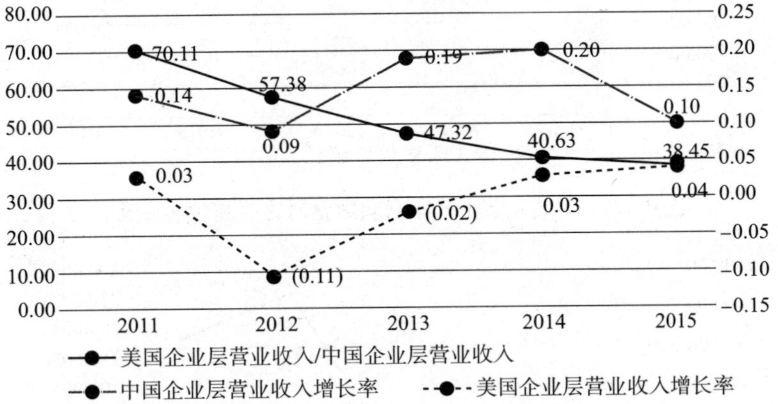

图 6.34 中美生物医药企业营业收入平均水平发展对比

此外，美国生物医药企业主营业务收入与中国生物医药企业主营业务收入差距倍数正稳步逐年缩小且减速放缓。总的来说，中国生物医药企业主营业务收入平均水平虽然远远低于美国，但该差距在逐年缩小，且中国生物医药企业主营业务收入增长率基本上呈现正向的增长，且均大于美国生物医药企业主营业务收入增长率，而美国生物医药企业主营业务收入增长率则处于负增长或不增长的情况，说明中国生物医药企业发展潜力巨大，缩小差距能力较强。

（四）企业利润

1. 上海莱士——辉瑞

从图 6.35 和图 6.36 中可明显看到辉瑞制药和上海莱士在净利润方面存在巨大差异，仅以辉瑞制药历年来净利润表现最差的 2015 年看，辉瑞制药的净利润为 454.09 亿元，而同期的上海莱士仅为 14.41 亿元，两者差距 31 倍有余。令人欣慰的是，上海莱士近年来净利润水平提升迅速，近五年净利润的年均增长率高达 65.51%，其中虽有部分原因是上海莱士在 2014 年并购了郑州莱士和同路生物后净利润的大幅增加，但部分原因仍然要归结于企业营收的增长和成本费用的降低。

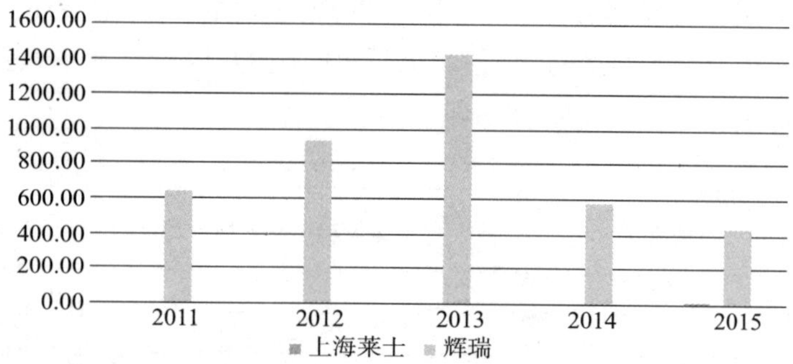

图 6.35 辉瑞和莱士的净利润数量对比（单位：亿元）

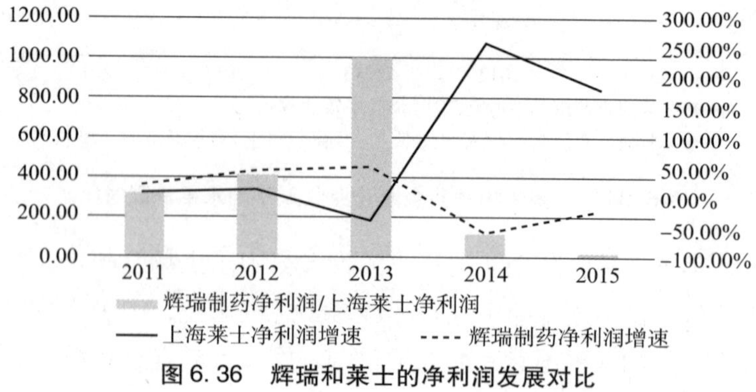

图 6.36 辉瑞和莱士的净利润发展对比

2. 恒瑞——默克制药

如图 6. 37 和图 6. 38 所示，恒瑞医药和默克制药之间的净利润差距非常大，虽然恒瑞医药近五年来净利润的平均增速达到了 66. 90% ，但由于发展时间短、技术积累少，加之默克制药的庞大基数，恒瑞医药的净利润也只能占到默克制药的 7. 49% 。

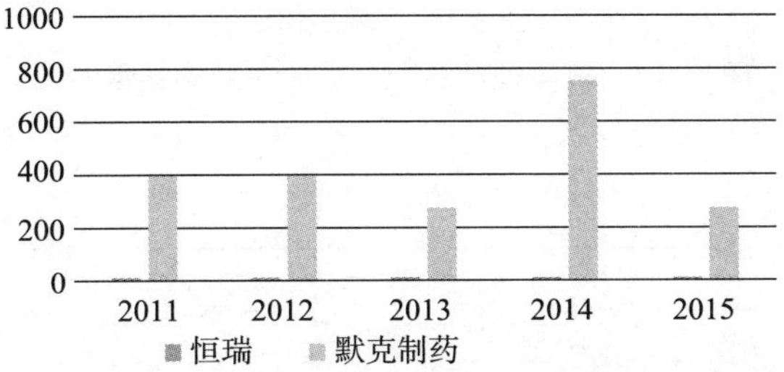

图 6. 37　恒瑞和默克的净利润数量对比

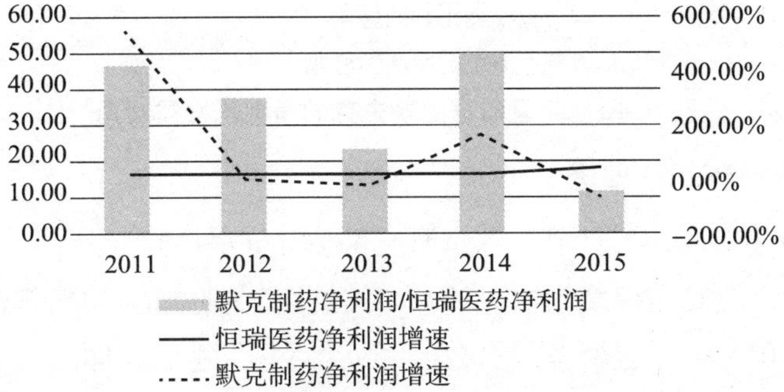

图 6. 38　恒瑞和默克的净利润发展对比

3. 复星——葛兰素史克

复星医药与葛兰素史克在净利润方面的差距依然很大，从图 6. 39 和图 6. 40 中可以看出，葛兰素史克近五年内的净利润表现不太稳定，2015 年的净利润水平达到最高。复星医药作为国内生物医药行业中致力于发展健康产业的企业，抓住了中国生物医药市场的快速成长和中国企业进军世界主流医药市场的巨大机遇，净利润年均增长率达 66. 89% 。

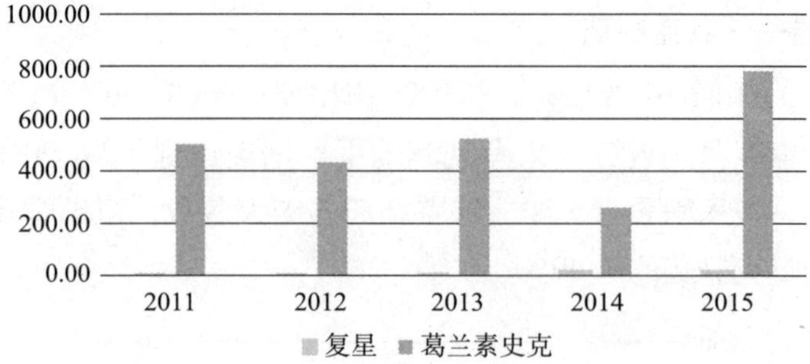

图 6.39　复星和葛兰素史克的净利润数量对比

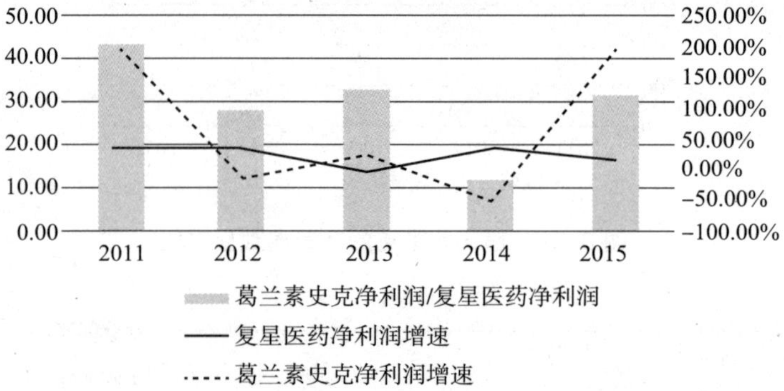

图 6.40　复星和葛兰素史克的净利润发展对比

4. 尔康制药——安进

图 6.41 和图 6.42 显示，尔康制药和安进的净利润差距巨大。尔康制药起步较晚，但发展速度较快。2011 年，两家企业的净利润差距倍数高达 203，到了 2015 年，这个差距倍数已经缩小到了 74 倍，体现了尔康制药净利润水平的提升速度较快。

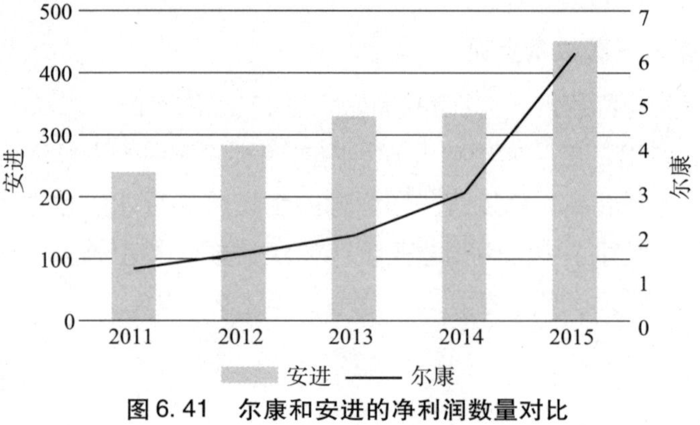

图 6.41　尔康和安进的净利润数量对比

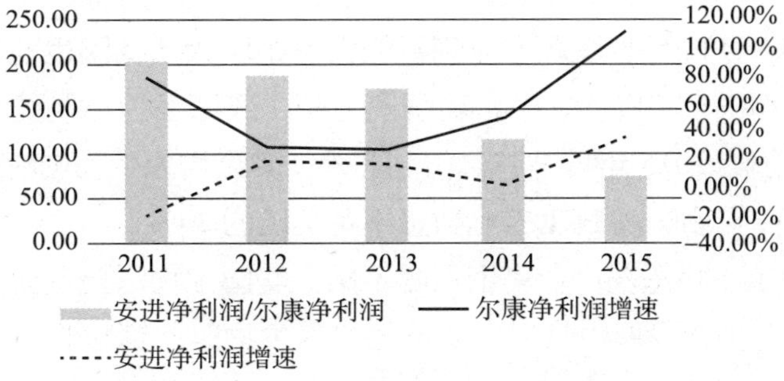

图 6.42 尔康和安进的净利润发展对比

5. 净利润平均对比分析

图 6.43 显示，中国生物医药企业净利润平均水平和美国相比差距非常大。从最初的 2011 年为例，美国生物医药企业平均净利润为 301.21 亿元，中国生物医药企业平均净利润为 6.89 亿元，两者之间的差距倍数为 43 倍有余。

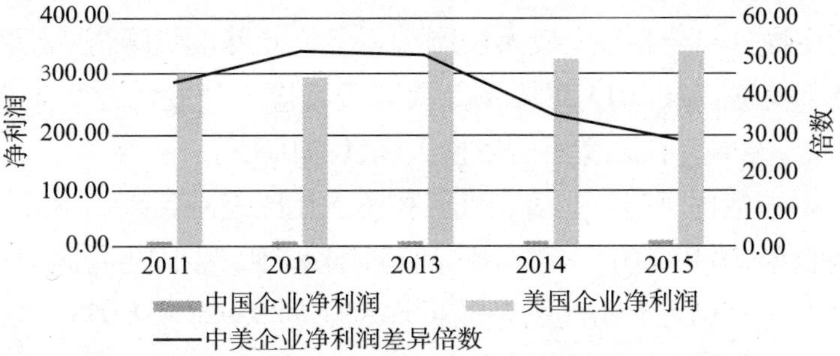

图 6.43 中美生物医药企业净利润平均水平数量对比

随着中国生物医药产业的迅速发展，两国间生物医药产业之间的差距逐年缩小，近几年中美生物医药企业净利润差异倍数逐渐缩小。这中间固然有美国生物医药企业近年来发展速度放缓的因素存在，但更多地归因于中国生物医药企业近年来的迅速发展，使得两者间的差距渐渐缩小。

四、小结

对中美两国生物医药产业进行对比分析后发现：中美两国生物医药产业规模、创新投入、创新能力产出等方面均存在巨大差距，具体表现如下：

（1）中美两国生物医药产业创新能力差距巨大，我国生物创新药数量和专利数量均低于美国。其中新药研发方面，我国多为仿制药且仿制药等级不高，美国除2015年批准首例仿制药外，其余均为生物创新药；专利产出方面，我国生物医药PCT专利数量不足美国的20%。

（2）中美生物医药产业集聚程度不同。美国生物医药产业集群在美国生物医药产业创新发展中具有重要地位，其生物医药销售收入占全球市场销售额的50%左右且产业集聚度较高，加州和麻省两州集聚了美国50%以上的生物医药企业，加州、麻省、华盛顿和北卡则集聚了美国76%的生物医药企业；而中国生物医药产业集群尚未真正建立，企业分布集中度相对较低；广东、北京、浙江、江苏、上海、山东6个最发达的省份，外加吉林省共7个省市，仅集聚了中国生物医药企业的52%，并且产业集群产值和销售额都不高。

（3）中美两国的R&D投入差距巨大：美国生物医药产业研发资金来源广泛，资金投入充裕，是中国的近60倍；不论国家层整体还是企业层个体，我国生物医药产业研发投入均严重不足；此外，我国企业研发投入强度显著低于美国。以2013年为例，我国研发投入强度仅为2.24%，远小于美国的21.34%，仅为美国研发投入强度的0.15。

（4）中国生物医药企业盈利水平和美国相比差距巨大。中美排行前四的四家企业在2011—2015年的平均利润对比发现，中国生物医药企业的平均利润仅占美国四大生物医药企业平均利润的0.022～0.033。以2011年为例，美国福布斯排行前四的生物医药企业平均净利润为301.21亿元，中国市值排名前四的四家生物医药企业平均净利润为6.89亿元，仅占美国企业的约0.0229。

第七章 chapter 7

我国生物医药产业创新存在问题分析

笔者在进行中美实地调研及访谈过程中发现：美国生物医药产业从一线研发人员到企业中高层管理者的原始创新积极性非常高，企业研发非常明确地集中在原始创新产品的开发，企业将绝大多数的资源用于生物创新药品的研发。中国则恰恰相反，生物医药产业主体的创新积极性不高，对现有创新现状充满抱怨，他们对原始创新研究要么充满畏惧，要么非常不愿进行原始创新研究，而对一般的仿制药则充满兴趣，将更多的资源和精力放在仿制药的研究和生产中，造成两国生物医药产业原始创新能力的巨大差距，业内专家经常用“婴儿对巨人”来形容中美两国生物医药产业发展的巨大差距。

为探讨中美两国生物医药产业创新能力发展现状及创新能力差距成因，笔者在 2014 年 10 月至 2016 年 10 月，对中美多名生物医药研发一线人员和专家进行了深度访谈和调研，并且组织了 5 次小规模专家咨询会，其中中国 3 次，美国 2 次，调研访谈及组织会议的详情具体见表 7. 1 和表 7. 2。结合中美生物医药产业深入对比分析结果及现有资料发现，企业创新意愿严重不足表面上看是由于仿制利润过高、研发风险集中、研发周期过长、新药入医保慢等因素导致，但随着笔者后续的深入研究发现，企业创新意愿严重不足仅仅是中国生物医药产业创新存在的表象问题。究其根本，造成我国生物医药产业创新同美国产生巨大差距的本质问题涉及诸多方面，笔者深入中美两国实地调研对比后从政策法律环境、产业集群环境、研发基础条件三个方面进行了总结。

表 7.1　中美两国主要生物医药产业专家访谈调研详情列表

序号	访谈时间	访谈地区	被访人身份及人数	访谈内容
1	2014. 12. 5	中国（徐州）	江苏省某著名生物医药企业副总（2 人）；技术总监（1 人）；教授级工人（1 人）	中国生物医药产业发展现状；中美生物医药产业发展的差异及特征
2	2015. 1. 16	中国（徐州）	江苏省某著名三甲医院副主任医师（1 人）	生物医药创新研发过程中医院、医生的角色
3	2015. 3. 3	美国（NC，Chapel hill）	美国 UNC 大学生物技术专业博士后（博士学位在美国获得）（1 人）	美国生物医药研发过程
4	2015. 4. 9	美国（NC，Chapel hill）	美国 UNC 大学生物统计专业博士生（硕士学位在美国获得）（1 人）	生物统计人员在美国生物医药产业创新研发中的作用；生物统计人员在美国的就业岗位以及就业难易度等
5	2015. 4. 3	美国（NC，Raigh）	美国 NC State 大学生物统计专业副教授（1 人）	生物统计人员如何在临床试验和新药审批中帮助研发人员发现问题
6	2015. 4. 17	美国（NC，Chapel hill）	美国著名高校 UNC 教授（1 人）	美国生物医药产业创新研发过程及分工协作
7	2015. 5. 7	美国（NC，Chapel hill）	美国 UNC 大学生物基因工程专业访问学者，国内著名大学教授（2 人）	中美生物医药产业研发环境差异；中美高校生物技术方面基础研究差异
8	2015. 6. 13	美国（NC，Durham）	美国著名高校 DUKE 大学副教授（1 人）	美国生物医药产业创新特征及产业集群
9	2015. 8. 17	美国（NC，Durham）	RTP 三角研究园某管理者（1 人）	RTP 三角研究园内生物医药企业的研发及生产情况
10	2015. 10. 12	美国（NC，Chapel hill；电话访谈）	甘肃省某著名三甲医院主任医师、某医学院教授（1 人）	中药创新研发过程及专利申请情况
11	2015. 11. 12	美国（NC，Chapel hill）	美国 UNC 大学药学院访问学者，国内著名大学教授（1 人）及在站博士后（1 人）	美国生物医药产业不同主体间的合作创新关系

续表

序号	访谈时间	访谈地区	被访人身份及人数	访谈内容
12	2015. 11. 19	美国（NC，Chapel hill）	美国 UNC 大学医院访问学者，国内某著名大医院主任医师（1 人）及美国住院医师（1 人）	美国医院医生如何参与生物医药研发过程及实验
13	2015. 12. 17	美国（NC，Durham）	美国 UNC 大学著名教授，国内多所著名大学兼职教授（1 人）	中美生物医药产业创新研发环境差异及创新能力差距
14	2016. 2. 16	美国（NC，Chapel hill；电话访谈）	国家知识产权局专利局某处长	我国生物医药创新发明专利申请及授权现状
15	2016. 2. 18	美国（NC，Durham）	美国著名高校 DUKE 大学教授，国际临床试验与研究专家团队成员，与美国 FDA 经常合作（1 人）	美国 FDA 新药审批流程及每年新药审批情况
16	2016. 2. 13—2016. 2. 27	美国（NC，Cary）	美国 CAFA 协会成员，生物医药产业专利服务中介机构人员（3 人）	每个周六上午免费进行“美国生物医药专利申请”培训讲座
17	2016. 5. 12	中国（徐州）	甘肃省某著名三甲医院主任医师、某医学院教授（1 人）	生物医药产业创新研发专利转化情况
18	2016. 6. 14	中国（徐州）	国家知识产权局专利局某处长（1 人）	专利申请流程、存在问题等

表 7.2　中美两国主要生物医药产业会议探讨详情列表

序号	会议时间	地点	与会人员身份及人数	会议主题
1	2014. 12. 13	中国（徐州）	某著名生物医药企业质量总监（1 人）；技术总监（归国博士，1 人）；常务副总（1 人）；某医学院副教授（1 人）	中美生物医药产业发展现状及特征；中国生物医药产业创新研发存在的主要问题
2	2016. 1. 14	美国（NC，Chapel hill）	美国著名高校 UNC 教授（1 人）；UNC 药学院访问学者（1 人）；美国著名高校 DUKE 大学教授（1 人）	生物医药产业创新能力评价指标体系构建

续表

序号	会议时间	地点	与会人员身份及人数	会议主题
3	2016. 2. 16	美国（NC，Chapel hill）	美国著名高校 DUKE 大学教授（1 人）及其团队成员（3 人）；DUKE 大学副教授（1 人）	我国生物医药产业研发创新落后原因及建议
4	2016. 6. 2—2016. 6. 26	中国（徐州）	某著名生物医药企业技术总监（1 人）；某著名三甲医院副主任医师（1 人）；中国矿业大学教授（1 人）；徐州市科技局（2 人）；大学科技园创新创业部（2 人）	我国生物医药产业研发创新能力影响因素梳理
5	2016. 7. 9	中国（徐州）	徐州市政府（1 人）；某研究院技术总工、常务副总（1 人）；科技管理者（3 人）	提升我国生物医药产业创新能力对策建议

一、企业创新动力不足

（一）仿制利润过高，冲淡创新意愿

美国生物医药产业起步较早，产业整体研发实力强，市场竞争激烈，企业利润主要来源于原始创新药品的长期高额利润回报。而目前国内生物制药行业产品仍以仿制药和原料药为主，自主研发能力薄弱。产生这种现象的原因之一是当前我国生物仿制药市场需求巨大，研发成本及风险低，市场竞争程度较低，企业仅依靠研发生产仿制药就可以获取巨额短期利润，因此企业往往不愿意承受风险进行创新药品的研制。

（二）研发风险集中，抑制创新意愿

从研发风险角度来看，美国生物医药企业研发风险显著小于中国，导致这种现象主要是因为美国生物医药产业形成专业化分工基础上的开放式多主体合作创新，研发风险分散，而中国研发风险过于集中在生物医药企业，具体如下：

在美国，生物医药产业形成了稳定的开放式多主体合作创新网络，政府、医院、高校、药企、研发机构及中介服务机构等成为联合创新主体，且专业化程度较高，分工合作过程中研发风险分散于产业创新各环节，减轻了单个主体尤其是药企的研发风险。与美国不同，中国生物医药研发属

于单主体的封闭式创新，研发过程中所有风险均由单主体特别是生物医药制造企业自身承担，因此研发风险较为集中，这种过于集中的高风险严重抑制了中国生物医药企业的创新积极性。

（三）研发周期过长，消耗创新意愿

笔者对我国生物医药研发、临床和上市等流程进行分析，发现国内企业普遍热衷的仿制药研发上市周期一般为 5 ~6 年，创新药则为 10 年以上。由于国内生物医药研发多为封闭式单主体研发，缺乏产业链分工，这种过长的研发周期大大增加了企业在人才、资金等各方面的压力，进而加剧了企业的研发风险；另外，我国生物医药企业寿命多数短于五年，不足创新药研发周期的一半，因此企业往往选择研发周期相对较短的仿制药品研发以获得短期的高额利润。这种企业生命周期远远小于创新药研发生命周期的现实，使得企业在原始创新药品的研发方面望而却步。

（四）新药入医保慢，压制创新意愿

我国卫生部原全国公费医疗办公室制定的《全国公费医疗报销目录》中规定，国家一、二类新药自动进入《国家基本药物目录》，后续修订《医保目录》时却未将这些政策延续，导致原创药品难以进入医院主流市场。目前，我国生物医药企业拿到新药生产证书后约 5 年左右才能进入医保目录，消费者购买成本相对较高，严重抑制了创新药品的消费需求，降低了创新药品市场的扩散速度，拉长了企业研发成本的回收周期，进而大大压制了生物医药企业创新药品的创新积极性。

二、政策法律环境

（一）专利保护立法不完备，专利审批执行不到位

目前，我国专利审批及专利保护立法方面存在诸多问题，使得企业花费巨额成本、承担巨大风险研发而成的创新技术往往得不到有效保护，致使企业不愿也不敢进行原始创新研发。

1. 专利保护立法不完备

由于目前的审批手段和法律不健全，导致申请人将国外过期专利直接申报中国专利授权，或将仿制国外未在中国授权的专利申请中国专利授权

保护现象普遍，导致了我国专利申请“有量无质”。

专利申请过程中的核心信息外泄会导致企业承受巨大的损失。美国对于生物医药专利的保护涉及从药物靶标确定到研发审批、从临床实验到生产销售的各个环节，从而保证企业创新研发技术的法律保护及在此基础上的高额利润。相比之下，国内知识产权保护缺乏对过程及细节的具体保护，企业研发过程中抄袭现象严重，核心技术得不到有效保护，严重影响了企业 R&D 的积极性。

由于我国知识产权保护相关法律不健全，我国药品侵权案件普遍存在审判周期长、维权成本高、处罚力度低的问题。企业侵权违法成本过低，严重影响了创新研发者的积极性，高投入、高风险得不到高回报，在市场竞争中无法获得创新研发产品应有的优势，导致企业不愿进行创新研发。

2. 专利审批执行不到位

（1）实质审查缺乏现代化技术手段

我国专利实质审查采取判案制，专利授权与否很大程度上依赖于审查员自身知识和经验的积累。由于当前审查过程中专利的新颖性、创造性、实用性主要依靠审查员传统手工检索，没有现代化、数字化手段，造成了专利审批效率及专利授权质量的低下，未能真正对创新技术起到保护作用。

（2）审批周期过长

相对而言，我国专利审批周期长、流程复杂，发明专利审批周期平均为 2～3 年，对申请人来说费时费力，亦不利于申请后、授权前对技术秘密的保护。同时，与美国《专利法》相比，我国《专利法》对于医药专利的保护尚趋于保守，限制性条件过多，不利于生物医药企业的技术创新。

（3）专利漏检现象时有发生

由于我国专利审批采用审查员手工判案制，缺乏电子化手段，专利漏检现象时有发生。一旦发生，专利局却无法撤回，只能依靠第三方进行举报或申诉，才能进行重新审查并予以撤销，这增加了专利审查的工作量，直接降低了专利授权的时效性和有效性。

（4）早期公开，延迟审查

我国采取“早期公开，延迟审查”的制度，这种制度加大了专利申请人的技术泄露风险。因为一旦专利申请未获得授权，意味着创新研发的核心技术在很大程度上面临泄露风险，不但不能得到有效保护，反而使得企业损失的可能性大大增加，最终导致专利申请人对专利申请望而却步。

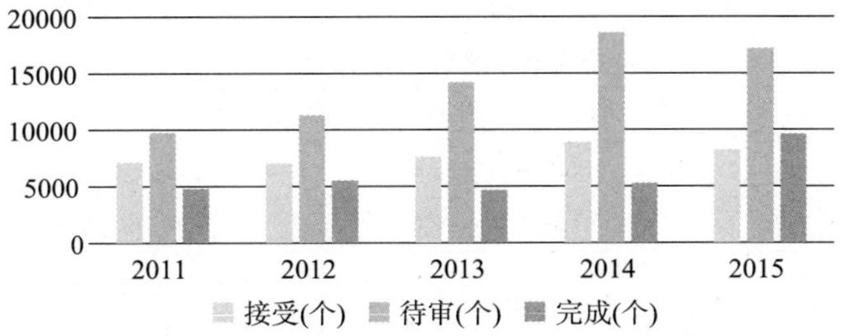

图 7.1 中国生物医药审批案件积压数据

数据来源：《2014/2015 年度药品审评报告》

（二）医药审批效率低下

《2014/2015 年度药品审评报告》指出，2014 年和 2015 年年末，中国待评审申请数量分别达到 18597 个和 17207 个，审批数量却仅为 5261 个和 9601 个，审批率分别为 28% 和 55%，2014 年案件积压率高达 72%。中国生物医药审批效率低下，直接导致了新药研发周期的拉长，比国外耗时 5 倍以上，加大了中国企业新药研发的成本，大大推迟了新药的上市时间，增加了企业的损失。

1. 现代化技术手段应用不足

对比中美生物医药审批活动发现，美国依靠电子数据信息化技术大幅度降低了工作量，大大缩短了审批周期，同时提高了案件审批质量；而中国生物医药审批主要依靠工作人员的传统手工操作和主观判断，判定依据主要来源于工作人员的知识储备和经验积累，直接导致了劳动量的增加、审批周期的拉长，同时难以保证新药的创新程度和审批质量。

2. 审批人员不足，结构不合理

表 7.3 中美生物医药审批活动对比

比较国家	中国	美国
行政审批机构	卫生部	健康与人类服务部公共卫生总署
	国家食品药品监督管理局	食品药品监督管理局
	药品注册司	药物评审中心（CDE）
		新药办公室

续表

比较国家	中国	美国
技术评审机构	国家药品技术评审中心	新药办公室
技术评审人员	119 名工作人员	3600 名拥有专业背景和工作经验的人员
外部咨询专家	1000 多名专家	300 多名专家咨询委员会委员
评审专家工作身份	兼职个人咨询资源	专家咨询委员会专职委员
评审专家资源组织形式	专家库	FDA 咨询委员会管理办公室、CDER 专职人员
评审专家资源评审方式	由国家药品技术评审中心进行定向遴选，召开会议	专职人员定期评审

中美两国在新药审批阶段存在明显的人员结构差异。①审批人员总量差距：美国新药审批人员总量达到 3600 名以上，且是专职人员；而中国仅有不足 1200 名工作人员，且并非完全是专职人员，人员总量和专业人员严重不足导致审批效率不高；②审批人员结构差异：美国新药审批人员的特征是“大量的专业专职人员辅以一定规模的专家”，而中国新药审批人员的特征是“少量专职人员附加大量的非专职专家”。此外，中国的生物医药审批主体责任缺失，我国新药审批结构及专家更多把自身定位为“审批者”而不是“审批者 + 指导者”，导致中美新药审批效率和质量存在严重的差距。

三、产业集群环境

（一）产业集聚效应不显著

生物医药企业、机构和研究院所等的紧密联系要求其在地理上临近、在空间上集聚，这样不仅能够便捷地提供专业服务，还能促进技术合作和知识外溢。中国生物医药企业主要向珠三角、长三角和北京等经济基础和科研条件优越的地区集聚，同时基于雄厚的医药基础，东北地区也集聚了一定数量的生物医药企业。目前，长三角、珠三角、环渤海和东北地区四个集群集聚了我国近 60% 的生物医药企业，剩余的生物医药企业分散在其他地区，使得生物医药公共平台建设分散，从而导致基础投资不足。同时，由于我国生物医药产业总体分布呈现“个别地区中度集聚、大范围分散发展”的特征，导致企业间联系不紧密，知识的外部性得不到有效体现。

相比之下，美国生物医药企业依托高校和科研机构进行研发，在加州、麻省和北卡三角洲等地区高度集聚，总体分布呈现“主要地区高度集聚、大范围低密度分布”的特征。因此，美国生物医药产业基础投资着力准确，企业间资源共享程度高，集群内知识外溢明显。

表 7.4　中美生物医药集聚效应对比

	中国	美国
集聚程度/地区数	52%/7	50%/2
集聚程度描述	中度集聚	高度集聚
企业分布描述	个别地区中度集聚，大范围分散发展	主要地区高度集聚，大范围低密度分布
知识外溢	低	高
主要集群	珠三角、长三角、环渤海（北京）、东北地区	加州、北卡三角洲和东北地区（麻省周围）

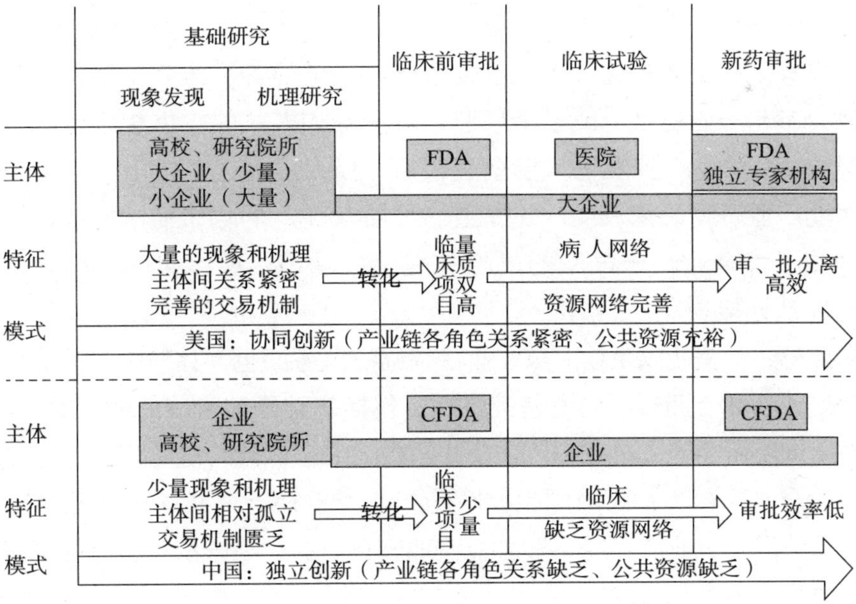

图 7.2　中美生物医药产业创新模式对比

（二）产业主体联系不紧密

美国生物医药产业经过近50年的发展，已形成完善的“研发—转化”产业链和分工明确的多主体合作创新模式，主体间关系紧密；而中国生物医药产业因市场、创新和人才等问题未形成完善的产业分工体系，研发主体各自为战。

中国多独立自主创新。一方面，企业、研究院所在基础研究方面独立进行，两者未形成紧密的合作关系，导致重复研究、资源浪费和缺乏知识共享等问题。另一方面，企业独立承担基础研究、临床试验、审批和市场推广等环节投资，资金和人才等需求巨大，承担的投资风险也较高，导致中国创造新药的研发动力不足。

美国多协同合作创新。医院、高校和研究中心进行基础研发，生物技术和制药公司进行临床实验和商业推广，投资者提供充裕稳定的资金，地区、州和联邦政府机构规范监管产业发展并协调各方关系，最终形成制药公司、学术界和政府互惠互利的生物医药产业生态圈和“技术研发（高校研究机构）—技术转让—技术转化（企业）”的生物医药创新体系，使得高校、研究机构和企业各主体紧密连接，实现多主体合作创新和科技成果的高效转化。美国生物医药产业链的各主体分工明确、关系紧密，参与产业链某个或多个环节，对资金和人才的需求相应较低，投资风险相应分散，产业进入壁垒也较低，极大地促进了中小企业参与生物医药产业研发的积极性，并提供“量质双高”的临床前审批项目，进而降低了大企业临床试验的风险并提高成功率，最终实现“研发—转化”有效连接。

此外，中美两国生物医药产业在基础资源方面也存在差距。美国生物医药产业各环节拥有不同的基础资源，包括基础研究阶段的病理数据库、开放研究院所实验室、专利转化公共平台、临床试验阶段的病例资源和医院企业合作平台等；而中国生物医药产业严重缺乏公共基础资源共享平台，最终导致企业“不得不”独立完成基础研究、临床试验、审批申请和市场推广等多个环节。

表 7.5 中美生物医药产业创新模式对比

	中国	美国
创新模式	多独立自主创新	多合作、协同创新
产业链参与者	研究院所、医院、企业和政府	研究院所、医院、企业（大/小）、第三方机构和政府
研发阶段参与者	研究院所、企业	研究院所、小企业（大量）、大企业（少量）
进入临床的项目特征	少量	量质双高
临床阶段参与者	企业	医院、大企业
新药审批	CFDA	FDA、第三方评审机构
新药	仿制药	创新药
参与者参与单个项目的周期	长周期（10 年以上）	中周期（6～10 年）
企业单个项目要求	高额资金、大量人才	一般资金量、一般人才需求量
单个项目的投资风险	高风险（集中于单个企业）	中低风险（分散到各个参与者）
进入壁垒	高	中低

（三）产业创新氛围不浓厚

我国生物医药产业从创新理念、研发生产到自控水平等各方面都与欧美发达国家存在很大差距，目前在我国国内上市的生物医药企业原研创新产品、核心技术等基本都来自国外。以美国为例，其研发创新氛围极其浓厚，从国家层面、产业层面、大型医药企业集团乃至一些小型医药企业都非常重视创新产品的研发，通过创新产品的高额市场甚至是垄断市场获得长期高额的利润回报。在此理念的引导下，企业的基础研究和原始创新研究呈持续态势，通过长期的积累，一旦发现药物的靶点便很快进入实验室研发和临床试验，有些 me new、me better 产品在临床二期就会被批准上市，从而为企业获得长期的利润。

与之相反，我国生物医药产业研发氛围不强，大多数企业不愿意开展原研新药的研发与生产，一方面是考虑市场风险和利润问题；另一方面是原研产品周期长且国内缺乏先进的技术、设备和理念，无法与国外竞争者抗衡，无法最终获得市场和利润。此外，我国关于新药的审批流程和周期太长，必须经历完整的研发与临床周期后才能上市，这又增加了与国外竞争的难度，同时审批过程中的知识产权保护问题也是国内企业不热衷于原研新药研发的忌惮所在。

四、研发基础条件

（一）专业技术人才缺乏，培养方案不完备

我国生物医药产业人才严重不足。第一，高校关于生物医药的专门研究人才培养不足，而生物、制药相关的通用人才大量过剩；第二，生产经营人才培养失衡，本科及以上学历教育普遍偏向理论教育，而专科与职业类学校生物医药的毕业生虽然众多，但水平明显过于偏低；第三，人才地区分布不均，而各地纷纷建设生物医药产业基地，带来大量需求，但很多地方并不具备良好的人才基础；第四，各地政府主导的人才引进主要针对高端领导人才，人数需求并不多，而且大多数高端人才都携带自有技术，选择自主创业并不能为国内企业服务，加上人才引进之后缺乏持续培养和支持，使得很多人才引进后又很快流失或并未真正发挥作用。这一系列问题导致生物医药产业的人才供求陷入不良循环。

（二）研发资金总量不足，配置结构不合理

1. 投入总量不足

生物医药产业创新需要大量的资金投入，根据访谈反馈，肿瘤药物的临床二期试验一般需超过 1000 例，每例花销高达 10 万～20 万元，也就是说仅在临床二期阶段就需要花费几亿元，而临床三期大规模药效检验费用更巨大，成功开发一种新药需要花费 10 亿美元以上。在美国，这种巨大的投入一方面来自美国政府的支持；另一方面可预期的巨额利润的支撑（国外投资回报率约为 8%～10%）使得企业愿意投入研发。政府的 R&D 资金主要资助前期基础研究阶段，中期临床试验和后期审批生产主要依靠企业资金和风险投资。大量风险投资为企业创新提供了资金保障，国内生物医药产业研发投入主要依靠政府补贴资金和企业自筹资金，政府投入本身很少，企业自筹资金困难重重，前期往往没有足够的资金支撑研发创新，研发易受到融资约束。因此，中国生物医药产业研发投入机制不健全，投入总量不足，严重阻碍着产业创新。

2. 配置结构畸形

（1）学术创新角度

我国的 R&D 资金多数流向知名专家和教授，但这些专家和教授往往

没有科研压力和创新动力，经费甚至通过其利益集团成立的公司变相洗钱而流出，并未真正用于科研，但作为研发中坚力量的中青年学者却因为自身名气、科研基础和社会关系等众多因素，很难获得有效的资金支持。

（2）企业创新角度

相对于大型企业，中小企业资金薄弱，风险承受能力差，必须依靠创新来提高自身的核心竞争力，因此具有较强的创新意愿。一旦外部的 R&D 资金弥补了资金和风险方面的不足，中小企业就会体现出其创新优势。然而我国生物医药 R&D 资金大多数流向垄断集团和利益集团，导致具有较强研发动力和较强创新积极性的中小型生物医药企业面临严重的融资约束问题，最终造成大企业获得 R&D 资金但不一定进行创新，小企业希望创新但没有资金支持的现象。

除此之外，我国生物医药 R&D 资金多支持大型国有企业，而作为具有创新动力和活力的新兴力量的民营企业却往往得不到资金和政策的支撑。民营企业创新动力大于国有企业的原因有两点：一是，国有企业内耗严重，效率低下，R&D 决策缓慢，容易丧失 R&D 投资的时机，民营企业具有产权结构清晰和市场竞争充分的优势，创新效率较高；二是，国有企业的国有化性质使得其与政府或政府官员的关系更为密切，具有政治优势，也更可能依靠政治联系获得政府的 R&D 补贴。这种补贴不完全与企业自身资质和实力匹配，因而易导致政府资金效果不显著；而民营企业市场化程度高，也不像国有企业那样有便利的寻租条件和政治关联，只能依靠自身实力获得政府的 R&D 补贴，因而会更加有效地利用政府资金。

（3）研发阶段角度

研发主体错位导致基础研究经费过少，不利于生物医药行业原始创新的产出。据统计，2000—2011 年，我国科研机构在医药基础研究阶段的支出占总支出平均为 16%，应用研究为 25%，试验发展为 59%。按照国际惯例，科研机构从事基础研究和应用研究比例分别应为 55% 和 41%。

综上所述，相对于美国生物医药产业 R&D 投入，我国 R&D 资金不仅在总量上无法企及，在资金配置结构方面也存在较大不足，呈现出有创新能力的个人和企业得不到资金支持，而创新能力低下的个人和企业却掌握大量 R&D 资源的现象，这是导致我国生物医药产业创新能力低下的重要原因。

（三）配套设备质量低下，生产能力不发达

我国生物医药产业链上下游硬件设备设施配套薄弱，主要体现在研发配套耗材和生产配套设备两个方面。

1. 研发耗材薄弱

研发配套耗材的生产企业由于原材料、技术水平低等因素的制约，只能生产部分低端配套产品，且质量较国外差。因此，国内生物医药企业多从国外进口高端研发耗材。根据研发的创新程度不同，可将研发配套耗材分为常规产品配套耗材和创新产品配套耗材。

（1）常规产品配套耗材

由于生物医药产品的特殊性，日常生产所需的产品耗材虽然都不是新产品但也有相当高的技术要求，对配套常规耗材的精准度要求很高。例如，容纳某种生物医药产品的玻璃瓶，对玻璃的要求为不能吸附太多蛋白，不能溶出太多杂质，否则会造成药品的剂量不准，这轻则影响药品的成本和价格，重则影响产品的使用剂量和治疗效果甚至影响病人的生命安全。然而由于目前国内生产配套企业技术实力低且信誉不高，质量得不到保证，生产的玻璃瓶难以满足生物医药企业的要求，因此生物医药企业仍需进口大部分的常规耗材。

（2）创新产品配套耗材

对于创新医药研发所需的配套耗材，国内产品更是难以满足其所需的技术精度。一种创新医药产品的上市可能需要很多新配套耗材的支撑，如小到配套瓶子、塞子、注射笔等，由于这些配套耗材都有相应的特殊要求，而国内生产企业的技术水平和生产条件根本无法满足这些基本需求。

2. 配套设备落后

目前，国内生物医药产品生产所需的制造装备包括耗材生产设备、层析设备（纯化蛋白）等，因国内生产技术不达标，只能依赖进口；与之对应的是欧美生物医药产业研发生产设备非常发达，欧美最新的高端装备可以实行无人化操作，这些无人化操作的高端装备给美国的生物医药产业创新带来诸多优势。

（四）研发数据信度过低，数据系统不完备

数据在生物医药研发、临床和监管审批等环节被广泛运用，美国生物

医药产业建立了完善的数据网络，生物医药基础数据成为连接美国生物医药创新网络的重要媒介，方便了生物医药研发主体间的交流；生物医药数据、样本被基础研究人员、生物统计人员等专业人才用来发现病理，充分发挥了数据的应用价值；此外，政府医药审批、专利审批机构依托数据平台，采用现代信息技术手段对生物医药的参与者提交的材料进行审查、甄别和监管，降低了审查主观性，提高了医药审批与专利审批效率，还提高了专利产权与生物医药数据保护的准确度和力度。

然而，我国却未建立标准统一、信息可靠的数据系统，导致我国生物医药产业数据不准确、造假等行为的普遍发生和国际交流中面临被质疑、不通用的窘境。特别是近年来，我国药企在国外 GMP（药品生产质量管理规范）检查中普遍存在以下问题：数据管理不充分，数据不准确，分析报告造假，记录更换内容、重抄记录、多处日期和签名不一致。数据质量更是问题众多：QC 实验室电子数据的安全性、完整性不足，没有权限控制，没有审计追踪，没有删除数据的限制等；病人监测等系统不全面、不完善、不真实，时序性差。总而言之，我国数据造假、数据失真和数据缺失的问题十分严重。

（五）专利数量质量落后，重点结构不均衡

中美生物医药领域专利在规模和结构两方面均存在较大差异。

1. 专利规模落后

2012 年，美国生物医药授权专利 9933 件，是同年中国相同领域专利授权总数的近 10 倍。2009 年以来，中国生物医药专利获批数量逐年高速增长，由不足美国生物医药专利总量的 1/20 增长到 2012 年的近 1/10。

然而，中国专利增长并没有实现“量”和“质”的同时增长。中国生物医药主要是低水平、高重复的仿制药，而美国生物医药主要是高水平、独占性的创新药。中美专利层次也具有显著差异，中国生物医药专利的质量、前沿性等均未达到美国的专利水平。

此外，2013—2017 年的专利悬崖将大大减缓美国创新生物药品的上市速度，而中国在仿制药市场将面临机遇和竞争共存的局面。大批国外优质专利的核心技术信息公布后，中国生物医药各主体通过研究核心技术信息从而推动对更高层次的生物医药技术进行探索。但是，专利悬崖更会带来

中国生物医药产业的虚假创新，大量过期专利带来广阔的仿制药市场，国内企业将上述过期专利进行国内申请授权后进行利润创造。虽然数量上我国专利产出方面有所增加，但本质上却是研发深度的止步不前，以致发生专利数量大、质量低的畸形局面。

2. 专利结构失衡

中美两国在生物医药领域的关注点存在差异：中国在生物医药制造领域投入更多的资源，而美国在医药器械和医药制造两方面均衡发展。中国生物医药器械和制药专利结构比例为1：2，而美国生物医药专利在医药设备和医药及生物技术两方面的专利数量逐年持平，基本表现为1：1的比例结构。专利产出直接解释了中国生物医药产业上下游硬件配套设施薄弱的现实。

综上所述，中美生物医药知识成果（专利）差距巨大，发展模式各异。中国是生物医药的研发制造，而忽略基础研究和配套设备研发；美国是以技术研究、配套设备研发和医药研发制造并重。

第八章

chapter 8

我国生物医药产业创新能力提升对策建议

一、夯实生物医药产业创新基础环境

（一）扩大资金投入总量，优化政府资金配置

生物医药产业属于资金和技术密集型产业，同时由于其研发周期长、风险大等特征，研发往往面临严重的资金约束。我国生物医药产业整体创新能力弱，企业利润低，用于研发的资金少之又少，且难以吸引风投资本，导致研发投入总量严重不足。我国生物医药的基础性研究和关键技术的研究主要依靠政府引导资金投入，而美国生物医药产业的创新能力强，研发资金充足，创新药巨额利润诱导药企销售额的 1/5 用于新药研发的同时还吸引了大量的风投资本。

此外，我国目前的政府资金多集中于专家教授和大型国有企业，研发积极性较高的青年学者、创新表现活跃的中小型企业和民营企业的融资约束问题无法得到有效解决；同时，相较于试验与发展阶段的资金投入，基础研究和应用研究领域资金投入不足情况更严重。

因此，建议政府通过补贴和鼓励风险投资来扩大研发资金总量，政府资金向创新能力较强的青年学者、民营企业和中小型企业和基础研究领域倾斜。

1. 加强政府投入力度，引导和鼓励投资多元化

（1）加大政府补贴力度，引导企业投资

政府补贴的主要目的就是提高企业研发的积极性，引导企业投资，从而增加研发的投入总量。它为企业提供直接资金支持的同时，也发挥了指

挥棒的作用，说明该项目是国家重点发展的方向，政府在未来的工作中将会重点扶持，这在一定程度上降低了企业的研发成本和预期风险。因此，政府补贴是国家引导企业投资，从而增加资金投入总量的重要途径。

根据本研究的调研数据，2013 年我国整体生物医药产业的 R&D 投入为 53.73 亿元，其中九成以上是企业资金，而美国的投入是我国的近 62 倍，为 3328 亿元；中美企业的 R&D 投入量如表 8.1 所示，从表中数据可以看出美国企业的 R&D 投入是我国的几十倍，甚至上百倍，我国企业的 R&D 投入量严重不足。

表 8.1　中美生物医药企业 R&D 投入对比表

中国生物医药企业	中国企业 R&D 投入	美国生物医药企业	美国企业 R&D 投入
上海莱士	1.01 亿元	辉瑞	499.85 亿元
恒瑞医药	8.92 亿元	默克	435.76 亿元
复星医药	8.3 亿元	葛兰素史克	334.28 亿元
尔康制药	0.76 亿元	安进	264.55 亿元

数据显示，2014 年我国上海生物医药 R&D 投入总量为 25.57 亿元，其中政府投入占总投入的 4.3%，美国加州 R&D 投入为 526.5 亿元，其中政府资金占 40%。我国政府 R&D 投入在绝对量和相对量上都远远小于美国。因此，加大政府投入力度刻不容缓。

首先，直接增加财政投入。设立国家生物医药产业发展基金，对于行业影响大，研发成本高，且暂时难以实现市场化的生物医药产品予以一定补贴；对生物创新药研发重大项目给予直接资金支持，重点关注创新药基础研究和应用研究领域；扶持中小企业发展潜力较大的项目，鼓励中小企业研发创新。

其次，加大税收优惠政策支持力度。目前，我国创新药研发企业平均税负达到营业额的 20%，比一般企业 5% 的税负高出许多，主要是增值税税收较高，而可抵扣项目又较少导致的。根据我国生物制药的研发情况，建议增加可税前扣除费用范围，如允许可享受研发费用加计扣除的范围应包括：①临床前试验、临床试验所必需的各类试验、监测、差旅等费用；②研发人员的奖金、福利等必要的人力成本；③研发人员的专业培训费，聘用的高级专家咨询费、劳务费等；④专利、非专利和知识产权等无形资产的购得和使用的支出；⑤国际交流与合作支出；⑥科研用固定资产加速折旧。此外，为了促进企业之间的技术交流，可以对符合条件的技术转让所得免征、减征企业所得税。

最后，扩大政府采购规模。生物医药企业的研发创新不仅在前期研发阶段需要政府资金支持，在产业化阶段也需要政府辅助刺激需求。因此，我国应该扩大政府生物创新药采购规模，刺激市场需求，实现政府补贴效用最大化。建议国家和地方政府开通政府采购申请渠道，由生物医药企业提交创新药采购申请，政府筛选优质企业和优先采购生物创新药品。

（2）鼓励风险投资，拓宽融资渠道

风险投资在国外生物医药企业的研发资金中有着不可替代的地位。美国生物医药产业 R&D 投入的五成以上是风险资本，而我国生物医药产业现有的研发资金来源渠道主要以企业自有资金和政府资金为主，风险投资和从证券市场进行的直接融资数量较少。一方面，是因为生物医药研发风险较大且投资回收期较长，风险投资往往不愿意主动投入；另一方面，尚未建设完善的生物医药企业融资市场，也制约了风险投资的进入。因此，为支持生物医药产业的健康发展，扩大生物医药研发的投入总量，我国应尽快建立多元化的生物医药产业融资体系，拓宽融资渠道。

首先，鼓励生物医药企业自筹风险资本。对自筹风险资本的生物医药企业根据筹得资本的大小进行财政奖励；鼓励生物医药技术企业拓宽融资渠道，充分运用金融信贷、引进外资、资本市场风险投资等多渠道、多形式，解决医药产业发展的资金问题。

其次，保障风险投资公司利益。设立生物医药产业信用担保基金，筛选具有自主专利技术、市场发展前景好的生物医药企业或项目，以政府名义进行信用担保，降低投资风险，保障投资公司利益；适当减免风险投资收益的所得税，对尚未实现的资本收益免税，对其投资损失实行一定的税收抵补。

最后，建立生物医药企业融资平台。大力培育各种代理、顾问机构，为投资者、风险投资机构提供生物医药产业市场信息、决策咨询和代理谈判等服务；发挥律师事务所在风险投资机构建立、运营及退出方面的重要作用和会计师事务所等评估机构在财务审计、技术估价、业绩评估等方面的作用。

2. 政府资金向创新积极性较强的青年学者、民营企业和中小企业倾斜，重点投资基础研究

相对于美国生物医药产业的 R&D 投入，我国的 R&D 资金不仅在总量上无法企及，在资金配置结构方面也存在较大问题。目前，我国的生物医药研发资金多流向知名专家教授、大型企业以及国有企业，而具有较强创新活力的青年学者、中小企业以及民营企业往往很难获得政府研发资金的支持。此外，基础研究是生物医药研发创新的基石，我国基础研究投入不足严重阻碍了生物医药产业的创新能力。为了优化政府资金配置，提高政府资金使用效果，具体建议如下：

（1）突破专家头衔限制，引导政府资金向青年学者倾斜。作为研发的中坚力量，青年学者不仅知识水平高，而且创新压力较大，研发积极性较高。然而，目前我国生物医药产业研发资金主要集中在知名专家教授的手中，青年学者由于资金缺乏难以开展研发。因此，在企业或项目投资筛选阶段，不应只是注重专家头衔，应当将项目申请过程公开透明化，让专家教授和青年学者公平竞争。

（2）突破企业规模限制，引导资金向中小企业倾斜。政府资金目前主要倾向于大规模企业，中小企业往往由于资金约束难以发挥其强大的创新活力，因此政府不应只注重企业规模而忽略了企业的创新活力，建议重点扶持研发潜力较大且研发积极性较高的中小企业进行前期研发，建立“小企业前期研发——大企业后期临床审批”的研发产业链。

（3）突破企业性质限制，引导资金向民营企业倾斜。国有企业往往由于规模和研发基础的相对优势更易获得政府资金支持，而创新积极性较高的民营企业却面临严重的融资约束。因此，政府资金应适当地向民营企业倾斜，激发民营企业的创新活力。

（4）重点投资基础研究领域。基础研究是生物医药创新的基石，由于其理论性强和商业目的不明确的特性导致企业难以通过基础研究获取利润，因此基础研究主要依托政府项目和政府研发机构开展。例如，美国国立卫生研究院（NIH）是美国主要的医学与行为学研究机构，任务是探索生命本质和行为学方面的基础知识，并充分运用这些知识延长人类寿命，以及预防、诊断和治疗各种疾病和残障。在 2013 年的 R&D 经费中，我国用于基础研究的经费为 555 亿元，仅占 R&D 经费比例的 4.7%。而大部分发达国家的基础研究经费占 R&D 经费比例在 15% ~25%，2012 年美国的比例为 16.5%。我国的基础研究投入严重不足。基础研究是生物医药创新的第一步，因此政府应当重点投资基础研究，鼓励企业和研究机构进行生物医药基础研究。

（二）吸引海外优秀人才，建设多元人才队伍

人才是开展生物医药研发的前提，引进和培养优秀人才已成为我国生物医药产业发展的一项重要而紧迫的战略任务。2013 年，我国生物医药产业 R&D 人员总数达到 1.59 万人。2014 年，上海生物医药产业的 R&D 人员数为 0.96 万人，占科技人员总数的 60% 左右，且在逐年增长，其中高中级技术人员数量为 0.3 万人，占科技人员总数的 20%，基本维持不变。由此可见，我国生物医药的 R&D 技术人员数量虽然在增加，但是高层次人才却没有显著增长。各地政府引进的高端人才，不仅在人数上无法满足需求，而且人才引进结构也存在问题。国家目前重点引进的专家教授固然对生物医药发展具有较强的推动作用，但由于引进成本较高，难以实现大规模引进。

此外，我国对生物医药一线基层专职人员的激励不够，大量研发资金流向生物医药专家，导致基础研究的一线专职人才流失现象严重。同时，生物医药产业的人才培养结构已逐渐无法满足产业需求，高校中针对生物医药的专门研究人才培养不足，而生物、制药相关的通用人才大量过剩。

这些问题导致我国生物医药产业不仅缺乏生物技术专职人员，同时基层专职人员的创新积极性普遍不高。因此，建议政府大量吸引国外的博士和博士后，重点激励基层研究人员，培养生物医药专职人才和生物统计人才，并针对中药和肺癌等特殊领域进行团队招标。

1. 人才引进向海外博士和博士后倾斜

我国目前生物医药人才缺乏，人才培养模式不完善，因此快速提高我国生物医药创新能力的方式是吸引国外生物医药高端人才在华研发。相对于引入国外知名专家教授的高成本和高门槛，博士和博士后不仅在数量和引进成本上具有优势，同时又具有较高学历和较高的专业水平，在学科前沿领域颇有建树。因此，建议引进博士和博士后作为生物医药产业研发的中坚力量，具体建议如下：

（1）在发挥知名专家教授领导作用的基础上，大规模引进博士和博士后

通过丰厚的待遇和完善的研发条件吸引研发人才，制定一系列人才优惠政策；充分发挥引进的知名专家教授的领导作用，帮助企业构建基础平台和技术体系；大规模引进博士和博士后进入生物医药产业各个领域，尤其是持有专利或其他创新成果的博士和博士后。

（2）建立企业联盟，提供人才发展平台

美国生物制药科研是企业、研究机构、高校等组成的一个高效率团体，而我国的生物制药企业规模小，很难为人才提供良好的发展平台，且缺乏沟通交流，各自为战，不利于产业发展，也不利于人才吸引。因此，可通过建立企业联盟或是资源共享体系等方式为技术人才提供更好的研发平台，例如建立研发服务集聚区，开展实验设备共享，加强企业与企业、企业与高校和研究机构的日常交流。

（3）注重人才保留

生物制药的科研成果转化成产品的时间很长，需要长时间的投入和支持。为了解决人才“引进快，流失也快”的问题，需要做好后续的人才保留，特别是加强人才引进后的后续配套支持。

2. 人才培养向生物医药专业人才和生物统计人才倾斜

专业人才培养和储备是生物医药发展的根本保障。目前，我国医药教育主要集中在一般制药领域，针对生物制药的学科专业较少。每年医药类高校生物类的本科毕业生不到3000人，生物制药领域专业人才严重缺乏，人才结构不符合市场需求。因此，建议人才培养向生物制药专业和生物统计人才倾斜。

（1）培养专业的生物医药技术类人才

扩大国内生物制药专门教育的试点范围，加强国内高校生物制药专业教育。我国生物制药专门教育起步较晚，2011年才在长春中医药大学、中国药科大学、武汉大学、山西医科大学等9所大学尝试开设生物制药本科专业。因此，应当扩大生物制药专门教育的试点范围，培养更多的生物制药专门人才。

（2）培养生物统计等生物医药辅助类人才

生物统计是运用数理统计原理，结合生物制药专业知识进行实验取

样、分析，得出实验结论的学科，在生物药品研发和监管审批体系中发挥重要作用。目前，我国开设生物统计专业的院校仅有南方医科大、复旦大学等 5 所高校，生物统计人才严重缺乏。因此，建议医药类高校开设生物统计学科，为我国生物医药创新提供人才基础。此外，建议高校完善增设其他各类与生物制药相关的专业，例如生物制药与经营、投资、法律或营销等结合的课程和专业。

（3）与国外高校、生物医药企业联合培养

目前，国内学校的生物学和药学教育与国际水平相比还有较大差距，建议国内医学院与国外院校加强合作，将有一定潜力的中青年骨干送到国外一流高校和实验室学习，培养能把握生命科学发展方向和前沿，具有生物基础与医药特色的生物医药应用型高级专门人才。高校与企业合作开办生物制药相关课程和专业，一方面促进高校理论教育与实践经验相结合；另一方面企业员工也可继续进修以提高创新能力，实现高校和企业的双赢。

3. 人才激励向一线基层人员倾斜

我国制药行业的人均工资约为 5000 美元/年，不到美国制药行业平均工资的 1/10，过低的薪资待遇是生物医药产业难以保留人才的重要因素。在此基础上，多数资金流向专家学者，加剧了一线基层研究人员创新激励不足问题。

因此，建议政府在发挥领军人才技术指导和资源协调的基础上，改进人才激励机制，重点激励一线基层研究人员，保障其经济利益。为一线基层研究人员解决住房、落户等问题；提高一线基层研究人员的薪资待遇，给予必要的资助和补贴，激励其进行基础创新；建立合理的薪资分配机制，给予有重大发现的研究人员经济奖励。

4. 生物医药重点研究领域进行国家招标以组建人才队伍

仅依托某个药企或某个团队难以完成生物医药重点研究领域的研发创新，需要多个专业团队发挥不同的专业特长，组建成一个各司其职而又互相联系的人才队伍以期在重点领域实现突破。

建议政府针对重点研究领域进行国家招标以组建人才队伍。各地团队可通过投标形式申请加入人才队伍，由政府或研究机构进行团队筛选，选取研发基础较好、专业特长匹配的团队组建人才队伍，主要负责前期化合物筛选、病理研究和药物靶点确定等基础研究，后期临床实验和审批生产则交由生物医药企业负责。

（三）共享公共基础设备，促进配套设备研发

生物医药产业研发离不开医疗设备的辅助，而我国生物医药产业链上下游硬件配套设备设施薄弱，且多数医疗设备和材料主要依靠进口，这不仅提高了研发成本，更严重影响了生物医药企业研发的积极性。解决生物医药产业研发所需的器械和设备短缺问题是保障我国生物医药产业创新的基础。因此，建议政府建立技术设备共享平台，并积极推进生物医药设备设施的自主研发。具体建议如下：

1. 实行生物医药研发基础设备共享，降低新药研发成本

生物医药产业研发对技术设备具有较高的依赖性，但生物医药研发的技术设备往往价格高昂，单个企业支付困难，设备问题在一定程度上阻碍了企业及研发机构特别是中小研发主体的参与。在共享经济思考下，首先，促进建立公共技术设备共享使用机制，推进国家、科研院所实验室设备公开、有偿使用，以此降低中小研发主体参与生物医药研发的技术设备成本，在一定程度上进一步刺激中小研发主体参与生物医药研发的积极性；其次，根据企业、研发机构等研发主体的研发需要和国家生物医药发展规划，推动国家相关部门主导建立生物医药公共技术设备使用平台，以此在技术设备方面给予相关研发主体支持，刺激生物医药研发主体进行创新药和国家规划新药的研发。例如，中关村生物医药园拥有200多台/套先进的仪器设备，可以为生物工程产品的上游技术研究、中试生产以及化学药物合成与制剂提供强有力的支持。

2. 紧跟新药研发步伐，提升配套设备研发制造水平

目前，我国主要的生物医疗器械基本依靠进口，这不仅成本高昂，而且限制了我国生物医药的发展。因此，国家在发展生物医药产业时，不应仅仅着眼于新药研发创新，还应该注重医疗器械、医疗设备等配套产品的研发制造，以期紧跟新药研发的步伐，提升生物医药的整体创新能力。建议政府有效整合优质资源，推动产学研医深度结合，突破关键技术，重点研发制造核心部件和基础材料，为我国生物新药研发提供技术先进的、价格合理的基础设施。

（四）构建生物医药产业创新数据支持系统

数据采集在生物医药研发、临床和监管审批等环节被广泛运用。美国生物医药产业建立了完善的数据支持系统和数据网络，生物医药基础数据成为连接美国生物医药创新网络的重要媒介，方便了生物医药研发主体间的信息沟通；生物医药数据、样本被基础研究人员、生物统计人员等专业人才用来发现病理，提高了生物医药基础数据的价值；此外，政府医药审批、专利审批机构依托数据平台，采用现代信息技术手段对生物医药参与者提交的材料进行审查、甄别和监管，降低了审查的主观性，提高了医药审批与专利审批的效率，有效提高了生物医药数据的准确度与专利产权保护力度。整体来讲，美国生物医药数据支持系统在生物医药研发、生产、审批等环节和多主体合作创新网络中被广泛应用，并且其规范、严格的标准及执行措施有力地保障了生物医药产业的规范、高效发展。

然而，我国却未建立标准统一、信息可靠的数据系统，导致我国生物医药产业数据不准确、造假等行为多发和在国际交流中面临被质疑、不通用的窘境。

建立完善的数据支持系统、数据网络可为我国生物医药研究接轨国际提供基础依据，也能够有效降低生物医药专利审批和医药审批的主观性，增加数据可信度、提高审批效率，还能够提高专利和新药保护的力度和深度。生物医药基础数据主要包括病人病例、病理研究、QC 实验室、GMP 和临床等数据，其既是对生物医药基础研发相关信息的记录，也是对参与主体的数据真实性与可信性的保证和监管，同时也是连接生物医药多主体创新网络的重要媒介，对生物医药产业健康发展发挥着重要的作用。为解决我国生物医药数据系统不完善问题、发挥数据支持系统的重要作用，本研究提出：构建生物医药产业创新的多维立体数据支持系统，其数据主要包括病人网络、QC 实验室、临床试验和生产规范等多方面的数据。数据库主要包括创新研发基础数据系统、电子监管审批数据系统和多主体合作创新共享数据系统，还有其他现代数据采集方法、管控规范等内容。在制定、完善相关数据标准的基础上，构建生物医药数据支持系统和生物医药基础数据系统、电子监管审批数据系统和多主体合作创新共享数据库等数据系统。

1. 构建并实施标准化生物医药创新研发基础数据系统，规范生物医药产业发展

生物医药产业各环节需要遵循不同的产业标准和规范，构建标准统一的生物医药产业创新研发基础数据库，是落实、完善我国生物医药产业标准和规范的有效途径，也是我国生物医药发展接轨国际的重要依据，能够有效提升我国生物医药研究数据的国际认可度。生物医药创新研发基础数据系统包括病例记录数据库、基础研发数据库、GMP 生产记录数据库和临床数据采集数据库等。

2. 推进监管审批部门相关资料数字化，构建电子监管审批数据系统，提高监管力度和审批效率

电子监管审批数据系统主要包括医药监管审批数据库和专利审批保护数据库，其主要作用是提高审查的客观性、减少人为因素干扰、严格审批、提高审批效率和增强监管保护力度。构建电子监管审批数据系统的首要工作是建立数据标准和现有资料信息的数字化；其次是推进申请资料的电子化、提高电子审查技术。这样能够有效地提高生物医药申请审批效率、审查准确性，缩短审批周期；还能够强化生物医药监管和专利监管，提高生物医药的保护能力。

3. 构建多主体开放创新网络数据共享平台，协调生物医药创新研发主体间关系，促进多主体合作创新

构建由医院、医学研究院所、科研机构、企业、政府相关部门等多主体参与的开放创新网络数据共享平台，促进主体间信息交流、增强主体间协作、密切主体间关系，使之成为促进生物医药产业多主体合作创新网络形成的关键媒介。

二、培育生物医药产业创新集群环境

（一）促进产业链分工协作，建设多主体合作创新网络

中美生物医药产业创新发展模式和创新主体迥异，美国的生物医药产业创新来自于产业链的专业分工和多主体开放式无缝对接基础上的网络创新；而我国的生物医药产业创新则往往来自于单个研发主体的独立创新。从中美两国生物医药产业近 20 年的发展实践来看，生物医药研发是一个多

利益主体参与的创新活动，无论是创新质量还是创新速度，这种来自于产业链整体的多主体开放式网络创新相较于单个企业的创新更有利于促进生物医药产业的持续创新。

结合生物医药产业研发创新“高成本、高风险、长周期和高收益”的特征，美国生物医药企业在新药研发上越来越依赖研究机构、小型生物科技公司。生物医药产业链的高度分工、中小企业的积极参与和中介服务等机制的合理设计极大地分散了生物医药新药研发产生的风险、降低了环节参与者的资金成本，极大地促进了生物医药新药研发参与者的研发积极性和研发动力。此外，合理的知识产权交易等机制的设计有效衔接了生物医药产业链的各环节，保证了生物医药新药研发的顺利完成。

然而，受技术水平（基础研究、试验设备）、人才、资金、制度等因素限制，我国生物医药产业在研究开发、产业化、规模化等方面一直落后于美国、欧洲等发达国家。由于我国生物医药企业新药研发缺乏重点，与其他外部机构缺乏合作和重复开发现象的普遍存在，造成了资源的浪费，不利于生物医药产业创新能力的提高。此外，知识产权交易机制的不完善，导致中小研发主体的研究成果难以实现市场转化，由大型企业独揽生物医药研发、中小研发主体难以参与的局面无法得以改善。

在分析我国生物医药研发创新现状的基础上，参考美国生物医药产业链分工和有效的机制设计，笔者提出“建设生物医药产业多主体合作创新网络，促进生物医药产业链分工、协作，实现生物医药产业研究、试验、制造和消费等环节的有效衔接”的建议，具体如下：

1. 促进生物医药产业研究专业化分工

生物医药产业研究分工不仅能够显著地降低研发主体的资金需求和研发风险，同时还可以缩短单个参与主体的研发周期，极大地降低了研发门槛和产业参与壁垒，能够刺激更多的、有研发条件的、具有研发活力的企业或研发机构参与生物医药研发，这样能够提高单个参与者研发专业化程度和研发成果的总量与成功率。在现有产业规划的基础上进一步增加生物医药产业分工，以降低生物医药产业的进入门槛，最终实现研究院所进行基础研究、中小研发主体广泛积极参与前期研究和实验、大企业承担临床和制造的生物医药产业链分工与协作。

2. 充分发挥生物医药中介服务作用，实现生物医药产业各环节无缝对接

在推动生物医药产业分工的同时，必须完善生物医药的中介服务，推进生物医药知识产权交易机制的实施，以实现生物医药产业链的完整性和通畅性。生物医药产业链各主要环节间的交流主要是知识产权交易，完善并进一步推进生物医药知识产权交易机制实施能够有效促进产业链环节间的关联，保障各个环节参与主体的知识产权实现交易。相应的，完善的生物医药中介服务能够促进生物医药参与主体便利地获得金融、专利申请培训等服务，为生物医药产业研发创新创造良好的外部环境。

（二）科学规划产业布局，引导建立生物医药产业集群

经过50余年的发展，美国生物医药产业表现出非常明显的产业集聚特征和资源依托特征。同时，由于依托资源的差异，美国生物医药产业形成了明显的地域分工和相同要素资源的深度集聚，并且形成了加州、波士顿、北卡三角洲等研发集群和芝加哥等生产集群。然而，在我国生物医药产业发展的过程中，部分地方政府忽视地方资源条件，盲目发展生物医药产业，又缺乏国家层面的及时有效协调，导致了我国生物医药产业在“少数地区中度集聚，大范围分散发展”和“有限资源依托”的特征，在一定程度上阻碍了我国生物医药产业资源有效依托、地域明确分工和高产业度集聚。

为实现政府（特别是地方政府）在生物医药产业发展过程中发挥积极作用，笔者提出“科学规划生物医药产业布局，依托医学机构建立生物医药集群”的建议，具体如下：

1. 科学规划生物医药产业在全国的布局，协调生物医药产业区域发展与集聚

由于生物医药产业自身有高投入、高风险、高回报以及研发周期长的特点，致使产业发展必须向经济发达地区集聚、向专业智力密集区集聚。目前，我国生物医药产业主要集聚于东部沿海和科研院所与创新能力较强的北京、上海等地区，以及少数中西部的中心城市，并表现出：研发要素进一步向北京和上海集聚、生物医药制造环节加速向江苏和山东集聚、热点地区持续涌现的趋势。顺应生物医药产业发展趋势，科学规划生物医药产业在全国的布局，协调生物医药产业的区域发展。

2. 以医学、医院为网络核心，推进生物医药产业地域集聚

技术创新成为产业发展的动力，是推动生物医药产业发展的主推力。美国的技术创新力量是以大学和科研机构为核心的网络型研发体系，如美国的马萨诸塞州拥有百所一流的高校和科研机构，几乎所有的著名生物医药公司都以他们为网络核心在此设立了研发中心。创新成果在网络内以较快的速度通过专门的平台进行技术转化，进而顺利过渡到产业化阶段。由于其强烈的创新意识，每年美国 FDA 公布的生物制品专利数处于世界领先地位。而我国可以借鉴美国生物医药集群以医学、医院为网络核心的集聚发展模式，推动生物医药产业地域集聚，特别是生物医药研发地域集聚，最终形成集群内部的多主体合作创新网络，进一步推动生物医药产业集聚发展。

3. 针对深圳、武汉、兰州等具有一定生物医药发展基础的地区提供针对性的区域产业发展政策，促进地区发展特色鲜明的生物医药产业

深圳、武汉、兰州等地区具有一定的生物医药发展基础，但缺乏必要的集群发展条件，因此针对此类地区应该实施特色的生物医药发展政策，其关键在于促进该区域内研发条件和生产条件的高效结合。

三、完善生物医药产业创新政策环境

（一）完善知识产权保护政策，提升企业知识产权保护能力

生物医药产业比其他任何行业都更加依赖于知识产权保护，企业主要通过知识产权保护来阻止竞争者剽窃核心技术和最新研发成果。此外，知识产权保护对企业是否能够持续获利来弥补高额研发成本至关重要。美国具有强有力的知识产权保护体系，通过为新药研发提供持续保护来促进企业成本的回收。数据显示，2015 年美国市值排名前四的生物医药企业公开专利数量相当于我国 236 家生物医药企业之和，授权专利数量相当于 60 家生物医药企业之和。由此可见，我国生物医药企业的创新意愿和创新能力都远不如美国。

究其原因在于，我国专利保护等相关法律和制度建设起步较晚，对创新药物研发的保护和激励作用不够。知识产权相关法规不完善，不但限制了新药的开发创新和技术交流，而且导致违法违规仿制药品的泛滥，直接

降低了企业对创新研发的利润预期，也不利于生物医药企业进行技术交流和转让。因此，建议政府完善知识产权保护法规，提高企业知识产权保护能力，具体建议如下：

1. 加大专利侵权惩罚力度，激励创新药物研发

相比美国而言，我国专利侵权现象严重，即使有专利法保护，但诉讼要花时间取证，而且还有地方保护主义的“官保护”等问题，仅靠法律的条文规定，而没有强有力的执法措施，很难达到预期效果。因此，加大知识产权保护力度，建立透明公正的执法机制，是保护企业创新成果以激励企业研发的途径之一。

（1）加强专利侵权惩罚力度

建立健全的专利侵权行为的惩罚与赔偿制度，完善专利侵权赔偿体系，加大专利司法保护力度；降低医药企业的维权成本，加大药品侵权处罚力度。

（2）完善知识产权诉讼系统

建设知识产权侵权举报投诉中心，支持和鼓励建立知识产权自律和维权组织，健全知识产权保护体系；建立透明的监督管理机制，完善技术保密制度，定期发布知识产权保护状况。

2. 从审批人员、技术和流程角度，提高专利审批速度

我国过于漫长的专利审批期限不利于在专利申请后、授权前对技术机密的保护，容易被他人剽窃抄袭。此外，依赖于人工审查的初步审查和实质审查手段，导致审批质量受限于审批人员的责任心和信息检索能力。因此，加快专利审批速度，并从技术上优化审批手段是保障专利申请人利益的重要途径。

（1）增加专利审批人员数量，重视审批人员知识储备更新

增加创新药物专利审批人员的数量，缩短审批时间；加强审批人员的责任心，降低审批错误率；定期对审批人员进行专业培训，必要时需派遣审批人员前往专业的教育机构学习深造，以不断更新审批人员的知识储备。

（2）建立生物医药专利信息数据库，改革审批技术手段

收集生物医药历年专利授权信息，包括产品功能、生产技术和临床数

据等，建立生物医药专利信息数据库；利用专利信息数据库，促进审批手段电子化，加快审批人员检索速度并降低人员检索错误率。

（3）开通绿色通道，加快重大项目推进速度

针对国家重点项目，或是经过权威机构认证为在生物医药领域具有重大贡献的发明创造，享有优先审批和优先专利授权的特权。

3. 提高企业知识产权保护能力

目前，我国生物医药企业知识产权保护意识有所加强，但是知识产权保护能力较弱，企业对专利保护法规的了解普遍肤浅，在专利申请材料的撰写以及在专利保护政策的运用等方面都存在认识不足。这使得企业在申请专利后核心技术不仅得不到有效保护，反而面临技术秘密泄露的风险，导致企业对专利管理部门不信任，许多发明未能及时有效申报专利。因此，提高企业知识产权的保护能力显得尤为重要。具体建议如下：

（1）重点培训研发人员知识产权的保护能力和意识

通过培训提升科研机构管理人员和研发人员的专利申报材料的撰写能力与核心技术保护意识；普及知识产权维权方式和相关法律知识。

（2）建立专利族

美国生物医药企业在专利申请时往往不单申请一项核心技术，而是对该技术周边涉及的所有外围和边缘技术都进行专利申请，这种建立专利族的方式极大地防止了技术侵权，保证企业核心技术不被剽窃。因此，建议我国生物医药企业制定“专利族”申请策略，对核心、外围和边缘专利都进行专利申请以达到全面保护的目的。

（二）建立企业信用体系

信用体系能够对社会主体的行为进行有效规制。美国已建立并实施了完善的个人和企业信用体系，并形成了成熟的奖惩机制，有效地避免了个人和企业的虚假及不诚信行为；然而，我国个人和企业信用体系尚不健全，在一定程度上降低了个人和企业的违法、不诚信、违约等行为的成本，导致假冒伪劣商品屡禁不止，提供虚假信息时常发生。为此，建立并实施企业信用体系能够有效地规制企业造假、不诚信等行为，同时还可以为政府和金融机构等提供资金支持的依据。

（三）细化和完善产业相关标准

先进的生物医药产业标准对生物医药产业发展和市场进步起着良好的导向作用。目前，国际通用标准主要有三个，分别是 GMP、ICH 和 ASTM。GMP 是国际生产标准，是国际性的药品质量控制和检查的依据；ICH 是一种涉及药品质量、安全性、疗效和学科研究的标准规范；ASTM 涵盖 69 项医疗服务标准和 261 项医药标准。

标准制定主要分为三种情况：首先，对成熟的标准直接采用，例如我国生物医药产业生产标准沿用了国际 GMP 标准；其次，对于特殊领域应当在结合本国实际的基础上借鉴国际标准完善修订；最后，对于特色的生物医药领域，例如中药领域，应当由我国自主制定产业标准。

目前，我国生物医药的一些产业标准还未受到国际认可，标准实施也存在问题。因此，在生物医药产业化各阶段应当细化完善产业标准，以科学的标准引领、规范科研与生产。具体建议如下：

1. 接轨国际生物医药标准，完善和细化我国生物医药产业标准，规范国内药企研发和生产

国际标准基于国际上先进的生物医药技术研发和生产经验总结制定，具有较高的科学性和合理性。因此，我国应当努力接轨国际标准，并结合我国的实际情况，查漏补缺以完善我国生物医药产业标准，并严格执行标准以规范我国药企的研发和生产。具体建议如下：

（1）政府组织审查国际产品技术标准

发挥政府在推进生物医药标准化工作中的领导和支持作用，审查已有的国际标准，对于认可的标准要及时公布采用，不认可的要及时修订；跟踪先进国家的技术标准动态，及时更新我国的相关技术标准。

（2）鼓励药企参与标准修订

为了建立可实施的产业标准，应充分发挥生物医药企业作为产业标准执行者的能动性，鼓励药企积极参加生物医药产业标准制修订工作；支持和推动研究机构与大型医药集团、民营药企与大学的合作，以便真正高效地实现标准化战略的突破。

2. 制定中药研发相关标准，规范生产流程

作为我国的传统药品，中医药的研发没有现成国际标准可供借鉴，只能自主制定中药标准来规范中药研发生产。目前，中药领域存在中医技术标准不健全、临床诊疗不规范、治疗效果难评价以及对外交流无依据的实际问题。为了将中药推向国际，制定中药研发生产标准迫在眉睫。

建议政府加大中药制药过程的关键技术开发和推广，提升装备制造水平，打造一批从原料药材到药品的中药标准化示范产业链；重点开展中医基础理论创新及中医经验传承与挖掘，研究中医诊疗、评价技术与标准。其主要内容包括：基础标准、技术标准、健康标准、心理标准等；还有常用诊疗及其名词术语标准、中医语言一体化标准、中医信息分类与代码标准、传统临床实践指南、针灸取穴标准、病例书写规范、各类疾病诊疗规范、指南、中医机构分级准入规范等。

（四）落实监管激励政策，缩短创新药审批周期

生物医药监管审批制度的主要作用是减少创新药物开发的盲目性、避免重复研究、鼓励特殊病例药研发、缩短创新药研发周期和保证新药质量。然而，在对比中美生物医药监管审批制度时发现：在审批方面，我国生物医药监管审批制度侧重在医药审批方面，且生物医药审批周期偏长，增加了新药研发的成本和风险；在监管方面，缺乏可操作性的监管激励和保护政策，降低了新药研发的积极性。因此，我国生物医药监管审批制度亟待完善。

我国新药审批周期长的原因是多方面的。首先，我国新药申请审批采用注册制，注册审批的低成本和低标准导致我国医药审批存在严重的案件积压问题；其次，审批手段落后导致我国新药申请审批过程中出现大量的造假问题（包括数据造假、材料造假等）；最后，审批人员总量不足且结构不合理。

美国医药监管制度不仅发挥着监管审查作用，还起到监管激励作用；而我国医药监管审批多发挥审批作用，却未发挥激励作用。因此，提出如下建议：落实监管激励政策，增加审批人员有效当量，合理缩短审批周期，推进新药研发及上市。具体如下：

1. 发挥监管审批制度的监管和激励双重作用

针对我国医药监管审批制度中监管激励作用不足问题，提出以下改进点：

（1）给予研发企业完善的新药研发指南

积极制定全面、详细、有可操作性的新药研发指南，指导企业及时了解新药研发的国际最新技术要求及标准，促使企业新药研发更具针对性，避免新药研发的盲目性和低水平。

（2）针对特定（罕见药品、原研药等创新程度高、特殊病症需要的新药）新药研发给予额外的制度保护

医药行业依赖专利来阻止外部竞争、补偿研发投入和自我研发信息的流失，因此制定针对性的保护制度能够给予研发者极大的激励。例如，给予罕见药品7年的数据保护；创新药上市后一定时间内享有市场独占性。

2. 优化人员结构，增加审批人员有效当量，缩短审批周期

生物医药监管审批机构应该在监管审批各环节有选择地严格把关、针对特殊医药提供优先审批通道以缩短审批周期，保障生物医药产业的良性发展。

（1）提高新药申请门槛，合理增加审批人员总量并优化人员结构，缩短审批周期。制定严格的审批申请标准，提高审批注册门槛，对新药申请进行初步筛选，提高新药申请质量；增加专职审批人员，减少兼职专家数量，实现审批人员的有效增加。

（2）针对特殊医药研发提供优先审批通道。设计新药申请等级制度，针对创新药、高仿药提供优先审批通道；补充审查员的专业知识，增加新药审评的可靠性和权威性，提高审批效率。

（五）改革创新药政府采购与报销制度，扩大创新药市场需求

目前，我国生物医药企业多研发生产仿制药而非创新药，导致我国生物医药产业的创新能力低下，缺乏国际竞争力。因此，需要政府改革生物药品报销制度干预生物医药市场以扩大创新药市场的需求，刺激我国生物医药企业进行创新药研发。具体建议如下：

1. 将创新型生物药纳入医疗报销计划中

大量的生物创新药物未列入医疗报销目录限制了生物创新药的需求量，影响了生物医药企业研发生产创新药的积极性。因此，建议政府建立创新药物直接进入国家医保目录的绿色通道，以国家重大新药创制专项为载体，尽快出台符合我国国情的新药优先进入医保目录的相关政策，科学

制定新药进入医保目录的标准和时机，促进形成自主创新药的市场优先准入机制，争取一类新药和国内独家新药品种以最短时间进入《国家医保药品目录》。

2. 政府优先采购生物创新药，推动创新药进入市场

建议政府将原创性、拥有自主知识产权的生物医药产品优先纳入政府的采购目录；在药品招标中直接备案、进入医疗机构。对于生物医药企业生产国家急需的防疫用生物制品，实行药品的委托生产，并逐步扩大范围。

3. 鼓励商业医疗保险发展，扩大创新药市场需求

美国的商业保险高度发达且完善，约占美国医疗支出的三分之一，而我国多公共医疗保险、少商业医疗保险的情况导致医疗报销力度不如美国。因此，建议政府鼓励商业医疗保险发展，对于将创新生物药纳入保险范围的商业保险公司，给予一定的财政补贴和政策优惠。

第九章

chapter 9

研究结论

一、理论研究

在对产业创新能力内涵、我国生物医药产业特征及产业创新环境解析的基础上，笔者对我国生物制药产业发展的相关问题进行了较为细致的理论研究：围绕生物医药产业发展现存问题和美国的经验，对产业创新能力的影响因素及提升路径进行了梳理，从生物医药产业自身特征和产业创新能力的内涵出发，遵循“特征—内涵—维度—指标”的逻辑思路，将产业政策创新及区域集聚创新纳入评价指标体系，构建了我国生物医药产业创新能力的评价指标体系。为科学测度我国生物医药产业创新能力测度、中美生物医药产业创新能力差距成因分析和对策建议的提出提供了理论基础。

（一）生物医药产业创新能力指标体系构建

现有创新能力评价理论上存在以创新投入替代创新能力的误区，在实际操作上存在割裂创新投入和产出关系测度产业创新能力的片面做法，这实际上是用理论假设代替结果的研究误区；现有指标体系混淆了国家创新能力评价、行业创新能力评价和企业创新能力评价的概念和关系，存在用国家创新或企业创新能力评价指标替代产业创新能力评价指标的现象；现有指标体系构建过程缺乏足够的解释和说明，有些指标的科学性、典型性、可行性、独立性以及各指标间的逻辑性缺乏有效推敲，特别是各指标和创新能力的因果关系有待考量。由此，产业创新能力既不同于国家层面的集成整体创新，更有别于单一企业的产品和技术研发创新能力，而是产业内部多元企业联合创新的行为和能力。因此，在创新能力指标体系设计中既要有产业创新能力的通用指标，又要考虑产业内部多元企业联合创新能力的特色指标，脱离了产业特征的创新能力指标体系无法真正科学测度产业的创新能力。

基于此，本成果将生物医药产业“政府政策依赖”和“区域集聚依赖”两大特征纳入进来，从生物医药产业内涵深入挖掘，从“宏观国家层、中观区域层及产业层和微观企业层”这一全景视角，基于“特征—内涵—维度—指标”的逻辑思路，构建的评价指标体系，突破了现有研究局限，为我国产业创新能力指标体系的构建及评价提供了理论依据。具体见表 9. 1 所示。

表 9. 1　生物医药产业创新能力评价指标体系

一级指标	二级指标	三级指标	反映特征
国家层创新能力	政策创新内在表现指标	政府投资占 R&D 经费比重	政府投资力度
		R&D 经费中金融机构贷款比率	政策导向
		经济增长率	国家经济环境
	政策创新外在表现指标	国际市场份额占有率	国际市场贡献
		总产值占全国 GDP 的比重	国民经济产出贡献
		产品出口额占全国份额	国际竞争力
区域层创新能力	集群创新内在表现指标	地理邻近性	地理集群程度
		区域高技术人才比重	人才集群程度
		区域高校和科研机构比重	知识集群程度
		创新主体相互协作性	合作程度
	集群创新外在表现指标	区域内创新企业比率	区域扩展
		创新产品产值	区域创新产出
		科技园区数量	区域规模
产业层创新能力	网络创新内在表现指标	创新网络结点数量	产业网络规模
		产业链上下游配套关系	产业整体协同效应
		产业网络连接性	网络分工协作关系
	网络创新外在表现指标	新增加规模以上企业数	企业创新实现
		产业总产值的增长率	社会经济贡献
		产业从业人员的增长率	人才创新实现

续表

一级指标	二级指标	三级指标	反映特征
企业层创新能力	技术创新内在表现指标	企业 R&D 经费投入强度	研发投入程度
		科技活动人员占全部人员比重	人才投入程度
		技术消化吸收率	技术吸收能力
		产学研技术创新合作程度	技术创新转化能力
	技术创新外在表现指标	高技术人才增长率	企业人才产出
		新产品收入占全部销售收入比重	创新产品产出
		新注册企业增长率	创新企业产出

（二）生物医药产业创新能力对比分析

1. 中美生物医药产业创新能力“点—线—面”的对比剖析

从以往研究成果来看，关于产业创新能力的比较大多停留在国家层面或者产业总体，属于非连续的、片段式的对比研究，而本成果则是从整体到个体的完整对比和解剖。即在中美两国生物医药产业总体创新能力差距的基础上，深入产业内部、典型生物医药集群/基地以及代表性企业进行对整个创新过程全方位的“点—线—面”的对比剖析、内部剖析，这属于连续性、全过程的对比研究，具体思路见图 9.1 所示。

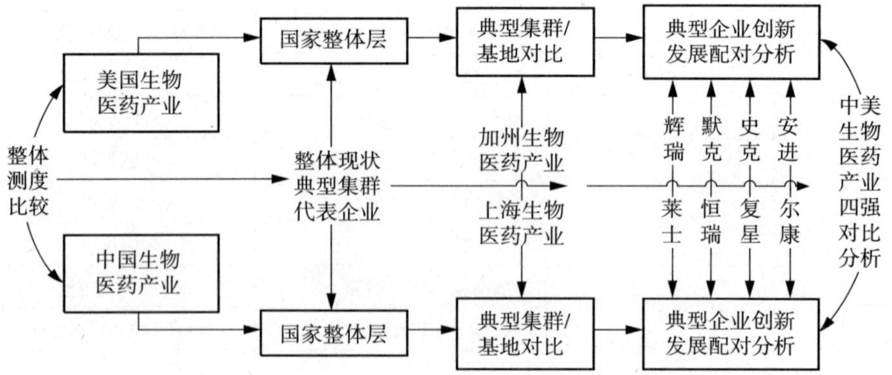

图 9.1　中美生物医药产业创新能力持续全过程对比剖析图

更进一步，根据前期指标体系构建结果，生物医药产业创新能力分为企业层、集群层、区域层和国家层四个层面，但是美国生物医药产业发展中产业集群往往跨越不同州形成跨区域集群。因此，区域层和集群层无法分开，基于此本研究最终选用国家整体层、产业集群层和企业层进行对比分析。此外，在产业集群层对比时，由于我国生物医药产业起步较晚，除上海生物医药产业集群发展较好、资料较完备外，其余地区的产业集群环境尚未真正建立，因此本研究在具体对比中将“上海—美国”加州生物医药产业集群进行了详细的对比分析，而“北京—NMMN 大区”以及“深圳—RTP 研究三角园”只做了整体的分析。

基于以上因素，本研究在中美生物医药产业实地调研的基础上，结合现有理论研究成果，基于中美两国生物医药产业创新指标数据的可获得性、可对比性，笔者采用 R&D 经费投入作为产业创新的投入指标，以专利产出、营业收入/产值作为主要产出指标，从国家层、集群层和企业层三个维度对中美生物医药产业的创新能力进行了对比分析和评价，具体研究思路如图 9. 2 所示。

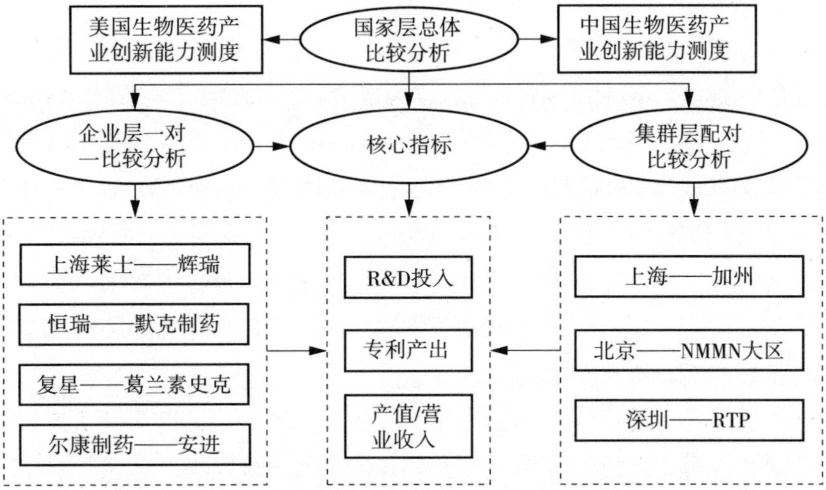

图 9. 2　生物医药产业创新能力对比分析图

2. 本成果有关中美生物医药产业创新的核心数据均为一手资料

本成果用于支撑中美两国生物医药产业创新能力对比分析的核心数据资料均为笔者成员深入中美两国相关企业、集群基地和政府部门进行实际调研获得的一手资料，这对于跨国研究和对比分析解决实际问题至关重要。基于以上真实分析所提的建议和重点对策，无论对于项目组完成研究还是对于国家提升生物医药产业创新能力都是非常宝贵的资料和经验。

表 9.2　中美两国实地调研资料表

时间	国家	调研对象
2015. 3—2016. 6	美国	加州、麻省、华盛顿和北卡 RTP 三角园
		企业辉瑞、史克、默克、安进等研发总部
		DUKE、UNC 医学院、医院研发人员及 FDA 官员
2014. 10—2016. 9	中国	北京、深圳、上海等生物医药基地
		莱士、复星、恒瑞、尔康、万邦等企业
		商标专利局及 CFDA 人员

中国方面：项目组核心成员王晓珍、温晓慧、王玉珠、叶靖雅、杨拴林、黄海洋等分别于 2014 年 10 月至 2016 年 9 月对北京、深圳、上海等生物医药基地；对莱士、复星、恒瑞、尔康等著名生物医药企业以及中国商标专利局和食品药品监督管理局 CFDA（China Food and Drug Administration，简称 FDA）相关人员进行实地走访。

美国方面：2015 年 3 月至 2016 年 6 月，项目负责人王晓珍及项目组主要成员党建民、高伟、高飞在北卡罗来纳大学教堂山分校生物统计系 Donglin zeng 教授、杜克大学生物统计系 Xiaofei Wang 教授、美国威斯康星州大学的 YuShan，Zhao 教授的指导、帮助和协调下，顺利完成了对美国著名医学院（DUKE 医学院、UNC 医学院）药品研发人员、美国生物医药产业集群（加州、麻省、华盛顿和北卡 RTP 三角园）等，世界著名生物医药企业辉瑞、史克、默克、安进等美国研发总部以及对美国食品药品监督管理局的官员的调研和数据搜集任务。

这些宝贵的一手资料尤其是美方资料有利于项目组详细了解美国原研药品即生物创新药品从靶点选择、实验室试验到企业研发生产以及后续临床试验、审批、上市等全过程，对于精准把控美国生物医药产业原研药品的研发流程、审批流程、监管制度、集群创新环境建设等信息提供了坚实的基础；对于详细比较中美两国生物医药产业创新能力的差距，尤其是为我国寻找生物医药产业创新能力提升的制约要素、提升对策提供了有效参考和宝贵经验。

3. 中美生物医药产业创新能力对比分析结果

对比分析显示：中美两国生物医药产业原始创新能力存在着巨大的差距。无论从国家整体层、产业集群层还是具体微观企业层，中国生物医药产业的投入规模，产出效率都存在巨大差距，业内专家经常用“婴儿对巨人”来形容中美两国生物医药产业发展的差距，具体表现如下：

（1）我国生物创新药品数量和专利授权数量均低于美国。其中，新药研发方面，我国多仿制药且仿制药等级不高，美国除 2015 年批准首例仿制药外，其余均为生物创新药；同时，美国生物医药企业每年存在大量进入临床不同阶段试验的新药且具有持续性，未来创新潜能很大。反观中国企业进入临床实验的药品数量较少，新药研发断档现象普遍。专利产出方面，我国生物医药 PCT 专利数量不足美国的 20%。

（2）中美生物医药产业集聚程度不同。美国生物医药产业集群在美国生物医药产业创新发展中具有重要地位，其生物医药销售收入占全球市场销售额的 50% 左右且产业集聚度较高，仅加州和麻省两州集聚了美国 50% 以上的生物医药企业，加州、麻省、华盛顿和北卡四州则集聚了美国 76% 的生物医药企业；而中国生物医药产业集群尚未真正建立，企业分布集中度相对较低；广东、北京、浙江、江苏、上海、山东 6 个最发达的省份外加吉林省仅集聚了中国生物医药企业的 52%，并且集群产值和销售额都不高。

（3）中美两国 R&D 投入差距巨大。美国生物医药产业研发资金来源广泛，资金投入充裕，是中国的近 60 倍。不论国家层整体还是企业层个体，我国生物医药产业研发投入均严重不足；此外，我国企业研发投入强度显著低于美国，以 2013 年为例，我国研发投入强度仅为 2.24%，远小于美国的 21.34%，仅为美国研发投入强度的 0.15。

（4）中国生物医药企业盈利水平与美国相比差距巨大。对比中美排行前四的四家企业 2011—2015 年的平均利润，中国生物医药企业的平均利润仅占美国四大生物医药企业平均利润的 0.022 ~ 0.033。以 2011 年为例，美国福布斯排行前四的生物医药企业平均净利润为 301.21 亿元，中国市值排名前四的四家生物医药企业平均净利润为 6.89 亿元，仅占美国企业的约 0.0229。

二、问题分析及对策建议

（一）问题及对策梳理

中美生物医药产业深入对比分析结果及现有资料发现，中国生物医药产业创新主体原始创新积极性普遍不高，创新主体既不敢也不愿进行原始创新，并且对现有创新环境和氛围提出了诸多抱怨和不满。其对原始创新研究要么充满畏惧，要么不愿进行原始创新研究，而对一般的仿制药则充满兴趣，将更多的资源和精力放在仿制药的研究和生产中。企业创新动力不足，表面上看是由于仿制利润过高、研发风险集中、研发周期过长、新药入医保慢等因素导致，但随着笔者后续深入研究发现，企业创新意愿严重不足仅仅是中国生物医药产业创新存在的表象问题。究其根本，造成中国生物医药产业创新同美国产生巨大差距的本质问题涉及诸多方面，基于中美生物医药产业发展的详细对比分析发现：政策法律环境、产业集群环境、研发基础条件与企业创新动力不足共同导致了中国生物医药产业创新能力低下。具体如图 9. 3 所示。

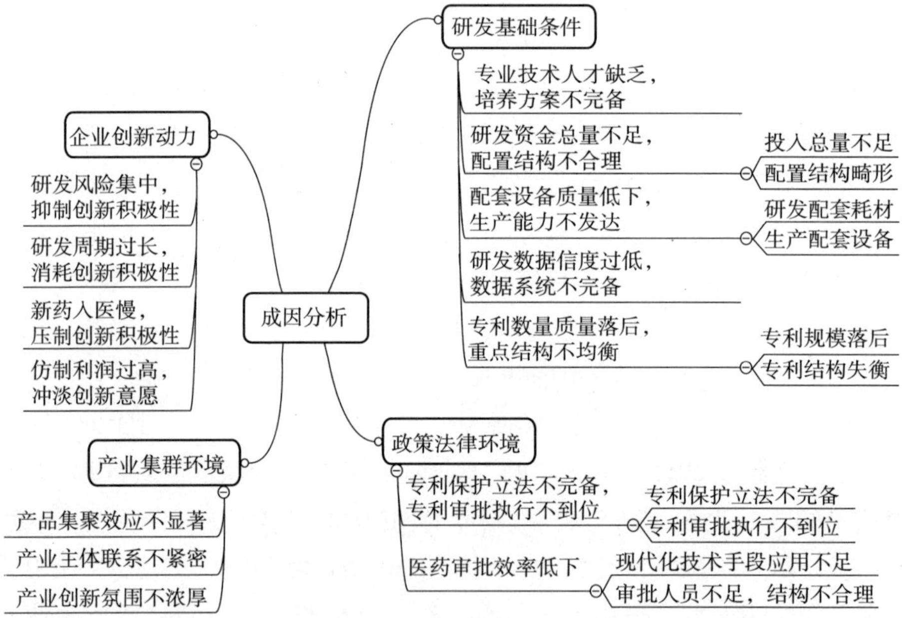

图 9. 3　我国生物医药产业创新能力不高的成因分析图

笔者深入中美两国实地调研对比后，基于中美生物医药产业详细对比的视角，从政策法律环境、产业集群环境、研发基础条件三个方面进行了总结，在此基础上提出了相应的对策和建议，主要研究思路及结论如图 9. 4 所示。

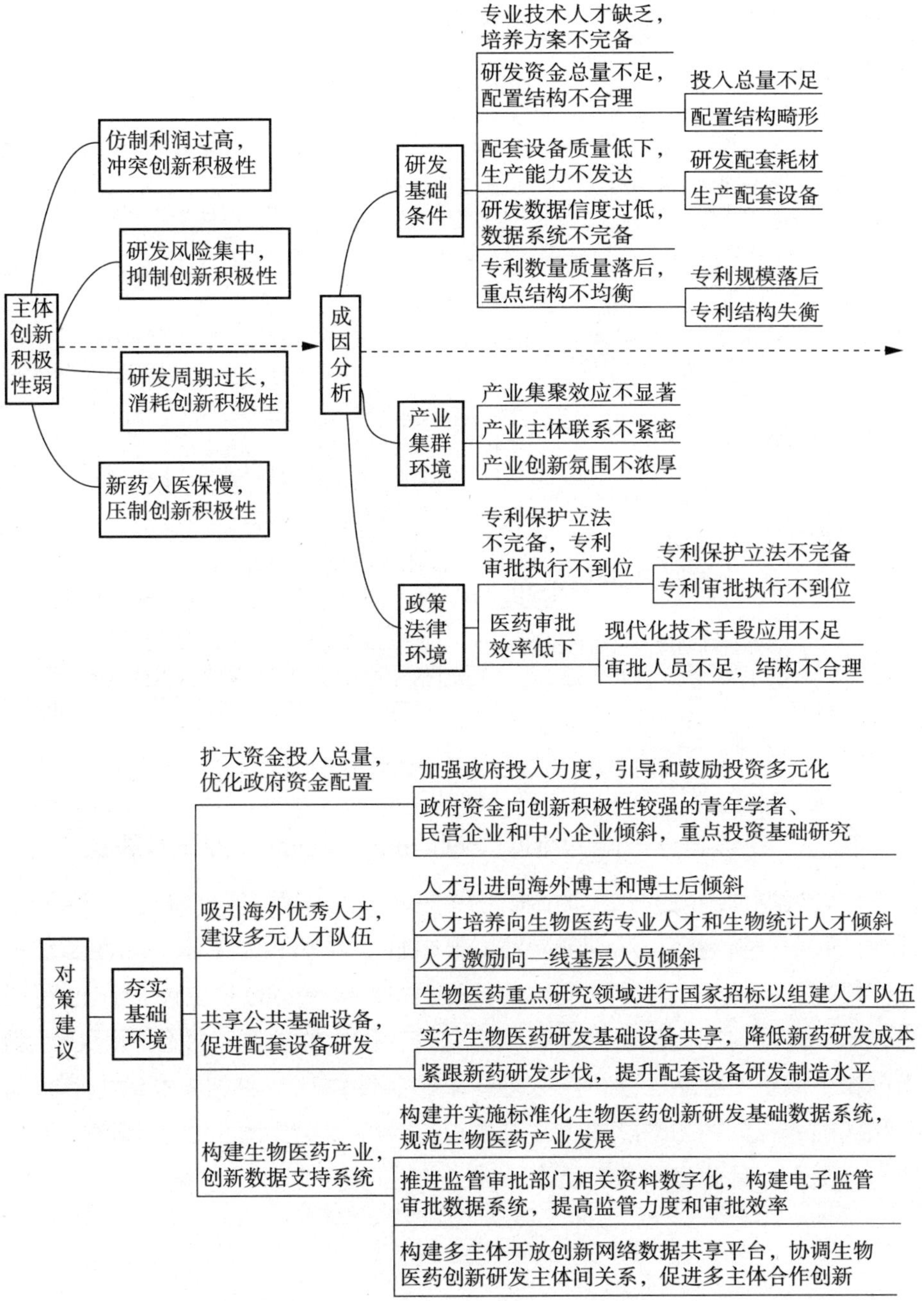

图 9.4　问题及对策思路梳理及结论

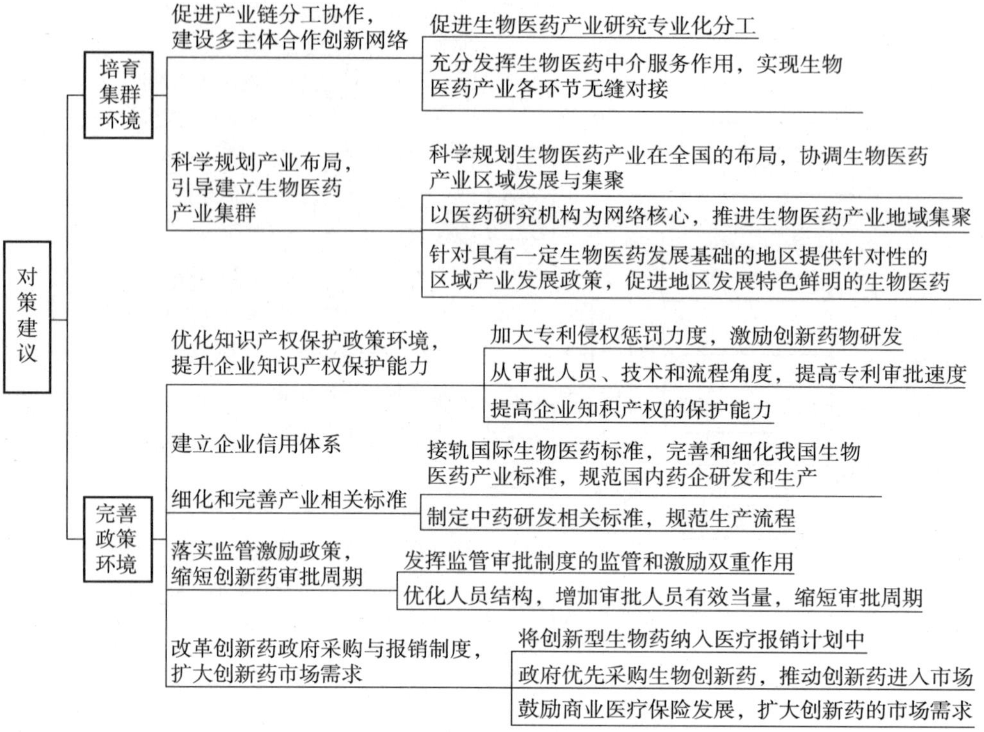

图 9.4　问题及对策思路梳理及结论

（二）“主体特征—能力维度”视角的产业创新能力提升建议

笔者根据理论研究和实地调研访谈发现，生物医药产业创新主体具有开放式联合创新特征，对创新网路的开放性、共享性和主体联动性要求较高。根据这一特征，本研究建议构建生物医药产业的多主体合作创新网络，形成良好的产业创新集群氛围，完善我国生物医药产业创新环境、刺激创新主体研发意愿、强化产业创新基础条件，从产业创新推动力、驱动力和基础力三个能力维度提出改进建议，最终实现我国生物医药产业创新能力的提升，具体如图 9.5 所示。

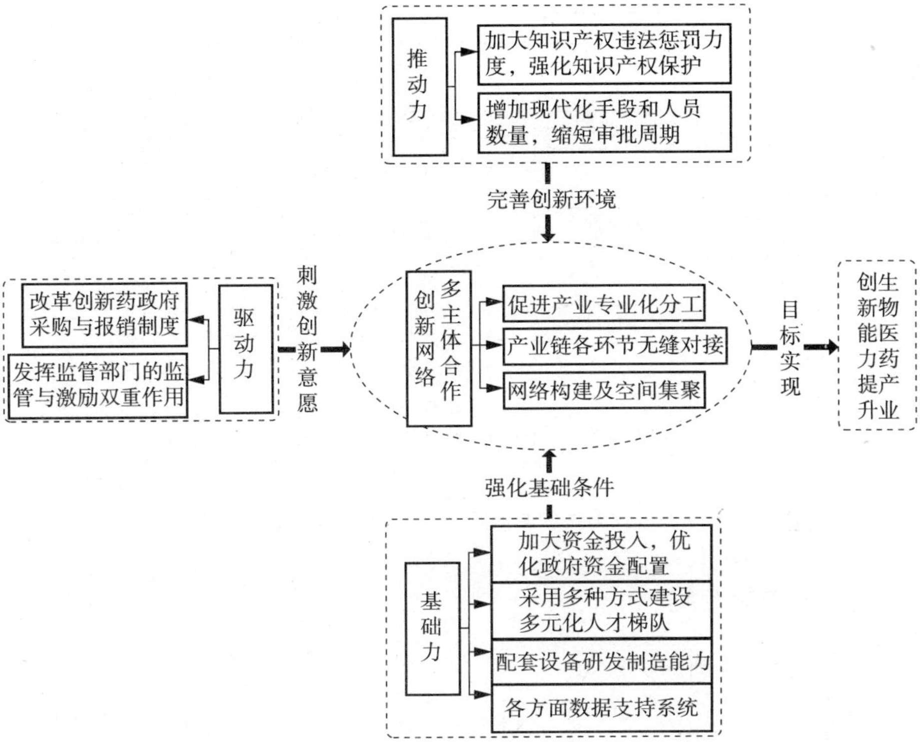

图 9.5 “主体特征—能力维度”视角的产业创新能力提升建议图

三、重点对策及建议

笔者从中美生物医药产业创新能力对比分析中发现，我国生物医药产业创新能力薄弱、国际竞争力较差，与美国生物医药产业创新能力存在巨大的差距。目前，我国生物医药产业虽然在规模上有所发展，但产业发展还存在诸多问题，产业创新能力的提升不可能一蹴而就，必然会经历一个较长的过程。基于我国生物医药产业发展的现状，借鉴美国生物医药产业发展的经验，笔者认为以下几个方面的建议是当前应该重视和解决的，具体如图 9.6 所示。

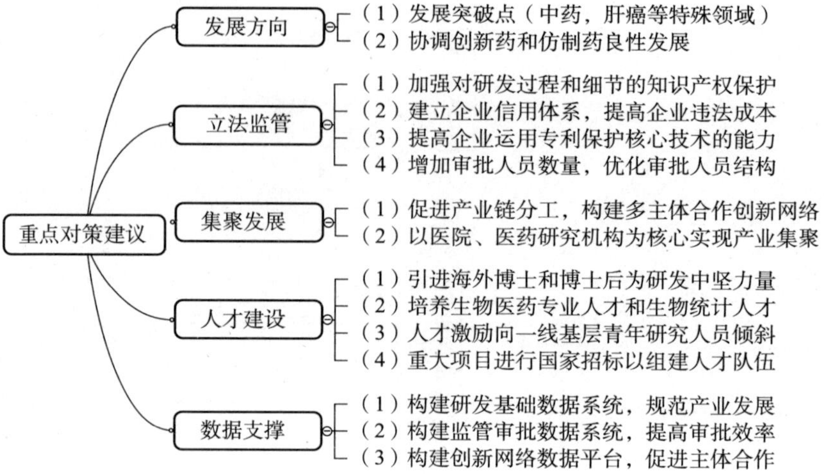

图 9.6　我国生物医药产业创新能力提升重点对策

（一）发展方向

1. 寻找产业创新突破点

我国在中药领域拥有良好的研究基础和丰富的诊疗经验，作为中国的国粹之一，中药在世界上具有广泛的影响力和足够的说服力，能够在这一领域获得话语权。将中药作为我国生物药品的创新突破点，既有现实研发基础，也具有未来研发的潜能和空间，建议以其作为突破点带动中国生物医药产业创新发展。此外，我国肝癌发病率全球最高，世界超过 50% 的肝癌患者在我国，而欧美国家相对较少，因此鲜有国家将肝癌作为重点研发领域，这对我国研发人员而言既是挑战更是机遇。

2. 协调创新药和仿制药

推出更加具有吸引力的创新药研发奖励政策，鼓励创新药物研发；逐步严格监管仿制药尤其是低端仿制药的审批，合理布局仿制药与创新药的比例；采用第三方评估审批方式，切实遵循生物医药标准；建立投融资机制，促使创新药易于获得资金和投资。特别值得一提的是，随着越来越多跨国企业产品专利悬崖期的到来，业内很多人认为中国生物医药产业发展的春天出现了。然而，笔者认为相对于化学药而言，生物药仿制难度大、成本高、周期长、成功概率相对较小；同时仿制药虽然能在短期内提升生物医药的产业产值，但从长远看不利于生物医药产业的原始创新，因为一段时期内必将会有更多企业投入到专利悬崖期产品的仿制队伍中，将资金、技术、人才、时间等各种资源投入到仿制药的研发生产中，这在一定程度上挤占了原始创新的资源，形成生物医药产业的“虚假繁荣”。

（二）立法监管

1. 加强研发过程和细节的知识产权保护

美国生物医药产业知识产权在技术、数据和研发过程等方面得到全方位保护，属于创新研发过程和结果的双重保护；而我国知识产权保护在研发创新细节和过程方面有待完善。因此，我国政府应当重视生物医药数据保护，应从药物靶点发现、化合物筛选到临床试验、审批和生产销售各个环节予以保护。

2. 建立企业信用体系，提高企业违法成本

信用体系能够对主体的行为进行有效规制。中国信用机制的严重缺失在一定程度上降低了个人和企业的违法成本，导致企业假冒伪劣产品屡禁不止、提供虚假信息现象时常发生，因此建立并实施企业信用体系势在必行。将企业信用体系纳入法律系统，有助于对我国生物医药产业研发创新行为的保护。

3. 提高企业运用专利保护核心技术的能力

我国生物医药企业知识产权保护能力较弱，企业在申请专利后，核心技术不仅得不到有效保护反而面临技术秘密泄露风险的现象较多。因此，应当对企业相关人员进行知识产权撰写和申请培训，鼓励企业建立并申请专利族保护以提高知识产权保护的效果。

4. 增加审批人员数量，优化审批人员结构

美国医药审批中有 3000 名以上的专职人员和 300 名兼职专家，而中国新药审批中专职审批人员还不足 100 名，兼职专家则有 1000 名左右。为从根本上解决我国生物医药新药申请案例积压、审批周期冗长的问题，建议增加专职审批人员，减少兼职专家数量，实现审批人员的有效增加。

（三）集聚发展

1. 促进产业链分工，构建多主体合作创新网络

美国生物医药产业发展的成功经验告诉我们：产业链多主体开放式网络创新相较于单个企业的创新更有利于促进生物医药产业的持续创新。生物医药产业分工不仅能够显著地降低研发主体的资金需求、研发风险。同时，还可以缩短研发周期，极大地降低了研发门槛和产业参与壁垒，能够刺激更多的、有研发条件的、具有研发活力的企业或研发机构参与进来，最终形成由医院、医学院、研发机构、中介机构、政府、医药生产企业等多主体共同参与的生物医药产业开放式合作创新网络。

2. 以医院、医药研究机构为核心促进产业集聚

美国的技术创新力量是以大学和科研机构为核心的研发网络体系，创新成果在网络内快速通过专业化平台进行技术转化。美国著名生物医药产业集群都是在依附于当地著名医院、高校和研发机构基础上形成空间集聚，从而实现产业创新能力的提升。我国可以借鉴美国生物医药集群发展模式，以著名医院、高校和研发机构为核心，推动生物医药产业地域集聚特别是生物医药研发空间集聚，最终形成集群内部的多主体合作创新网络。

（四）数据支撑

1. 构建研发基础数据系统，规范产业发展

生物医药产业各环节需要遵循不同的产业标准和规范，构建标准统一的生物医药产业创新研发基础数据库，这是落实、完善我国生物医药产业标准和规范的有效途径，也是我国生物医药发展接轨国际的重要依据，能够有效提升我国生物医药研究数据的国际认可度。生物医药创新研发基础数据系统包括病例记录数据库、基础研发数据库、GMP 生产记录数据库和临床数据采集数据库等。

2. 构建监管审批数据系统，提高审批效率

电子监管审批数据系统主要包括医药监管审批数据库和专利审批保护数据库，其主要作用是提高审查的客观性、减少人为因素干扰、严格审

批、提高审批效率和增强监管保护力度。构建电子监管审批数据系统的首要工作是建立数据标准和现有资料信息的数字化；其次是推进申请资料的电子化、提高电子审查技术。这样能够有效地提高生物医药申请审批效率、审查准确性，缩短审批周期；还能够强化生物医药监管和专利监管，提高生物医药的保护能力。

3. 构建创新网络数据平台，促进主体合作

构建由医院、医学研究院所、科研机构、企业、政府相关部门等多主体参与的开放创新网络数据共享平台，促进主体间信息交流、增强主体间协作、密切主体间关系，使之成为促进生物医药产业多主体合作创新网络形成的关键媒介。

（五）人才建设

1. 引进海外博士和博士后为研发中坚力量

相对于引入国外知名专家教授的高成本和高门槛，博士和博士后不仅在数量和引进成本上具有优势，同时又具有较高学历和较高的专业水平，在学科前沿领域颇有建树。因此，建议引进博士和博士后作为生物医药产业研发的中坚力量。

2. 培养生物医药专业人才和生物统计人才

专业人才培养和储备是生物医药发展的根本保障。目前，我国医药教育主要集中在一般制药领域，生物制药专业人才和生物统计类辅助人才培养缺失，因此建议人才培养向生物制药专业和生物统计人才倾斜。在美国，生物统计人员在生物医药产业创新研发中发挥着重要的作用，几乎充斥生物医药产业创新研发的每个环节，不仅帮助生物创新药品的研发和实施，同时在政府监管部门中也起到重要作用。

3. 人才激励向一线基层青年研究人员倾斜

我国生物医药产业一线研发人员收入较低、创新激励不足、研发积极性不高，而这部分人员却是产业创新研发的中坚力量。因此，建议政府在发挥领军人才技术指导和资源协调的基础上，改进人才激励机制，重点激励一线基层的研究人员。

4. 重大项目进行国家招标以组建人才队伍

只依靠某个药企或某个团队难以完成生物医药重点研究领域的研

发创新，不仅制约了现有研发创新速度，同时也影响了研发创新质量。建议国家在重大项目和领域内实行全国乃至全球范围的公开招标，以期实现在优势资源整合及强强联合的基础上促进研发效率和创新质量的双重提升。

部分参考文献

[1] 习近平主席在第十三届全国人民代表大会上的讲话 [EB/OL]. https://wxn.qq.com/cmsid/WXN2018031101212100.

[2] Pradhan R P, Arvin M B, Bahmani S. Are innovation and financial development causative factors in economic growth? Evidence from a panel granger causality test [J]. Technological Forecasting & Social Change, 2018.

[3] 霍国庆，李捷，王少永. 我国战略性新兴产业战略效应的实证研究 [J]. 中国软科学，2017 (1): 127-138.

[4] 邱建华. 企业技术协同创新的运行机制及绩效研究 [D]. 中南大学，2013.

[5] 周青，刘志高，朱华友，等. 创新系统理论演进及其理论体系关系研究 [J]. 科学学与科学技术管理，2012，33 (2): 50-55.

[6] 徐晓雯. 政府科技投入对企业科技投入的政策效果研究——基于国家创新体系视角 [J]. 财政研究，2010 (10): 23-26.

[7] 田军伟. 我国区域 R&D 效率差异及其影响因素分析 [D]. 南京财经大学，2012.

[8] 孙绪华. 我国科技资源配置的实证分析与效率评价 [D]. 华中农业大学，2011.

[9] 刘玲利. 科技资源配置理论与配置效率研究 [D]. 吉林大学，2007.

[10] 王世豪. 不平衡增长理论的资源配置效率实证分析 [J]. 经济体制改革，2005 (1): 121-125.

[11] 夏锦文，王波. 国外产业平衡增长和不平衡增长理论综述 [J]. 经济纵横，2005 (9): 74-76.

[12] 杨龙岗. 中国非均衡经济研究 [D]. 厦门大学，2014.

[13] Porter M E. The Competitive Advantage of Nations. New York: The Free Press [J]. Competitive Intelligence Review, 1990, 1 (1): 427.

[14] 李琭琭. 基于创新驱动的湖北省再生资源产业发展模式研究 [D]. 武汉理工大学, 2013.

[15] 李锐，鞠晓峰. 技术创新的历史演进及其生态化转向研究 [J]. 东北农业大学学报（社会科学版），2008，6（4）：51－54.

[16] Groupe Europeen De Recherche Sur Les Milieux Innovateurs (Gremi), Ratti R, Bramanti A, et al. The Dynamics of innovative regions: the Gremi approach [J]. Urban Studies, 1999: 1409－1410.

[17] Maillat D. From the industrial district to the innovative milieu: Contribution to an analysis of territorialised productive organisations [J]. Recherches Économiques De Louvain, 1998, 64 (1): 111－129.

[18] Wood M H. Organisation for innovation: evidence from the UK electronic components industry / [J]. University of Newcastle Upon Tyne, 1997.

[19] Mazzarol T, Reboud S, Ditter J G. National Innovation Systems [M] // Strategic Innovation in Small Firms: An International Analysis of Innovation and Strategic Decision Making in Small to Medium Enterprises. 1998: 457－459.

[20] DenisMaillat. Innovative milieux and new generations of regional policies [J]. Entrepreneurship & Regional Development, 1998, 10 (1): 1－16.

[21] 易成栋. 区域创新环境研究 [D]. 华中师范大学，2001.

[22] 王缉慈. 知识创新和区域创新环境 [J]. 经济地理，1999（1）：11－15.

[23] Sternberg R. Innovation networks and regional development—evidence from the European Regional Innovation Survey (ERIS): theoretical concepts, methodological approach, empirical basis and introduction to the theme issue [J]. European Planning Studies, 2000, 8 (4): 389－407.

[24] 眭平. 技术创新的横向研究 [M]. 北京：清华大学出版社，2013.

[25] 张治河，胡树华，金鑫，等. 产业创新系统模型的构建与分析 [J]. 科研管理，2006，27（2）：36－39.

[26] 李小菊，李豫新．我国区域经济差异研究的理论与实践评述［J］．新疆农垦经济，2006（2）：48－53.

[27] 聂秀萍．我国区域经济协调发展的财税政策研究［D］．长沙理工大学，2007.

[28] 张怀英，蒋辉．区域经济差异理论对民族地区经济协调发展的启示［J］．科技和产业，2007，7（3）：18－21.

[29] 李美桂，赵兰香，张大蒙．基于产业知识基础的北京科技创新中心建设研究［J］．科学学研究，2016，34（12）：1897－1904.

[30] Asheim B，Coenen L，Vang J. Face－to－face，buzz，and knowledge bases：sociospatial implications for learning，innovation，and innovation policy［J］．Environment & Planning C Government & Policy，2007，25（5）：655－670.

[31] Freel M. Industrial Knowledge Bases as Drivers of Open Innovation?［J］．Industry & Innovation，2012，19（7）：563－584.

[32] Zukauskaite E，Moodysson J. Multiple paths of development：knowledge bases and institutional characteristics of the Swedish food sector［J］．European Planning Studies，2016，24（3）：589－606.

[33] Strambach S，Klement B. Resilienz aus wirtschaftsgeographischer Perspektive：Impulse eines，neuen "Konzepts"［M］// Multidisziplinäre Perspektiven der Resilienzforschung. Springer Fachmedien Wiesbaden，2016.

[34] 牛盼强，谢富纪．综合型知识基础与解析型知识基础的比较研究［J］．科学学研究，2011，29（1）：25－30.

[35] Martin R，Moodysson J. Comparing knowledge bases：on the geography and organization of knowledge sourcing in the regional innovation system of Scania，Sweden：［J］．European Urban & Regional Studies，2013，20（2）：170－187.

[36] 常星星．北京产业创新驱动发展能力比较研究［D］．东北财经大学，2016.

[37] Rajapathirana R P J，Hui Y. Relationship between innovation capability，innovation type，and firm performance［J］．Journal of Innovation & Knowledge，2017.

[38] Najafi - Tavani S, Najafi - Tavani Z, Naudé P, et al. How collaborative innovation networks affect new product performance: Product innovation capability, process innovation capability, and absorptive capacity [J]. Industrial Marketing Management, 2018.

[39] 张治河，潘晶晶，李鹏．战略性新兴产业创新能力评价、演化及规律探索 [J]. 科研管理，2015，36 (3)：1 - 12.

[40] 纪国涛，吕富彪．辽宁省装备制造业产业创新能力提升对策研究 [J]. 科学管理研究，2017 (2)：66 - 69.

[41] Hu M C. Knowledge flows and innovation capability: The patenting trajectory of Taiwan's thin film transistor - liquid crystal display industry [J]. Technological Forecasting & Social Change, 2008, 75 (9): 1423 - 1438.

[42] Gülşen Akman, Cengiz Yilmaz. Innovative Capability, Innovation Strategy and Market Orientation: An Empirical Analysis in Turkish Software Industry [J]. International Journal of Innovation Management, 2008, 12 (01): 69 - 111.

[43] 吴丰华，刘瑞明．产业升级与自主创新能力构建——基于中国省际面板数据的实证研究 [J]. 中国工业经济，2013 (5)：57 - 69.

[44] 王珊珊，任佳伟，许艳真．开放式创新下新兴产业创新特点与能力评价指标研究 [J]. 科技进步与对策，2014 (19)：57 - 61.

[45] Ionescu A, Dumitru N R. The Role Of Innovation In Creating The Company's Competitive Advantage [J]. Ecoforum, 2015, 4 (1).

[46] 李宇，郭庆磊，林菁菁．企业集团如何引领产业创新升级：一个网络能力视角的解析 [J]. 南开管理评论，2014，17 (6)：96 - 105.

[47] 魏江，许庆瑞．企业创新能力的概念、结构、度量与评价 [J]. 科学管理研究，1995 (5)：50 - 55.

[48] 魏江，黄学．高技术服务业创新能力评价指标体系研究 [J]. 科研管理，2015，36 (12)：9 - 18.

[49] 冯银虎，孙文燕，薛阳．煤炭企业的创新能力评价指标体系设计 [J]. 前沿，2017 (1)：57 - 61.

[50] Wang W, Zhang C. Evaluation of relative technological innovation capability: Model and case study for China's coal mine [J]. Resources Policy, 2018.

[51] Khedhaouria A, Thurik R. Configurational conditions of national innovation capability: A fuzzy set analysis approach [J]. Technological Forecasting & Social Change, 2017, 120.

[52] 刘耀，黄新建，张滨松，等．创新型企业创新能力评价指标体系研究 [J]. 南昌大学学报（人文社会科学版），2008，39（1）：79 – 86.

[53] 寇耀丹．基于顾客知识的企业创新能力评价 [D]. 西华大学，2015.

[54] 张玉娟，汤湘希．基于熵值—突变级数法的企业创新能力测度——以创业板上市公司为例 [J]. 山西财经大学学报，2017，39（8）：15 – 27.

[55] 冯海昱．创新型企业评价指标体系研究 [D]. 河海大学，2007.

[56] 李存斌，鲁平，LICunbin，等．基于云模型的电力企业技术创新能力评价研究 [J]. 科技管理研究，2017（2）：68 – 72.

[57] 李荣平，李剑玲．产业技术创新能力评价方法研究 [J]. 河北科技大学学报，2003（01）：13 – 17 + 90.

[58] 凌和良．产业创新系统运行的机理研究 [D]. 江西财经大学，2016.

[59] 刘凤虎，杨斌胜，张辉．基于 SWOT-AHP 模型的民族传统体育文化产业发展战略研究 [J]. 北京体育大学学报，2016，39（08）：26 – 32.

[60] 董岗，傅铅生．关于企业创新能力的评价模型研究 [J]. 商业研究，2004（09）：33 – 36.

[61] 杜栋．企业技术创新评价的 DEA 方法 [J]. 系统工程理论方法应用，2001（01）：82 – 84.

[62] 马贤娣，庄宇，安会刚．基于偏好型 DEA 的企业技术创新能力评价 [J]. 工业工程，2007（06）：109 – 113.

[63] 苏越良，罗剑宏．企业技术创新能力的灰色关联分析 [J]. 中南工业大学学报（社会科学版），2002（02）：120 – 122.

[64] 王青云，饶扬德．企业技术创新绩效的层次灰色综合评判模型 [J]. 数量经济技术经济研究，2004（05）：55 – 62.

[65] 宋河发，穆荣平．自主创新能力及其测度方法与实证研究——

以我国高技术产业为例［J］. 科学学与科学技术管理，2009，30（3）：73－80.

［66］DOLATA U. Technological innovations andsectoralchange［J］. Research Policy，2009，38（6）：1066－1076.

［67］刘光东，丁洁，武博. 基于全球价值链的我国高新技术产业集群升级研究——以生物医药产业集群为例［J］. 软科学，2011（3）：36－41.

［68］李培楠，赵兰香，万劲波. 创新要素对产业创新绩效的影响——基于中国制造业和高技术产业数据的实证分析［J］. 科学学研究，2014，32（4）：604－612.

［69］BOUET D. A study of intellectual property protection policies and innovation in the Indian pharmaceutical industry and beyond［J］. Technovation，2014，38（1）：31－41.

［70］Chandra P，Dong A. The relation between knowledge accumulation and technical value in interdisciplinary technologies［J］. Technological Forecasting & Social Change，2017.

［71］Hong J，Hou B，Zhu K，et al. Exploratory innovation，exploitative innovation and employee creativity：The moderation of collectivism in Chinese context［J］. Chinese Management Studies，2018，12（2）：268－286.

［72］Kianto A，Sáenz J，Aramburu N. Knowledge－based human resource management practices，intellectual capital and innovation［J］. Journal of Business Research，2017，81：11－20.

［73］He Q. Inflation and innovation with a cash-in-advance constraint on human capital accumulation［J］. Economics Letters，2018，171：14－18.

［74］赖德胜，纪雯雯. 人力资本配置与创新［J］. 经济学动态，2015（3）：22－30.

［75］叶英平. 区域工业企业 R&D 投入对企业绩效的影响［J］. 科研管理，2013（s1）：334－338.

［76］Bogers M，Foss N J，Lyngsie J. The "human side" of open innovation：The role of employee diversity in firm－level openness［J］. Research Policy，2018，47（1）：218－231.

[77] 蒋震. 产业创新能力培育与财税支持政策创新 [J]. 产业创新研究，2018 (3).

[78] 张莹，张宗益. 区域创新环境对创新绩效影响的实证研究——以重庆市为例 [J]. 科技管理研究，2009，29 (2)：104－106.

[79] 李平，黎艳. 科技基础设施对技术创新的贡献度研究——基于中国地区面板数据的实证分析 [J]. 研究与发展管理，2013，25 (6)：92－102.

[80] Cass N, Schwanen T, Shove E. Infrastructures, intersections and societal transformations [J]. Technological Forecasting and Social Change, 2018.

[81] Ritala P, Olander H, Michailova S, et al. Knowledge sharing, knowledge leaking and relative innovation performance: An empirical study [J]. Technovation, 2015, 35: 22－31.

[82] 邹国平，刘洪德，王广益. 我国国有企业规模与研发强度相关性研究 [J]. 管理评论，2015，27 (12)：171－179.

[83] Wen J, Yang D, Feng G F, et al. Venture capital and innovation in China: The non－linear evidence [J]. Structural Change and Economic Dynamics, 2018.

[84] Bronwyn H. Hall, Francesca Lotti, Jacques Mairesse. Evidence on the impact of R&D and ICT investments on innovation and productivity in Italian firms [J]. Economics of Innovation & New Technology, 2013, 22 (3): 300－328.

[85] 韩先锋，董明放. 研发投入能促进中国智慧城市企业技术进步吗? [J]. 经济问题探索，2017 (12)：73－82.

[86] Wang C H. Clarifying the Effects of R&D on Performance: Evidence from the High Technology Industries [J]. Asia Pacific Management Review, 2011, 16 (1): 51－64.

[87] Plank J, Doblinger C. The firm－level innovation impact of public R&D funding: Evidence from the German renewable energy sector [J]. Energy Policy, 2018, 113: 430－438.

[88] 朱俊杰，徐承红. 区域创新绩效提升的门槛效应——基于吸收能力视角 [J]. 财经科学，2017 (7)：116－128.

[89] Schmookler J. Invention and economic growth [J]. Economic Histo-

ry Review，1966，20（1）：135.

［90］Lee D H，Kim H B，Lee J. The impact of research sponsorship upon research effectiveness［J］. Technovation，1991，11（1）：39－57.

［91］Piva M，Vivarelli M. Is demand－pulled innovation equally important in different groups of firms?［J］. Cambridge Journal of Economics，2007，31（5）：691－710.

［92］Ghisetti C. Demand－pull and environmental innovations：Estimating the effects of innovative public procurement［J］. Technological Forecasting & Social Change，2017，125：178－187.

［93］Armand A，Mendi P. Demand drops and innovation investments：Evidence from the Great Recession in Spain［J］. Research Policy，2018，47（7）：1321－1333.

［94］Ma Y，Hou G，Yin Q，et al. The sources of green management innovation：Does internal efficiency demand pull or external knowledge supply push?［J］. Journal of Cleaner Production，2018，202：582－590.

［95］Mowery D，Rosenberg N. The influence of market demand upon innovation：a critical review of some recent empirical studies［J］. Research Policy，2006，8（2）：102－153.

［96］Dosi G. Sources，Procedures，and Microeconomic Effects of Innovation［J］. Journal of Economic Literature，1988，26（3）：1120－1171.

［97］赵馨智，刘亮，蔡鑫．工业产品服务系统的创新策略——基于能力需求/供给匹配视角［J］. 科学学研究，2014，32（7）：1106－1113.

［98］Petersen A M，Rotolo D，Leydesdorff L. A triple helix model of medical innovation：Supply，demand，and technological capabilities in terms of Medical Subject Headings［J］. Research Policy，2016，45（3）：666－681.

［99］Kalcheva I，McLemore P，Pant S. Innovation：The interplay between demand–side shock and supply–side environment［J］. Research Policy，2018，47（2）：440－461.

［100］Porter M E. Location，Competition，and Economic Development：Local Clusters in a Global Economy：［J］. Economic Development Quarterly，2000，14（1）：15－34.

[101] Liu J, Cheng Z, Zhang H. Does industrial agglomeration promote the increase of energy efficiency in China? [J]. Journal of Cleaner Production, 2017, 164: 30 - 37.

[102] 陆毅，李冬娅，方琦璐，等. 产业集聚与企业规模——来自中国的证据 [J]. 管理世界，2010 (8): 84 - 89.

[103] 刘军，王佳玮，程中华. 产业聚集对协同创新效率影响的实证分析 [J]. 中国软科学，2017 (6): 89 - 98.

[104] Ciccone A, Hall R E. Productivity and the Density of Economic Activity [J]. American Economic Review, 1996, 86 (1): 54 - 70.

[105] Zheng Q, Lin B. Impact of industrial agglomeration on energy efficiency in China's paper industry [J]. Journal of Cleaner Production, 2018, 184: 1072 - 1080.

[106] Carlino G A, Chatterjee S, Hunt R M. Urban density and the rate of invention [J]. Journal of Urban Economics, 2007, 61 (3): 389 - 419.

[107] Zhang H. How does agglomeration promote the product innovation of Chinese firms? [J]. China economic review, 2015, 35: 105 - 120.

[108] 杨浩昌，李廉水，刘军. 高技术产业聚集对技术创新的影响及区域比较 [J]. 科学学研究，2016, 34 (2): 212 - 219.

[109] Romer P M. Increasing Returns and Long - Run Growth [J]. Journal of Political Economy, 1986, 94 (5): 1002 - 1037.

[110] Glaeser E L, Kallal H D, Scheinkman J A, et al. Growth in Cities [J]. Journal of Political Economy, 1992, 100 (6): 1126 - 1152.

[111] Castaldi C, Frenken K, Los B. Related variety, unrelated variety and technological breakthroughs: an analysis of US state-level patenting [J]. Regional studies, 2015, 49 (5): 767 - 781.

[112] Yoon S, Nadvi K. Industrial clusters and industrial ecology: Building "eco - collective efficiency" in a South Korean cluster [J]. Geoforum, 2018, 90: 159 - 173.

[113] Billings S B, Johnson E B. Agglomeration within an urban area [J]. Journal of Urban Economics, 2016, 91: 13 - 25.

[114] Jang S, Kim J, von Zedtwitz M. The importance of spatial agglom-

eration in product innovation: A microgeography perspective [J]. Journal of Business Research, 2017, 78: 143 - 154.

[115] Jacobs J. The economy of cities. [M] // The economy of cities. Random House, 1969: 1018 - 1020.

[116] Li D, Lu Y, Wu M. Industrial agglomeration and firm size: Evidence from China [J]. Regional Science and Urban Economics, 2012, 42 (1 - 2): 135 - 143.

[117] Hamidi S, Zandiatashbar A, Bonakdar A. The relationship between regional compactness and regional innovation capacity (RIC): Empirical evidence from a national study [J]. Technological Forecasting and Social Change, 2018.

[118] 杨慧军，杨建君．交易型领导、竞争强度、技术创新选择与企业绩效的关系研究 [J]．管理科学，2015 (4): 1 - 10.

[119] 黎文靖，郑曼妮．何去何从：贸易保护还是开放竞争？——来自微观企业创新的证据 [J]．财经研究，2018 (3).

[120] Parkes H B. Capitalism, Socialism, and Democracy. By Joseph A. Schumpeter. New York: Harper and Brothers, 1942. Pp. x, 381. $3.50 [J]. Journal of Economic History, 2011, 3 (2): 238 - 239.

[121] Tabacco G A. Does competition spur innovation? Evidence from labor productivity data for the banking industry [J]. Economics Letters, 2015, 132: 45 - 47.

[122] Arrow K J. The Economic Implications of Learning by Doing [J]. Review of Economic Studies, 1962, 29 (3): 155 - 173.

[123] Lefouili Y. Does competition spur innovation? The case of yardstick competition [J]. Economics Letters, 2015, 137: 135 - 139.

[124] Yao M, Di H, Zheng X, et al. Impact of payment technology innovations on the traditional financial industry: A focus on China [J]. Technological Forecasting and Social Change, 2018.

[125] Mansfield E. Industrial Research and Technological Innovation [M]. Physica - Verlag HD, 2006.

[126] Cai L, Chen B, Chen J, et al. Dysfunctional competition & inno-

vation strategy of new ventures as they mature [J]. Journal of Business Research, 2017, 78: 111 -118.

[127] Whalen R. Boundary spanning innovation and the patent system: Interdisciplinary challenges for a specialized examination system [J]. Research Policy, 2018, 47 (7): 1334 -1343.

[128] Nordensvard J, Zhou Y, Zhang X. Innovation core, innovation semi - periphery and technology transfer: The case of wind energy patents [J]. Energy Policy, 2018, 120: 213 -227.

[129] 洪银兴. 自主创新投入的动力和协调机制研究 [J]. 中国工业经济, 2010 (8): 15 -22.

[130] Hall B H, Lerner J. The financing of R&D and innovation [M] // Handbook of the Economics of Innovation. North - Holland, 2010, 1: 609 -639.

[131] 张峰. 开放式创新实证研究述评与未来展望 [J]. 外国经济与管理, 2012 (5): 52 -58.

[132] Falcone, Pasquale Marcello, Antonio Lopolito, and Edgardo Sica. "Policy mixes towards sustainability transition in the Italian biofuel sector: Dealing with alternative crisis scenarios." Energy Research & Social Science 33 (2017): 105 -114.

[133] Zhang S, Andrews - Speed P, Zhao X. Political and institutional analysis of the successes and failures of China's wind power policy [J]. Energy Policy, 2013, 56 (1): 331 -340.

[134] Liao Z. Environmental policy instruments, environmental innovation and the reputation of enterprises [J]. Journal of Cleaner Production, 2018.

[135] 朱建新, 冯志军. 高新技术企业自主创新环境要素构成及测度研究 [J]. 科学学与科学技术管理, 2009, 30 (8): 65 -71.

[136] 樊琦, 韩民春. 政府 R&D 补贴对国家及区域自主创新产出影响绩效研究——基于中国 28 个省域面板数据的实证分析 [J]. 管理工程学报, 2011, 25 (3): 183 -188.

[137] 郭迎锋, 顾炜宇, 乌天玥, 等. 政府资助对企业 R&D 投入的影响——来自我国大中型工业企业的证据 [J]. 中国软科学, 2016 (3): 162 -174.

[138] Edquist C, Borrás S. Competence building: A systemic approach to innovation policy [J]. Circle Electronic Working Papers, 2013, 28: 1 –29.

[139] Costantini V, Crespi F, Palma A. Characterizing the policy mix and its impact on eco – innovation: A patent analysis of energy – efficient technologies [J]. Research Policy, 2017, 46: 799 –819.

[140] Andriosopoulos K, Silvestre S, Andriosopoulos K, et al. French energy policy: A gradual transition [J]. Energy Policy, 2017, 106: 376 –381.

[141] Montmartin B, Herrera M. Internal and external effects of R&D subsidies and fiscal incentives: Empirical evidence using spatial dynamic panel models [J]. Research Policy, 2015, 44 (5): 1065 –1079.

[142] Fisch C, Sandner P, Regner L. The value of Chinese patents: An empirical investigation of citation lags [J]. China Economic Review, 2017, 45: 22 –34.

[143] Rahman M S, Sarker P K, Sadath M N, et al. Policy changes resulting in power changes? Quantitative evidence from 25 years of forest policy development in Bangladesh [J]. Land Use Policy, 2018, 70: 419 –431.

[144] Zhao S, Xu B, Zhang W. Government R&D subsidy policy in China: An empirical examination of effect, priority, and specifics [J]. Technological Forecasting and Social Change, 2018, 135: 75 –82.

[145] Nederlof S, Wongtschowski M, Femke van der Lee Eds. Putting heads together : agricultural innovation platforms in practice [J]. Bulletin, 2011, 129 (3341): 67.

[146] Gawer A, Cusumano M A. Industry platforms and ecosystem innovation [J]. Journal of Product Innovation Management, 2014, 31 (3): 417 –433.

[147] US Council on competitiveness, towards the world : the new form of American innovation [R] . USA, 1999.

[148] 许正中，高常水．产业创新平台与先导产业集群：一种区域协调发展模式 [J]. 经济体制改革，2010 (4): 136 –140.

[149] 王宇露，黄平，单蒙蒙．共性技术创新平台的双层运作体系对分布式创新的影响机理——基于创新网络的视角 [J]. 研究与发展管理，

2016, 28 (3): 97 - 106.

[150] Davies J, Maru Y, Hall A, et al. Understanding innovation platform effectiveness through experiences from west and central Africa [J]. AgriculturalSystems, 2018, 165: 321 - 334.

[151] 兰筱琳，洪茂椿，黄茂兴. 面向战略性新兴产业的科技成果转化机制探索 [J]. 科学学研究，2018 (8).

[152] Zhang H, Zheng Y, Zhou D, et al. Selection of key technology policies for Chinese offshore wind power: A perspective on patent maps [J]. Marine Policy, 2018, 93: 47 - 53.

[153] Hayashi, Daisuke, Joern Huenteler, and Joanna I. Lewis. "Gone with the wind: A learning curve analysis of China's wind power industry." Energy Policy 120 (2018): 38 - 51.

[154] 朱瑞博. 中国战略性新兴产业培育及其政策取向 [J]. 改革，2010 (3): 19 - 28.

[155] Reischauer G. Industry 4.0 as policy - driven discourse to institutionalize innovation systems in manufacturing [J]. Technological Forecasting and Social Change, 2018, 132: 26 - 33.

[156] 熊勇清，李世才. 战略性新兴产业与传统产业的良性互动发展——基于我国产业发展现状的分析与思考 [J]. 科技进步与对策，2011, 28 (5): 54 - 58.

[157] 陈建军. 基于模块化和集群式创新融合的企业持续创新能力培育研究 [J]. 科技进步与对策，2013 (15): 88 - 92.

[158] Bossink B. The influence of knowledge flow on sustainable innovation in a project - based industry: From demonstration to limited adoption of eco - innovations [J]. Journal of Cleaner Production, 2018, 193: 249 - 262.

[159] 杨晓娜，彭灿，杨红. 开放式创新对企业双元创新能力的影响——外部社会资本的调节作用 [J]. 科技进步与对策，2018, 13: 016.

[160] Xu J, Hou Q, Niu C, et al. Process Optimization of the University - Industry - Research Collaborative Innovation from the Perspective of Knowledge Management [J]. Cognitive Systems Research, 2018.

[161] Szücs F. Research subsidies, industry - university cooperation and

innovation [J]. Research Policy, 2018, 47 (7): 1256 - 1266.

[162] Hansen B E. Threshold effects in non - dynamic panels: Estimation, testing, and inference [J]. Journal of Econometrics, 1999, 93 (2): 345 - 368.

[163] 刘晓欣，宋立义，梁志杰．实体经济、虚拟经济及关系研究述评 [J]．现代财经：天津财经大学学报，2016 (7): 3 - 17.

[164] Van Loon J. Patient versus impatient capital: the (non -) financialization of real estate developers in the Low Countries [J]. Socio - Economic Review, 2016, 14 (4): 709 - 728.

[165] 王鹏，林晓燕．虚拟经济扩大条件下货币供应量对中国房价的影响——基于 VAR 模型的实证分析 [J]．经济问题探索，2018, 39 (6): 63 - 73.

[166] Miao J. Introduction to economic theory of bubbles [J]. Journal of Mathematical Economics, 2014, 53: 130 - 136.

[167] Shahzad K, Pouw T, Rubbaniy G, et al. Audit quality during the global financial crisis: The investors' perspective [J]. Research in International Business and Finance, 2018, 45: 94 - 105.

[168] Perez C. The double bubble at the turn of the century: technological roots and structural implications [J]. Financial Market Research, 2013, 33 (4): 779 - 805.

[169] 王永钦，高鑫，袁志刚，等．金融发展，资产泡沫与实体经济：一个文献综述 [J]．金融研究，2016, 5: 191 - 206.

[170] Chang V, Newman R, Walters R J, et al. Review of economic bubbles [J]. International Journal of Information Management, 2016, 36 (4): 497 - 506.

[171] Wang S, Chen L, Xiong X. Asset bubbles, banking stability and economic growth [J]. Economic Modelling, 2018.

[172] Rhee K J, Park K S. Changes in dividend smoothing after the financial crisis [J]. Economics Letters, 2018, 172: 37 - 39.

[173] Tarlie M B, Sakoulis G, Henriksson R. Stock Market Bubbles and Anti - Bubbles [J]. 2018.

[174] 廖中举，程华．企业技术创新激励措施的影响因素及绩效研究[J]．科研管理，2014，35（7）：60－66.

[175] Schmidt T S，Sewerin S. Measuring the temporal dynamics of policy mixes – An empirical analysis of renewable energy policy mixes' balance and design features in nine countries [J]. Research Policy，2018.

[176] 胡艳，马连福．创业板高管激励契约组合，融资约束与创新投入[J]．山西财经大学学报，2015（8）：78－90.

[177] Pani M，Perroni C. Energy subsidies and policy commitment in political equilibrium [J]. Energy Economics，2018，71：149－160.

[178] 王珏辉．战略性新兴产业区域集聚和区位优势研究[J]．财经问题研究，2014（6）：31－35.

[179] 方阳春，黄太钢，薛希鹏，等．国际创新型企业科技人才系统培养经验借鉴——基于美国、德国、韩国的研究[J]．科研管理，2013（s1）：230－235.

[180] 王秋玉，尚勇敏，刘刚，等．跨国并购对全球—地方创新网络演化的作用研究——以中国工程机械产业为例[J]．经济地理，2018（2）.

[181] 田立法，王淞，刘丛珊，等．差异化战略、二元创新与企业绩效：资源整合能力的调节或中介作用[J]．科技进步与对策，2015（9）：93－99.

[182] Subramanian A M，Soh P H. Linking alliance portfolios to recombinant innovation：the combined effects of diversity and alliance experience [J]. Long Range Planning，2017，50（5）：636－652.

[183] Bouncken R B，Ratzmann M，Pesch R，et al. Alliances of service firms and manufacturers：Relations and configurations of entrepreneurial orientation and hybrid innovation [J]. Journal of Business Research，2018，89：190－197.

[184] 杨东，朱旭．考虑政府补贴时环保研发联盟中企业的研发投入决策研究[J]．工业技术经济，2018（5）.

[185] Lin S. Are ivory towers truly ivory? Knowledge spillovers and firm innovation [J]. Journal of Economics & Business，2015，80：21－36.

[186] 冉爱晶，周晓雪，肖咪咪，等．我国中小企业组织创新氛围的架

构和异质性研究 [J]. 科学学与科学技术管理, 2017, 38 (5): 72 -84.

[187] Blind K, Grupp H. Interdependencies between the science and technology infrastructure and innovation activities in German regions: empirical findings and policy consequences [J]. Research Policy, 1999, 28 (5): 451 -468.

[188] Fritsch M, Franke G. Innovation, regional knowledge spillovers and R&D cooperation [J]. Research Policy, 2004, 33 (2): 245 -255.

[189] 张德茗, 谢葆生. 理工农医类高校 R&D 投入对企业技术创新的知识溢出效应分析 [J]. 科研管理, 2014, 35 (10): 136 -143.

[190] Guo Q E, Sun B D. Study on university knowledge spillover effects on regional innovation in high - tech industries: Based on the spatial econometric analysis in China [J]. World Regional Studies, 2017.

[191] 邬龙, 张永安. 基于 SFA 的区域战略性新兴产业创新效率分析——以北京医药和信息技术产业为例 [J]. 科学学与科学技术管理, 2013, 34 (010): 95 -102.

[192] 桂子凡, 王义强. 我国生物医药产业发展的现状、问题及对策研究 [J]. 特区经济, 2006, 6: 267 -269.

[193] 王莉, 侯鸿军, 朱志峰. 陕西省生物医药产业发展现状、存在问题及对策 [J]. 西北药学杂志, 2013, 28 (5): 544 -545.

[194] 刘昌孝. 我国医药产业创新药物研发面临的问题及对策探讨 [J]. 中国药房, 2012, 23 (1): 13.

[195] 毛睿奕, 曾刚. 基于集体学习机制的创新网络模式研究——以浦东新区生物医药产业创新网络为例 [J]. 经济地理, 2010, 30 (9): 1478 -1483.

[196] Avnimelech G. Targeting the biotechnology clusters in North Carolina and Israel: lessons from successful and unsuccessful policy making [J]. Technology Analysis & Strategic Management, 2013, 25 (7): 835 -851.

[197] Rosiello, A., G. Avnimelech, M. Mastroeni, and M. Teubal. 2013. Evolutionary policy targeting: Towards a conceptual framework for effective policy intervention. Technology Analysis and Strategic Management 25: 000 - 00 (this issue).

[198] 严潮斌．产业创新：提升产业竞争力的战略选择 [J]．北京邮电大学学报（社会科学版），1999，3（6）：10.

[199] 谢瑾岚，马美英．区域中小企业技术创新能力测度模型及实证分析 [J]．科技进步与对策，2010，27（12）：105－111.

[200] 张耀辉．产业创新：新经济下的产业升级模式 [J]．数量经济技术经济研究，2002（1）：14－17.

[201] 张凤杰，陈继祥．科技型中小企业创新能力评估指标体系研究 [J]．上海管理科学，2007，2：39－43.

[202] 张彩庆，李祺．我国风力发电产业技术创新能力评价指标体系研究 [J]．科学管理研究，2013（6）：57－59.

[203] 汪洋．生物医药产业创新能力评价及提升对策研究 [J]．南京中医药大学，2012.

[204] 孙早，宋炜．战略性新兴产业自主创新能力评测——以企业为主体的产业创新指标体系构建 [J]．经济管理，2012（8）：20－30.

[205] 支军，王忠辉．自主创新能力测度理论与评估指标体系构建 [J]．管理世界，2007（5）：168－169.

[206] 刘凤朝，姜滨滨，孙玉涛．基于结构—过程的公共 R&D 投入技术创新效应机理分析 [J]．管理学报，2013，10（3）：420－429.

[207] 余泳泽，张妍．我国高技术产业地区效率差异与全要素生产率增长率分解——基于三投入随机前沿生产函数分析 [J]．产业经济研究，2012（1）：44－53.

[208] 曾昭宁，樊雯．高技术产业技术创新能力评价指标体系研究 [J]．西安石油大学学报：社会科学版，2014，23（1）：6－10.

[209] 王红军．战略性新兴产业创新能力评估及提升路径研究 [J]．Technology and Innovation Management，2013，34（5）.

[210] 解学梅，曾赛星．创新集群跨区域协同创新网络研究述评 [J]．研究与发展管理，2009，21（1）：9－17.

[211] 李荣生．中国高技术产业技术创新能力分行业评价研究——基于微粒群算法的实证分析 [J]．统计与信息论坛，2011，26（7）：59－66.

[212] 吴金光，胡小梅．财政支持对区域产业技术创新能力的影响分析——基于 1997—2010 年中国高技术产业数据 [J]．系统工程，2013，

31（009）：121－126.

［213］肖洪钧，李苗苗，于丽丽．战略性新兴产业企业技术创新能力的影响因素研究——基于供应链企业间紧密关系的视角［J］．大连理工大学学报：社会科学版，2013（2）．

［214］孙晓华，周玲玲．企业异质性与产业创新能力——基于我国36个工业行业的实证检验［J］．产业经济研究，2010（4）：9－15.

［215］赵志耘，杨朝峰．转型时期中国高技术产业创新能力实证研究［J］．中国软科学，2013（1）：32－42.

［216］The evolutionary analysis of economic policy［M］．Edward Elgar Publishing，2003.

［217］Lawrence T B，Hardy C，Phillips N. Institutional effects ofinterorganizational collaboration：The emergence of proto－institutions［J］．Academy of Management Journal，2002，45（1）：281－290.

［218］Murmann J P. Knowledge and competitive advantage：The coevolution of firms，technology，and national institutions［M］．Cambridge University Press，2003.

［219］The economic dynamics of modern biotechnology［M］．Edward Elgar Publishing，2004.

［220］Maine，E.，et al.，Radical innovation from the confluence of technologies：Innovation management strategies for the emerging nanobiotechnology industry. J. Eng. Technol. Manage.（2013），

［221］盛刚，邵永同．天津生物医药产业发展现状与对策研究［J］．天津科技，2013（6）：67－69.

［222］Garriga H，von Krogh G，Spaeth S. How constraints and knowledge impact open innovation［J］．Strategic Management Journal，2013，34（9）：1134－1144.

［223］姚晓芳，吴雪．高新区生物医药产业发展现状及对策研究——基于全国经济普查数据的开发利用［J］．合肥工业大学学报（社会科学版），2011，25（2）．

［224］Rosenthal S S，Strange W C. The geography of entrepreneurship in the New York metropolitan area［J］．Federal Reserve Bank of New York Economic Policy Review, 2005, 11: 29 -53.

[225] Rosenthal S S, Strange W C. Geography, industrial organization, and agglomeration [J]. review of Economics and Statistics, 2003, 85 (2): 377 -393.

[226] Feldman M, Romanelli E. Organizational Legacy and the Internal Dynamics of Clusters: The US Human Biotherapeutics Industry, 1976 - 2002 [M] //Knowledge and the Economy. Springer Netherlands, 2013: 207 -230.

[227] 孙玉涛，李苗苗．企业技术创新能力培育的区域性因素——基于战略性新兴产业上市公司的实证分析 [J]．科学学与科学技术管理，2013，8：016.

[228] 姜明辉，贾晓辉．基于 CD 生产函数的产业集群对区域创新能力影响机制及实证研究 [J]．中国软科学，2013 (6)：154 -161.

[229] 曹兴，张云，张伟．战略性新兴产业自主技术创新能力形成的动力体系 [J]．系统工程，2013，31 (007)：78 -86.

[230] 李凯，任晓艳，向涛．产业集群效应对技术创新能力的贡献——基于国家高新区的实证研究 [J]．科学学研究，2007，25 (3)：448 -452.

[231] 马勇，罗守贵，周天瑜，等．上海生物医药产业集群研发—服务联动创新研究 [J]．科技进步与对策，2013，30 (13)：72 -77.

[232] 吴晓隽，高汝熹，杨舟．美国生物医药产业集群的模式、特点及启示 [J]．中国科技论坛，2008 (1)：132 -135.

[233] 吴晓隽，高汝熹．欧洲生物医药产业集群的案例研究及启示 [J]．软科学，2008，22 (12)：110 -127.

[234] Bagchi - Sen S, Smith H L. Firm Heterogeneity in Biotech: Absorptive Capacity, Strategies and Local - Regional Connections [J]. European Planning Studies, 2013 (ahead - of - print): 1 - 19.

[235] Pavitt K. Sectoral patterns of technical change: towards a taxonomy and a theory [J]. Research policy, 1984, 13 (6): 343 -373.

[236] Petruzzelli A M, Rotolo D, Albino V. The impact of old technologies on innovation: the case of the US biotechnology industry [J]. Technology Analysis & Strategic Management, 2012, 24 (5): 453 -466.

[237] Stern I, Dukerich J M, Zajac E. Unmixed signals: How reputation and status affect alliance formation [J]. Strategic Management Journal, 2013.

[238] Kolympiris C, Kalaitzandonakes N, Miller D. Spatial collocation and venture capital in the US biotechnology industry [J]. Research Policy, 2011, 40 (9): 1188 – 1199.

[239] Xia T. Absorptive capacity and openness of small biopharmaceutical firms – a European Union – United States comparison [J]. R&D Management, 2013, 43 (4): 333 – 351.

[240] Hess A M, Rothaermel F T. When are assets complementary? Star scientists, strategic alliances, and innovation in the pharmaceutical industry [J]. Strategic Management Journal, 2011, 32 (8): 895 – 909.

[241] Garriga H, von Krogh G, Spaeth S. How constraints and knowledge impact open innovation [J]. Strategic Management Journal, 2013, 34 (9): 1134 – 1144.

[242] Bae J, Wezel F C, Koo J. Cross – cutting ties, organizational density, and new firm formation in the us biotech industry, 1994 – 98 [J]. Academy of Management Journal, 2011, 54 (2): 295 – 311.

[243] Ozmel U, Reuer J J, Gulati R. Signals across multiple networks: How venture capital and alliance networks affect interorganizational collaboration [J]. Academy of Management Journal, 2013, 56 (3): 852 – 866.

[244] Cowan R, Jonard N. Network structure and the diffusion of knowledge [J]. Journal of economic dynamics and control, 2004, 28 (8): 1557 – 1575.

[245] 吴先华，郭际，胡汉辉．复杂性理论和网络分析方法在产业集群创新能力问题中的应用 [J]．科学学与科学技术管理，2008，7：75 – 80.

[246] 方健雯．FDI 驱动型产业集群中企业的创新能力和经营绩效——基于苏州产业集群的实证分析 [J]．科学学与科学技术管理，2011，32 (8)：79 – 86.

[247] Yang H, Zheng Y, Zhao X. Exploration or exploitation? Small firms' alliance strategies with large firms [J]. Strategic Management Journal, 2014, 35 (1): 146 – 157.

[248] Keller M R, Block F. Explaining the transformation in the US innovation system: the impact of a small government program [J]. Socio - Economic Review, 2013, 11 (4): 629 - 656.

[249] 孟祥海，高山行，舒成利. 生物技术药物发展现状及我国的对策研究 [J]. 中国软科学，2014 (4): 14 - 24.

[250] 李培楠，赵兰香，万劲波. 创新要素对产业创新绩效的影响——基于中国制造业和高技术产业数据的实证分析 [J]. 科学学研究，2014 (4): 604 - 612.

[251] ROSENTHAL S. Geography, industrial organization, and agglomeration [J]. The Review of Economics and Statistics, 2003, 85 (2): 377 - 393.

[252] CHUNG C. Government, policy - making and the development of innovation system: the cases of Taiwanese pharmaceutical biotechnology policies (2000—2008) [J]. Research Policy, 2013, 42 (5): 1053 - 1071.

[253] 丰志培，常向阳. 我国中药产业发展的问题与管理措施——基于产业创新理论的视角 [J]. 科技管理研究，2009 (8): 6 - 9.

[254] FREEMAN C. Technological policy and economic performance - lessons fromJapan [J]. Worldviews Global Religions Culture & Ecology, 1987, 6 (2): 145 - 158.

[255] LAWLESS M W, FISHER R J. Sources of durable competitive advantage in new products [J]. Journal of Product Innovation Management, 1990, 7 (1): 35 - 44.

[256] CHRISTENSEN J F S. Asset profiles for technological innovation [J]. Research Policy, 1995, 24 (5): 727 - 745.

[257] CASTELLACCI F, NATERA J M. The dynamics of national innovation systems: a panelcointegration analysis of the coevolution between innovative capability and absorptive capacity [J]. Research Policy, 2013, 42 (3): 579 - 594.

[258] 任中保，乔黎黎. 国家自主创新能力内涵与建设思路 [J]. 科研管理，2013, 34 (9): 19 - 26.

[259] LAI W, LIN C, WANG T. Exploring the interoperability of innovation capability and corporate sustainability [J]. Journal of Business Research,

2015，68（4）：867－871.

［260］刘光东，丁洁，武博．基于全球价值链的我国高新技术产业集群升级研究——以生物医药产业集群为例［J］．软科学，2011（3）：36－41.

［261］GERASIMOVA V，MOKICHEV S，MOKICHEV S. Regional innovation cluster as a center of an innovative person formation［J］．Procedia Economics and Finance，2014（15）：635－642.

［262］DOH S，KIM B. Government support for SME innovations in the regional industries：the case of government financial support program in South Korea［J］．Research Policy，2014，43（9）：1557－1569.

［263］玛丽亚，樊鸿伟．上海张江高科技园区生物医药产业集群研究［J］．开发研究，2008（3）：99－102.

［264］MCKELVERY M D，RICKNE A& LAAGE－HELLMAN J. The economic dynamics of modern biotechnology［M］．Gloucestershire of United Kingdom：Edward Elgar Publishing，2004.

［265］李扬，沈志渔．战略性新兴产业集群的创新发展规律研究［J］．经济与管理研究，2010（10）：29－34.

［266］WU J. Technological collaboration in product innovation：the role of market competition and sectoral technological intensity［J］．Research Policy，2012，41（2）：489－496.

［267］谢瑾岚，马美英．区域中小企业技术创新能力测度模型及实证分析［J］．科技进步与对策，2010（12）：105－111.

［268］庄晋财，沙开庆，程李梅．创业成长中双重网络嵌入的演化规律研究——以正泰集团和温氏集团为例［J］．中国工业经济，2012（8）：122－134.

［269］SILVESTRE B S，NETO R E S. Capability accumulation，innovation，and technology diffusion：lessons from a base of the pyramid cluster［J］．Technovation，2014，34（5－6）：270－283.

［270］马澜．我国医药制造业创新能力的影响因素分析［J］．科技管理研究，2012（16）：10－13.

人名索引表

关键术语检索表

后　记

根据2010年第二轮中美战略与经济对话（S&ED）达成的共识，中美两国政府在中美科技合作联委会（JCM）框架下启动了中美创新对话机制：中方由科技部牵头，美方由白宫科技政策办公室（OSTP）牵头，科技部部长万钢与美国总统科技助理、OSTP主任约翰·霍尔德伦共同主持，两国政府多个部门高官及产学研各界代表参加。举办创新对话的目的是增进相互了解，增信释疑，互相学习借鉴，推动两国在创新领域的合作。截至2016年，两国已轮流举办了七次中美创新对话，每届创新对话双方均确定多个议题开展讨论，两国还建立了联合专家组并在会上介绍研究成果。创新对话成果向中美战略与经济对话汇报并列入成果文件。本书研究内容正是来自于2014年5月科技部国际合作司“中外创新对话专项”2014美大地区全球公开招标研究课题，笔者于2014年10月竞标成功，并于2016年7月完成研究初稿，后经多次修改完善，直至2018年8月最终完成。

在此期间，笔者于2014年10月至2016年9月对北京、深圳、上海等生物医药基地和莱士、复星、恒瑞、尔康等著名生物医药企业以及中国商标专利局和食品药品监督管理局CFDA（China Food and Drug Administration，简称FDA）相关人员进行实地走访。特别感谢万邦生物医药耿丽女士、西北大学生命科学学院严坤平副教授、CFDA汪键斌处长在国内生物医药产业研发、生产、专利申请、审批以及市场竞争等方面的信息分享。

笔者于2015年3月至2016年6月在北卡罗来纳大学教堂山分校（University of North Carolina at Chapel Hill，简称UNC）生物统计系Donglin zeng教授、杜克大学（Duke University）生物统计系Xiaofei Wang教授、美国威斯康星州大学（University of Wisconsin，Whitewater）YuShan，Zhao教授的指导、帮助和协调下，顺利完成了对美国著名医学院（DUKE医学院、UNC医学院）药品研发人员、美国生物医药产业集群如加州旧金山湾

(San Francisco Bay)、洛杉矶（Los Angeles)、圣迭戈（San Diego)、北卡的 RTP（Research Triangle Park，简写 RTP）研究三角园以及美国东北部新泽西（New Jersey)、马萨诸塞州（Massachusetts）等，世界著名生物医药企业葛兰素史克（GSK)、辉瑞（Pfizer)、百健艾迪（Biogen Idec)、新基(Celgene）等美国研发总部以及对美国食品药品监督管理局（Food and Drug Administration，简称 FDA）的官员的调研和数据搜集任务。

这些宝贵的一手资料，尤其是美方资料，对于详细了解美国原研药品即生物创新药品从靶点选择、实验室试验到企业研发生产以及后续临床试验、审批、正式上市等全过程，精准把控美国生物医药产业原研药品的研发流程、审批流程、监管制度、集群创新环境建设等信息提供了坚实基础；对于详细比较中美两国生物医药产业创新能力差距，尤其是为我国寻找生物医药产业创新能力提升的制约要素、提升对策提供了有效参考和宝贵经验。在这里，要特别感谢 Donglin，Zeng 教授、Xiaofei，Wang 教授以及 YuShan，Zhao 教授的鼎力支持，没有他们的帮助就不可能有本书的完成和出版，在此对三位教授无私的帮助致以崇高的敬意！

感谢中国矿业大学温晓慧教授、党建民博士、黄海洋硕士在调研、数据搜集和指标构建方面提出的建议和给予的帮助；同时，也感谢我可爱的研究生们，感谢他们在调研、数据搜集以及书稿排版等方面给予我的支持和帮助，他们是杨拴林、王玉珠、叶靖雅、彭志刚、吴诗筠、蒋子浩、郑颖、潘公贺、施佳蓉等。

感谢中国科技部国际合作司给予本研究的资金支持和研究平台，同时感谢国家自然科学基金（71303234）对本研究的资金资助。